한국철도 견문록

경제학자의 철도사랑 이야기

김연식 선생님 AGNE 선배님 고학하던 시절의 十金會 장학금이
생각납니다 사랑을 담아 이 책을 바칩니다

한국철도 견문록

경제학자의 철도사랑 이야기

배준호

노형

한국철도 견문록

경제학자의 철도사랑 이야기

초판 1쇄 발행 2012년 4월 20일
초판 2쇄 발행 2012년 5월 20일

지은이 배준호
펴낸곳 논형
펴낸이 소재두
등록번호 제2003-000019호
등록일자 2003년 3월 5일
주소 서울시 관악구 성현동 7-77 한림토이프라자 6층
전화 02–887-3561
팩스 02-887-6690
ISBN 978-89-6357-125-6   03300

값 19,000원

이 도서의 국립중앙도서관 출판시도서목록은 e-CIP 홈페이지(http://www.nl.go.kr/cip.
php)에서 이용하실 수 있습니다.(CIP 제어번호: CIP2012001697)

책을 내면서

철도를 이용하는 사람들이 점점 늘고 있다. 매일 아침 지하철과 전철 혹은 KTX나 무궁화호로 출근, 등교하는 이들도 증가하고 있다. 빠르고 편하다 보니 교외에 살면서 서울, 부산 등 도심지 이동시 철도를 이용하는 이들도 전보다 꽤 많아졌다. 사람들의 발길이 잦아지자 지하철역 등 철도역사도 모습을 가꾸기 시작해 요즘에는 예전의 우중충한 분위기가 많이 사라졌다. 깔끔하게 단장한 역사들이 주변에 널려 있다.

이동할 때 철도를 이용하면 승용차나 버스보다 시간이 절약되고 교통비용도 절감할 수 있다 보니 철도 이용 붐이 일고 있다. 이제 철도는 우리 일상생활에서, 특히 도시민의 생활에서 없어서는 안 될 소중한 교통수단으로 자리매김되고 있다.

필자도 일주일에 4~5일은 지하철과 전철을 탄다. 출근길, 시내 회의 참석, 친지들과 만날 때 70~80%는 철도에 의존한다. 간혹 이용하는 택시나 버스까지 고려하면 이동수단의 90%는 대중교통이다. 승용차는 외부 출강이나 운동하러 갈 때 이용하는 정도다. 그렇다 보니 한 달 교통비용은 20~30만 원 정도로 충분한 것 같다.

아무튼 이동하면서 안락하고 편안함을 느끼기란 쉽지 않은데 이른 아침과 늦은 저녁의 한가로운 전철에서는 이같은 편안함을 만끽할 수 있다. 책을 보거나 명상에 잠기기도 하고 졸기도 한다. 조금 부지런하면 만원 지하철의 고통스러움을 피할 수 있고 부족한 잠을 보충할 수도 있다.

철도가 참으로 편리한 교통의 이기임을 절감하고 있다. 물론 그 이면에는 수고하는 정비사, 기관사의 노고가 있음은 말할 것도 없다. 누가 뭐라고 하는 것도 아니지만 애써 이들의 수고로움을 기억하려고 노력하기도 한다.

왜 철도에 관심을 갖게 되었나

경제학자인 필자가 철도에 관심을 갖게 된 것은 2002년이다. 이후 10년간 전공 못지않게 많은 시간과 노력을 기울여 철도분야의 현황을 파악하고 문제점을 찾아, 해결방안을 모색하는 부질없는(?) 노력을 계속해오고 있다. 필자가 철도에 관심을 갖게 된 배경을 간략히 소개한다.

먼저 철도가 국내에서 큰 경제·사회적 이슈로 부각되었다는 사실이다. 2002년은 경부고속철도 공사가 한창일 무렵인 개통 2년 전으로 정차역 문제로 말이 많을 때였다. "KTX 시발역은 당초 계획대로 광명역이어야 한다", "시발역은 당연히 서울역이어야 한다", "용산역이 더 낫다", "새마을호와 무궁화호 고객의 절반이 수원, 영등포에서 내리는데 KTX는 영등포와 수원을 지나지 않는다", "호남고속철도는 까는 거냐", "호남고속철도는 일부만 신선이고 나머지는 재래선 개량이다", "호남고속철도 분기역은 천안 아니면 오송, 대전?" 등으로 고속철도가 세인들의 관심을 끌던 시절이다.

단군 이래 최대 공사인 경부고속철도 건설에 십조 원이 넘는 뭉칫돈이 투입되는데, 정차역 결정과 시공부실 등 많은 사안이 논쟁 중이었다. 필자는 영등포구에 거주하고 있었고, 근무지가 수원 인근이어서 정차역 등 제기되는 여러 문제점들과 이해관계가 없지 않았다.

다음은 학자로서의 직업적 관심이다. 매년 정부부처의 예산을 편성·심의하는 때인 초가을, 그리고 국정감사 기간을 전후하여 언론기관을 통해 철도적자 얘기가 자주 나온다. "매년 5천억 원에서 1조 원에 달하는 철도운영 수지 적자를 메우기 위해 국민들이 낸 아까운 세금이 지원되고 있다. 철도를 민영화하든 다른 방식으로든 개혁해야 하지 않겠느냐"는 식의 보도다. 그런데 필자는 경제학 중에서 나라 살림을 다루는 재정학을 전공해서 인지 동물적 감각으로 이 분야에 내재된 문제점을 감지하게 되었다. 과문한 탓인지 모르지만 이 같은 지원의 타당성 여부에 대해 국내 경제학자들은 별로 관심을 보이지 않았다. 필자가 관심을 보인 지난 10년 사이에도 필자와 유사한 관심을 보인 재정학자는 많지 않았다.

세 번째는 학부시절 공과대학에서 금속공학을 배운 학도로서의 보은의식 발동이다. 필자는 지금은 경제학자로서 활동하고 있지만 학부시절에는 철鐵과 비철非鐵 관련 학문을 공부한 금속공학도였다. 게다가 학부시절 거의 내내 학과 20년 선배들이 주는 장학금을 받고 수학하였다. 그런데 막상 졸업 후 사회활동에서는 학부시절에 배운 것과 관련된 분야에 종사하지 못했다. 이는 늘 마음속 한켠에 빚으로 자리잡고 있었고, 그래서 "경제학자로서 쌓아온 지식을 활용하여 정책을 제안하고 이를 통해 철도산업 발전에 다소나마 기여할 수 있다면" 하는 보은의식(?)이 발동했는지 모른다. 즉, 이런 활동을 통해 오랫동안 느껴왔던 마음속 채무감에서 다소나마 벗어날 수 있을지 모른다는 기대감이 없지 않았을 것이다. 실제로 레일과 가선, 철도차량 등에는 다양한 금속이 소재로 활용되고 있다.

이 책에 무슨 내용을 담았나

필자가 철도에 대해 쓴 최초의 글은 '소득분배 악화시킬 고속철'이라는 내용으로 『재정포럼』(2002년 9월호)의 권두칼럼이다. 『재정포럼』은 한국조세

연구원이 발행하는 월간지로 지금도 간행되고 있다. 이 글이 계기가 되어 이후 10여 년 간 철도에 대해 칼럼을 집필하고 인터뷰를 해왔다. 이 책자는 그간의 칼럼 1백여 편과 인터뷰, 코멘트 내용을 주제별로 재구성한 것이다.

호남고속철 분기역 등 일부 정책사안과 관련해서는 필자의 주장과 다른 방향으로 결정된 것도 없지 않은데, 논의에 대한 역사적 경과의 소개라는 점에서 이러한 부분도 수정하지 않고 수록하였다. 필요하다고 판단되는 곳에는 주를 달아 사안의 이후 경과를 파악할 수 있도록 하였다.

책의 내용은 다음과 같이 구성되어 있다. 1장은 우리 철도의 비전과 로망에 대해 서술하고 있다. 여기서는 양적·질적 성장과 해외진출, 국토의 균형 발전과 환경친화적 개발과 관련하여 우리 철도의 지금의 모습과 앞으로 나아가야 할 모습, 그리고 우리 철도 발전에 기여한 선각자의 얘기를 다루고 있다.

2장은 철도산업의 발전과 관련한 현안 두 가지를 다룬다. 차량제작업의 발전과 고속철도망의 유효활용이다. 필자는 이 두 가지가 장래 우리 철도산업의 경쟁력을 결정지을 핵심적 요소라고 보고 있다. 두 분야의 경쟁력 확보와 유지를 위해 무엇이 필요할지에 대해 고찰한다.

3장은 철도서비스 제고와 관련된 사안을 다루고 있다. 철도서비스분야는 티켓 예약과 발매, 요금체계와 환불, 역사 이용, 승하차, 객실서비스, 정시운행, 주차장 및 환승 편의 등 다방면에 걸쳐 있다. 여기서는 이들과 관련된 사안을 폭넓게 다루고 있으며, 특히 역사 및 객실서비스에 대해 좀 더 관심을 갖고 접근한다.

4장은 철도안전을 다룬다. 철도는 가장 안전한 교통수단의 하나이며, 우리 철도는 세계 여러 나라의 철도 중 꽤 안전한 철도 중 하나이다. 하지만 때에 따라 그리고 사안에 따라 안전성에 적신호가 켜지는 사례가 종종 있었다. 특히 고속철이 도입된 2004년 4월 전후, 그리고 KTX 산천이 투입된 2010년

3월 이후 철도 안전이 심히 우려되는 상황이 전개되기도 하였다. 안심하고 탈 수 있는 철도가 되기 위해 무엇이 필요한지에 대해 살펴본다.

5장은 철도산업에 들어가는 재정지원 규모를 줄여 국민의 부담을 덜 수 있는 방안을 검토한다. 철도건설 외에 코레일과 철도시설공단의 운영을 위해 매년 많은 국민의 세금이 지원되고 있다. 철도를 효율적으로 운영하여 세금을 절약할 수 있는 방법이 없는지, 무엇이 문제되고 있는지, 어디서부터 해법을 모색할지에 대해 고찰한다.

6장에서는 철도산업의 구조조정 등 혁신을 통한 경쟁력 확보에 대해 검토한다. 2004년에 철도 운영을 책임지는 코레일과 건설·시설관리를 책임지는 철도시설공단으로 분리된 후 7년 이상이 경과하고 있다. 이 같은 상하분리가 우리 철도산업의 건전한 발전을 촉진하고 있는지 아니면 저해하고 있는지를 고찰하여 필요한 혁신의 기본 방향과 방안에 대해 서술한다.

7장은 철도를 운영하고 있는 철도인에 관한 얘기를 다룬다. 경영을 책임지는 CEO를 위시한 임원진, 다수의 철도근로자로 구성된 철도노조의 역할과 실상, 그리고 양자의 역학관계에 대해 검토한다. CEO의 경우 선임방식, 권한과 책임, 경영혁신, 공기업 경영평가, 자회사 생존 등의 이슈를 다루고 노조의 경우 노경관계와 파업, 노노갈등 등의 문제를 접근한다. 철도노조는 철도청 때부터 공무원 노조로 있었으며 2005년 1월에 민간인으로 신분이 바뀐 후에도 노동계 강성노조의 한 축을 이루고 있다.

8장은 광역전철과 지하철에 관한 얘기다. 코레일이 운영하는 대도시권 광역전철은 서울메트로나 서울시도시철도공사가 운영하는 지하철 등 도시철도와 연계되어 운행된다. 광역전철은 KTX 운행수입에 비하면 수입규모가 절반 정도나 새마을, 무궁화 등의 일반철도와 화물보다는 많은 수입을 낸다. 그러나 흑자를 내진 못한다. 지하철 경영수지는 더 안 좋아 적자 규모가 크고, 서울시 등 지방자치단체의 보조금으로 버틴다. 접객서비스, 요금체계, 근무환경, 흑자경영 등의 문제를 다룬다.

9장은 철도의 그랜드디자인 사례로 신칸센을 다루면서 우리 철도와 철도인에게 주는 시사점을 정리한다. 신칸센은 기존의 철도개념을 바꾸었다고 평가받고 있는데 그 구상과 실현과정, 기획하고 추진한 주요 인물에 대해 고찰한다. 덧붙여 철도경영에 혁신을 가져왔다고 평가받는 일본 국유철도 분할 민영화 사례를 설명하고 시사점을 정리한다.

앞에서도 언급하였듯이 이 책자의 내용은 필자가 지난 10년 사이에 각종 언론매체에 투고한 철도 칼럼과 주요 매체와의 인터뷰 내용을 재편집한 것이다. 주제에 따라 분류하면서 일부는 새롭게 쓰기도 하였다. 동일한 사안을 다루는 칼럼의 경우, 근자의 내용을 먼저 소개하고 이어서 이전 내용을 제시하여 사안의 추진경과를 현재에서 과거순으로 이해할 수 있도록 하였다. 단행본으로 엮으면서 칼럼 제목이 일부 수정되었고 필요하다고 판단되는 곳에서는 사안의 이후 진행경과를 덧붙이고 있다.

책의 타이틀을 어떻게 붙일까 한동안 고민하였다. 처음에는 '한국철도 탐구록'을 떠올렸다. 하지만 아무래도 '탐구록'이라는 말이 생경하게 느껴져 지금의 제목으로 바꾸었다.

끝으로 그간의 칼럼과 인터뷰 내용의 단행본 수록을 허용해준 『철도신문』을 위시한 주요 일간지 및 잡지사, 방송사 측에 감사드린다. 특히 지난 7년여 동안 여러모로 능력이 부족한 필자로 하여금 고정 칼럼니스트로 철도에 대한 소견을 피력할 수 있도록 장을 마련해준 『철도신문』의 이송식 사장에게 마음으로부터 감사드린다. 그리고 어려운 사정에도 불구하고 책을 출간해준 논형의 소재두 사장과 편집부에 고마움을 전한다.

차 례

3장 철도서비스의 핵심은 고객만족도 제고다

철도서비스, 철도인보다 고객이 우선되어야 한다

역사, 고객이 접근하기 편한 곳에 자리잡는다

객실, 쾌적하고 조용하며 안락감을 준다

4장 고객이 안심하고 탈 수 있는 철도를 만든다

'빨리빨리' '괜찮겠지' 문화가 철도안전의 최대 적

철도안전은 철저한 정신자세와 규범준수에서 출발

5장 철도 운영적자 줄여 국민부담 덜어준다

흑자경영, 결코 꿈이 아니다

호남고속철, 코레일 경영에 부담되지 않도록 한다

6장 코레일과 철도시설공단, 혁신 통해 경쟁력 높인다

경쟁력 있는 철도분리 모형 모색 계속한다

7장 철도인의 처신, 국민의 눈높이에 맞춘다

CEO가 솔선하여 국민의 눈높이에 맞춘다

철도노조는 제대로 된 주인의식을 가진다

8장 지하철과 전철, 조금만 더 잘하면 세계 최고다

최고 이용률에 걸맞은 서비스를 제공한다

9장 철도의 그랜드디자인, 신칸센 사례에서 배운다

1장

철도에는 비전과 로망이 있다

우리 철도, 양적 · 질적으로 더 성장하고 해외진출할 수 있다

● *과표 확인*
우리 철도, 어디쯤에 있는가

우리 철도는 변화의 시작이 늦었다. 1990년대에 들어와서야 본격적인 혁신작업에 착수하였다. 이후 20여 년이 경과하면서 빠르게 철도 선진국 대열에 합류하려는 모습을 보이고 있다. 우리 철도의 현 모습이 어떠한 것인지 간단히 살펴보자.
아래의 글은 111회 철도의 날(2010. 9. 18.)을 맞아 MBC 라디오의 차미연 아나운서와 인터뷰한 내용이다. 글의 완성도를 높이기 위해 맥락을 바꾸지 않는 선에서 인터뷰 내용의 일부를 수정 · 보완하였다. 당시 차 아나운서는 '손에 잡히는 경제' 프로그램의 진행을 맡고 있었으며 그해 12월 해외연수에 나가면서 프로그램에서 하차했다.

▷ 차미연(아나운서): 오늘은 철도의 날입니다. 우리나라에 철도가 도입된 지 어느새 111년이 됐습니다. 그렇지만 지난 몇십 년 간 우리나라의 교통정책은 도로에 편중되어왔다고 해도 과언이 아닙니다. 1,700만 대가 넘는 자동차들을 위해 도로만 길고 넓어졌는데요. 근자에 정부는 2020년까지 주요 도시를 고속철도로 연결하여 전국을 2시간대 생활권으로 묶겠다는 계획을 내놓았습니다. 그래서 오늘 토요초대석에는 평소 경제학적 관점에서 철도의 여러 현안을 진단하고 정책제언을 해오고 있는 고속철시민모임 대표인 한신대 배준호 교수(이하 배)를 모셨습니다.

교수님은 재정을 연구하는 경제학자로 알고 있는데, 어떻게 고속철시민모임 대표를 맡게 되었는지, 또 어떤 계기로 철도와 인연을 맺었는지 궁금

합니다.

▶ 배: 제가 경제학자입니다만 경제학 안에서도 전공분야가 조세, 예산, 연금 분야입니다. 그런데 철도에는 그동안 매년 정부예산이 작게는 5천억 원에서 많게는 1조 원 가까이 들어가고 있었습니다. 그래서 경제학자로서 또 국민의 한 사람으로서 세금이 조금이라도 적게 들어가는 것이 좋지 않겠느냐는 생각에서 8년 전부터 관심을 갖게 되었고 이후 정책제언을 계속해 오고 있습니다.

최초의 제언은 2002년 8월 『재정포럼』이라는 한국조세연구원에서 간행되는 월간지에 "소득분배 악화시킬 고속철"이라는 칼럼을 통해서 행한 바 있지요. 이후 일간지와 철도신문 등을 통해 철도 관련 정책을 제시해오고 있습니다. 『철도신문』의 경우 2005년 6월부터 매달 한 차례씩 칼럼을 써오고 있습니다. 그동안 쓴 신문, 잡지의 칼럼과 일부 논문(고속철 관련)을 모아 단행본 발간을 준비 중에 있습니다. 고속철시민모임은 웹사이트상의 모임으로 운영해오고 있습니다.

▷ 차: 코레일, 즉 한국철도공사는 공기업이죠? 지금 코레일의 재정은 어떤 상태입니까?

▶ 배: 코레일은 2005년 1월에 공기업으로 발족하였습니다. 이전에는 '철도청'이라는 정부기업이었고 신분도 공무원이었지요. 공기업이 되면서 직원 신분도 민간인으로 바뀌었고 기획재정부의 공공기관 경영평가를 받고 있습니다.

코레일의 영업수지는 적자입니다. 영업수지는 여객과 화물을 운송해서 발생한 수입과 지출을 고려한 것인데 2009년을 예로 들면 매출액이 3조 5,288억 원이었는데 매출원가와 판매관리비 등의 지출액이 4조 2,149억 원으로 더 많아 영업수지는 6,861억 원의 적자를 보였습니다. 그렇지만 용산국제업무지구 개발 등에서 자산처분이익이 발생하여 당기순이익은 6,486억 원의 흑자를 기록하였지요. 문제는 지금 흑자라고 해도 장기적으로 보면 흑자가 보장되지 않는다는 점입니다. 본업인 운송사업 등의 영업수지에서 발생하는 7천억 원 가까운 적자를 줄이거나 흑자로 전환하지 않으면 안 됩니다. 영업수지 적자를 메꿀 자산처분이익이나 각종 부대사업을 통한 수익이 앞으로 매년 생긴다는 보장이 없기 때문입니다. 규모가 큰 자산처분이익이 앞으로 7~8년 정도 발생할 것으로 예상되는데 장기적으로 본업인 영업수지에서 흑자를 내는 방안을 마련해야 흑자기조를 유지할 수 있습니다.

참고로 코레일의 부채 규모는 2009년 말 기준 8조 7,547억 원으로 1년 매출액의 2.5배 규모이고 당기순이익의 13.5배 수준입니다.

코레일, 장기적인 흑자기조 보장 못 해

▷ 차: 그래서 코레일이 용산국제업무지구 개발사업이라든가 민자역사 개발사업 등에 적극 나서는 겁니까?

▶ 배: 그렇습니다. 여러 가지 정황으로 보아 본업인 영업수지에서 조기에 흑자를 내기가 힘들 것같으니 다른 분야, 가령 부대사업이라고 하는 '부동산개발', '역사개발', '철도여객 대상의 다양한 비즈니스' 등에서 수입을 생각하지 않을 수 없습니다. 용산사업으로 2015년까지는 2007년 이후 4년처럼 영업수지 적자를 메꾸고 얼마간의 흑자까지 낼 수 있을지 모릅니다. 하지만 2015년 이후에는 이같은 큰 수입이 들어온다는 보장이 없으므로 코레일 측으로선 용산사업과 비슷한 제2, 제3의 사업을 구상하지 않으면 안 되겠지요.

또 과거에는 코레일이 민자역사를 건설하면서 큰 이윤을 추구하기보다 우선 돈 안 들이고 좋은 역사를 건설한다, 시설과 여객서비스 수준을 높인다는 생각을 가졌습니다. 하지만 지금은 생각을 바꿔 코레일이 주도하여 민자역사 건설에 나서고, 또 이들 사업에 따른 수익의 보다 많은 부분이 코레일에 배분되도록 사업계획을 짜고, 대상사업자를 물색하고 있습니다.

▷ 차: 그런데 요즘 용산국제업무지구 개발사업이 흔들리고 있지 않습니까? 핵심 사업자로 선정된 삼성물산이 용산역세권개발경영권을 포기했습니다. 근간의 뉴스를 보면 코레일이 지하에 코엑스 쇼핑몰의 6배 규모에 달하는 대형 쇼핑몰을 건설하겠다는 얘기까지 나오고 있습니다. 만일 개발계획에 차질이 생기면 코레일에는 어떤 영향을 미치는 겁니까? 사업이 계획대로 진행되면 적자와 그간의 부채는 모두 해소될 수 있나요?

▶ 배: 코레일 입장에서 용산지구 사업은 황금알을 낳는 거위로 인식되고 있습니다. 사업에 따른 총투자비가 28조 1,918억 원인데 향후 예상되는 개발수입이 30조 8,769억 원 정도이므로 사업 전체의 세후수익은 2조 5,852억 원 정도가 기대됩니다. 코레일 지분이 25%이니 6천억 원 정도는 코레일 몫이지요.

그런데 이보다 더 큰 게 땅값입니다. 개발사업지구 내 토지의 대부분이 코레일 것이므로 토지양도비 8조 원이 들어오고 분납에 따른 이자수익이 1조 2천억 원 들어와 합계 9조 2천억 원의 수입이 예상되고 있습니다. 이들 수입은 2007년부터 2015년에 걸쳐 분할되어 들어올 예정이며 일부는 2007년부터 들어왔습니다. 이들 수입이 계획대로 들어올 경우 정부의 적자보전 규모가 줄고 8조 7천억 원에 달하는 부채도 상당 부분 줄일 수 있을 것으로 기대됩니다. 그런데 만일 이 사업이 좌초한다면 이들 수입이 들어오지 않게 되고 그 결과 코레일 측으로선 경영이 매우 힘들어지겠지요.

2010년 8월 31일, 핵심사업자인 삼성물산이 용산역세권개발경영권을 포기했습니다(동 사는 2007년 11월 2일 핵심사업자로 선정되었음). 이에 따라 사업에 투자한 금융기관, 건설회사 모임체로 시행사 역할을 수행하고 있는 드림허브프로젝트금융투자(주) 측은 신규 출자자를 모집하기 위한 개발 사업 공모 설명회를 2010년 9월 16일 서울시 논현동 건설회관에서 열었습니다. 하지만 당초 기대보다 적은 이들이 참석하여 투자 열기가 전보다 많이 식었음을 보여준 바 있습니다.

이후 경과

2012년 4월 현재, 용산국제업무지구사업에 출자한 건설·금융사 등의 모임인 드림허브프로젝트금융투자(주)가 전체 사업부지의 2/3 이상을 확보하여 서울시로부터 2011년 10월 정식 시행자로서 지정받아 사업을 의욕적으로 추진하고 있다. 용산역세권개발의 실무는 드림허브의 자산관리위탁회사(AMC)인 용산역세권개발(주)이 맡아 수행하고 있다. 우여곡절 끝에 사업추진 후 4년이 경과한 2011년 10월 11일 한국철도의 상징인 용산정비창에서 기공식을 가졌다. 2016년말 완공예정인 이곳 17만 평의 대지에 총 31조 원이 투입되어 70~100층 규모의 초고층 오피스빌딩과 호텔, 백화점, 아파트, 공원 등의 복합도시가 들어설 예정이다.
그동안 핵심사업자인 삼성물산이 사업을 포기하고 새로운 투자자를 모집하지 못하는 등의 어려움이 있었지만 드림허브가 '유상증자'와 '매출채권 유동화'를 통한 자금조달[1]에 성공함으로써 일단 정상화의 길에 들어섰다. 건설경기 침체에 따른 사업성 저하를 서울시, 코레일, SH공사, 드림허브 등의 사업참가자들이 한 발씩 양보하면서 해결책을 모색할 수 있었다. 특히 사업의 정상화가 절실했던 코레일 측이 비용 측면에서 가장 많이 양보했다.[2] 하지만 사업성에 대한 회의 때문에 대주주인 코레일(지분 25%), 롯데관광개발(15.1%), 삼성물산(6.4%)을 제외한 재무적 투자자나 전략적 투자자 다수가 유상증자에 참여하지 않았고, 반대파가 많은 서부이촌동 지역 주민의 보상이라는 난제가 남아 있는 등 사업의 미래는 여전히 상당한 불확실성을 안고 있다.

용산개발, 코레일 흑자경영 기조의 시금석

▷ 차: 개발사업 등을 통한 부채 해소도 필요하지만 장기적으로는 본업인 철도운영사업에서 수익을 내야 할 텐데요. 이쪽은 어떻습니까?

▶ 배: 철도재정을 얘기할 때 반드시 짚고 넘어가야 할 것이 바로 이 분야입니다. 앞에서 말씀드렸듯이 코레일의 매출액이 2006년 3조 5,302억 원, 2007년 3조 5,703억 원, 2008년 3조 6,314억 원으로 늘다가 2009년에는 3조 5,288억 원으로 전년보다 줄었습니다. 결국 요즘 철도가 여객과 화물을 통

한 수입이 줄거나 현상유지되고 있다는 점입니다. 대신 인건비 등 매출원가가 중심이 된 지출액은 매년 꾸준히 늘고 있습니다. 그래서 영업수지 적자폭이 7천억 원 수준에서 줄지 않고 있지요.

여객 수입에서 가장 중요한 것이 KTX 수입입니다. 그런데 KTX 승객이 2007년 이후 하루 10만 명 수준에서 크게 늘지 않고 있어요. 하루 평균으로 보면 2005년이 87,956명, 2006년 98,676명, 2007년 100,572명, 2008년 102,232명, 2009년 102,676명 수준의 추세를 보이고 있습니다. 이러한 현상이 코레일 영업수입이 적자를 보이는 근본적인 원인의 하나라고 말할 수 있습니다

이후 경과

2010년 11월에 경부고속철 2단계 구간 개통과 12월의 공항철도 완전개통 이후 2011년에는 승객이 하루 평균 13만 7천 명 수준으로 전년대비 27%나 증가하였다. 주말에는 운행편수가 늘어나 15만 명을 넘기도 한다. 2012년에는 하루 평균 14만 명으로 늘어났고, 이같은 철도이용객 증가로 국내선 항공기 이용객이 14.5%, 고속버스 이용객이 3.6% 감소하였다.

▷ 차: 왜 이렇게 KTX 이용객이 늘지 않고 있는 것일까요?

▶ 배: KTX가 손님이 많은 역에 정차하지 못하고 있는 점이 가장 큰 원인이라고 할 수 있겠습니다. 지금 손님이 가장 많은 곳이 서울역, 동대구역, 부산역입니다만 KTX 개통 전에는 새마을과 무궁화호 이용객이 가장 많은 곳이 서울역, 수원역, 영등포역이었습니다.

그런데 지금 영등포와 수원역을 이용하던 고객 중 상당수가 KTX로 넘어가지 않고 지금도 새마을, 무궁화호를 이용하거나 고속버스와 자가용을 이용하고 있는 것으로 판단됩니다. 이들은 서울역, 용산역, 광명역에 가서 KTX를 이용하는 것보다 시간과 비용, 이동에 따른 불편 등을 종합적으로 고

려할 때 지금 방식이 더 편리하거나 유리하다고 보기 때문이겠지요.

결국 수도권 거주자 2,300만 명 중 절반 이상이 KTX를 외면하고 있기 때문이 아닌가라고 생각됩니다. 코레일도 이러한 정황을 잘 알고 있지요. 그래서 이철 전임 사장도 2005년 9월 이후 영등포에 정차하려고 꽤 애를 쓴 적도 있었습니다. 하지만 광명지구 사람들의 반대가 심해 뜻을 이루지 못했지요.

KTX 승객 증대는 수도권 정차역 개설로

▷ 차: 승객 증대를 위해서는 치밀하게 전략적인 계획을 세워야 하겠군요. 그런데 KTX 정차역이 늘고 모든 역에 선다면 고속철도가 아니지 않습니까?

▶ 배: 우리가 곧잘 착각하는 게 이 부분인데요. 고속철도가 한 역에서 더 정차한다고 하여 운행시간이 많이 늘지 않습니다. 3~4분 정도입니다. 그리고 열차별로 정차역을 달리하여 서면 모든 정차역에 설 필요도 없습니다. 영등포 정차 열차가 광명역에 서지 않도록 하고 수원 정차 열차가 천안아산역에 정차하지 않도록 하면 지금보다 운행시간이 크게 늘어나지 않도록 하면서 많은 손님을 KTX로 끌어들일 수 있겠지요.

▷ 차: 그렇다면 앞으로 생각을 바꿔 기왕의 이용객에 큰 불편을 주지 않으면서 KTX 이용객을 늘릴 수 있는 방안을 모색하는 것이 필요하겠군요.

▶ 배: 그렇습니다. 필요하다면 다시 광명역 지역 일대 주민에 대한 설득작업에 나서 영등포나 구로 일대에 정차할 수 있도록 하는 것이 필요하겠지요. 그리고 수원(엄밀히는 화성시 매송면 등) 일대에 간이역 등 정차역을 만들어 이 지역 일대 주민이 KTX를 이용할 수 있도록 하는 것도 서둘러야 합니다.

수원 인근에 거주하는 주민이 3백만 명입니다. 인천시 인구에 버금가는 사람들이 살고 있는 지역이 KTX 이용권에서 사실상 배제되고 있는 상황이 6년 이상 지속되고 있습니다. 지금도 이 지역 일대 주민 다수는 새마을이나 무궁화 혹은 고속버스와 자가용을 이용하고 있습니다.

▷ 차: 사실 철도는 공익성이 있지요. 그래서 마냥 수익성만을 강조하기도 어려운데, 경영을 잘하면 공익성과 수익성의 두 마리 토끼를 잡을 수도 있는 것 아니겠습니까?

▶ 배: 한국 철도는 2002년, 즉 김대중 정부 임기 후반부에 많은 논의를 거친 끝에 한국철도주식회사로 발족하기로 관련 법이 국회를 통과하여 시행을 앞두고 있었습니다. 그런데 그해 말 대통령선거에서 노무현 후보가 당선된 후 2003년에 들어와 철도의 공익성 문제가 노조를 중심으로 크게 부각되면서 철도정책의 기본방향이 대폭 바뀌었습니다. 그래서 코레일은 민간기업인 주식회사에서 공기업인 공사로 발족하는 것으로 방침이 바뀌어 필요한 법제 개정작업이 진행되었습니다. 그 결과 2005년 1월부터 한국철도는 공무원인 정부기업에서 민간인이 운영하는 철도공사(코레일)로 바뀌었지요.

이러한 정신의 연장선상에서 지금도 수익이 남지 않은 만성 적자노선이지만 코레일이 그대로 운영하고 있는 노선이 많습니다. 다만 이용객이 아주 적은 역사를 무인역사로 바꾼다든가 하여 인건비 지출을 줄이는 노력을 하고 있지만 수익성이 없다고 기왕에 운행하던 노선을 하루아침에 폐지하거나 대폭 축소하는 등의 행태는 보이지 않고 있습니다.

코레일은 '시장형 공기업'으로 분류되어 공익성보다 상업성, 즉 수익성이 강조되는 것은 사실입니다. 선진국 사례를 보더라도 그러한 방향으로 나가야 한다는 것을 부인하기 힘듭니다. 하지만 법제상 공기업으로 그 형태가 규정되어 있는 현 상황에서는 앞에서 설명한 것과 같은 일정 수준의 공익성 추구 정책은 불가피할 것으로 판단됩니다.

경쟁력 있는 철도차량분야, 더 키워야

▷ 차: 얼마 전 아놀드 슈워제네거 미국 캘리포니아 주지사가 우리나라를 다녀갔죠. 그가 KTX를 타고 고속주행에 감탄하는 모습이 언론에 보도되기도 했는데요. 우리나라가 캘리포니아 고속철 사업 수주를 위한 작업에 총력전을 벌이기 시작했다는 소식이 있던데, 우리 철도의 해외진출 가능성, 해외 경쟁력은 어느 정도라고 평가하십니까?

▶ 배: 우리 철도가 국제적으로 보면 그렇게 경쟁력이 있는 철도라고 할 수는 없다고 봅니다. 물론 세계에서 5번 째로 고속철도를 운용하고 있는 나라입니다만 우리가 고속철도를 개발한 국가는 아니지요. 개발국은 일본, 프랑스, 독일의 세 나라뿐이며 고속철도를 운용하는 나라로는 이탈리아, 한국, 스페인, 미국, 대만, 중국 등이 있습니다. 우리가 KTX 산천의 상당 부분을 우리 기술로 개발한 것은 사실입니다만 개발국으로 치기에는 TGV 개량 모형이라는 점에서 한계가 있지요.

이번 캘리포니아 고속철 수주와 관련하여 개발 3국 외에 중국, 우리 등이 참여하고 있는 것으로 알고 있습니다. 국내에서는 포스코건설이 중심이 되어 코레일, 철도시설공단, 로템, 삼성엔지니어링 등 36개사를 참여시킨 '캘리포니아고속철사업단'이 수주전에 참여할 것으로 예상되고 있습니다. 외형상으로는 사업 전체를 턴키베이스로 수주하여 우리가 주관하여 고속철도를 건설하겠다고 하지만 내심은 프랑스 등의 TGV 방식이 주된 방식으로 선정될 경우 우리도 경쟁력있는 분야에 참여하겠다는 것으로 이해하고 있습니다.

고속철 건설에는 차량, 선로와 노반, 신호통신 등 여러 분야가 종합적으로 관련되어 있습니다. 이 중에서 우리가 잘할 수 있는 분야, 가령 선로와 노반 건설, 차량제작 등에서는 우리가 참여할 수 있는 여지가 충분하다고 말할 수 있겠지요. 고속철이 아닌 철도 전반으로 확대하여 말한다면 우리가 가장 경쟁력을 가진 분야는 (로템의) 철도차량분야라고 할 수 있습니다.

▷ 차: 오늘이 철도의 날인데요. 얼마 전 정부가 '대한민국 철도 시대'의 개막을 선언했지요. 전국 어디서든 주요 도시에 1시간 반 안에 도달할 수 있게 만들겠다고 했는데요. 이 계획의 핵심내용과 그 의미에 대해서 평가해주시지요.

▶ 배: 그동안 대통령이 철도에 관심을 표명하는 경우가 많지 않았습니다. 철도에 애정을 가지고 있는 한 사람으로 굉장히 반가웠습니다. 대통령이 철도기술연구원을 방문하여 우리 철도의 비전을 제시한 것은 참 잘한 일이라고 생각합니다. 이번 계획의 핵심적인 사항은 고속철도망을 확충하여 고속철도로 90분대에 이동할 수 있는 지역을 인구 기준으로 지금의 60%에서 84%, 국토 면적기준으로 지금의 30%에서 82%로 확대하겠다는 것입니다. 이렇게 하여 전 국토의 95%를 2시간대 생활권으로 묶겠다는 구상이라고 이해하면 되지 않을까 싶습니다.

▷ 차: 하지만 일각에서는 고정투자비용 등의 문제로 실현 가능성과 그 효과에 대해 회의적인 시각으로 보는 이들도 있는 것 같더군요. 경제성이 없다든가 비효율적이라든가 하는 비판이 나오는 것 같습니다.

▶ 배: 고속철은 인구가 많은 지역을 연결할 때 가장 효과적인 것으로 알려져 있습니다. 우리의 경우 경부축에 전체 인구의 80% 이상이 분포하고 있

다고 말할 수 있겠지요. 수도권에 인구의 절반 가까이가 있고 나머지 지역 중 대전 등 중부권과 영남권에 많은 인구가 분포하고 있으니 그러한 수치가 나옵니다.

따라서 인구가 상대적으로 과소한 강원권과 호남권 구석구석까지 고속철을 건설하겠다는 계획은 당연히 비효율적이라고 비판받을 수 있습니다. 본인도 만일 전체 고속철도망을 KTX에 준하는 형태로 구축하겠다는 구상이라면 그러한 계획에는 반대하겠습니다. 문제는 고속철의 정의인데요. 현행 정의방식에 따르면 시속 200km 이상의 속도를 내면 고속철이라고 말합니다.

실제로 이번 고속철망 구축계획도 상당 부분은 기존 철도를 고속화하여 230~250km의 속도로 달리는 전철로 바꾸겠다는 내용입니다. 이렇게 보면 이번 계획이 신규투자 중심의 낭비적 철도망 구축으로 이어질 것이라고 하는 것은 속단일 수 있습니다. KTX 노선을 건설하는 구간과 고속철화 구간, 신규노선 부설 등 그 내용을 꼼꼼히 들여다보지 않으면 섣불리 말하기 힘들 것입니다.

철도망, 고속철화보다 전철화가 우선

▷ 차: 이번 계획이 국내의 모든 철도망을 KTX 방식으로 건설하지 않고 기존 철도를 고속전철화하는 것까지 포함하는 계획으로 이해하면 되겠군요. 앞으로 경부고속철도 건설 모두 마무리되어 서울에서 부산까지 1시간 43분 만에 가게 되는 시대가 되면 우리 경제·사회에는 어떤 변화가 있을까요?

▶ 배: 서울~부산을 2시간에 가는 것과 3시간 30분에 무슨 차이가 있느냐, 꼭 고속철도를 건설해야 하느냐 하는 문제로 우리는 1980년대 중후반 부터 1990년대 전반에 걸쳐 오랫동안 논쟁을 한 기억이 있었습니다. 하지만 결국 고속철 건설로 가닥을 잡고 우여곡절 끝에 1단계 개통 후 6년 반이 경

과하고 있습니다. 이제 11월이면 2단계 사업이 완공되어 서울~부산 간 전선이 개통되면 이 구간을 2시간 정도에 이동할 수 있게 됩니다. 그리고 2014년에 대구, 부산 시내 구간까지 모두 신노선으로 바뀔 경우에는 2시간도 채 걸리지 않게 될 것입니다.

문제는 2시간 반을 2시간으로 줄였다 해서 경제적 이득이 클 것으로 기대되지 않는다는 점입니다. 시간비용을 고려하면 그 효과가 크게 계측될지 모르지만 단축에 따른 추가적 투자비용까지를 고려하면 효과가 반감될 수 있고 또 개인적으로 시간비용 단축이 큰 의미를 지니지 못하는 이들이 적지 않을 것입니다. 하지만 현재 4시간, 5시간 이상 걸리는 구간이 국내에 적지 않은데 이러한 구간의 이동시간이 3시간 혹은 그 이하로 줄어드는 것은 이용객 개인은 물론 국가 전체적으로도 그 의미가 작지 않을 것입니다.

▷ 차: 대표적인 구간의 이동시간만을 줄이는 것이 중요한 게 아니라 국가 전체적으로 지역 간 이동시간이 균형되게 줄어들도록 하는 것이 중요하다는 말이군요. 철도망 신규 부설 등 돈이 들어가는 방식 외에 우리 국민들이 손쉽게 철도를 이용할 수 있도록 지금 당장 철도이용률을 높일 수 있는 방안은 없을까요.

▶ 배: 국민들이 자발적으로 철도를 이용할 수 있도록 여건을 조성해주는 것이 필요하다고 봅니다. 지금 국민들이 이동시 열 번에 한 번 정도로 철도를 이용하는 것으로 나타납니다. 철도의 수송분담률 통계를 보면 이렇게 말할 수 있습니다(이동거리 고려. 이동거리 무시하면 24%로 3배 정도 증가).

이웃나라 일본은 이 숫자가 세계 최고 수준이기도 하지만 우리의 세 배 수준에 달합니다. 추석이나 연말의 성묫길, 고향방문길에 가능하면 항공기나 고속버스, 자가용보다 친환경적인 철도를 이용하도록 하는 것이 필요하겠지요. 주지하듯 철도를 이용하면 이산화탄소 배출도 줄고 원유수입량도

줍니다. 환경 측면에서 철도를 따라갈 수 있는 교통수단은 없습니다.

나아가 자가용이나 항공기를 이용하지 않고 철도를 이용하는 것이 중상층에게 어울리지 않는다는 인식을 주지 않도록 의식을 바꾸는 것도 신경을 써야 하겠지요. 좀 여유있게 사는 사람들부터 철도를 솔선하여 이용하도록 유도하는 것이 필요합니다.

철도요금 인상 억제로 승객 늘려야

▷ 차: 친환경 철도시대를 열기 위해 국민들이 노력해야 하는 것도 좋지만 정부가 해야 할 일은 없을까요?

▶ 배: 철도요금을 낮게 유지하여 국민들이 비용 측면에서도 철도를 이용하도록 유도하는 것이 가장 중요하다고 생각합니다. 우리의 현행 철도요금은 국제적으로 볼 때 결코 비싼 것이 아니며 국내 타 교통수단 이용시의 비용과 비교해도 높지 않다고 말할 수 있습니다. 하지만 철도요금보다 고속버스나 시외버스(리무진 버스 포함) 요금이 낮기 때문에 이 점에서 국민들이 버스를 이용하려는 경향이 강하게 나타나고 있습니다.

코레일 재정수지 개선을 고려하면 철도요금을 올려야 하겠지만 이러한 정황을 고려할 때 인상은 쉽지 않아 보입니다. 개인적으로는 필요시 정부가 재정지원 폭을 지금보다 확대하는 한이 있더라도 지하철, 전철, KTX 이용 요금을 최대한 낮게 설정하여 이들 교통수단을 이용하는 것이 낫겠다는 생각이 들도록 하는 것이 앞으로 정책당국이 지향해야 할 길이라고 생각합니다. 이것이 바로 친환경적이고 에너지 절약적이며 우리 경제의 큰 취약점인 높은 원유수입 비용을 줄일 수 있는 방안이기 때문입니다.

〈MBC 라디오 '손에 잡히는 경제'(2010. 9. 18)〉

● *양적 성장*
성장의 왕도, 인건비 등 비용 줄이고 매출 늘려야

2010년 5월 12일 새벽, 철도파업이 돌입 직전에 멈췄다. 코레일 노경이 마라톤 협상끝에 쟁점사항에 합의하였기 때문이다. 철도는 2009년 12월에도 파업이 있었기에 "얼마 안 된 이 시점에 왜?"라면서 국민들의 시선이 따가웠다. 노경이 상황을 인식하여 자승자박하는 길은 피했지만 문제가 완전 해결된 것은 아니다. 영업수지가 개선되지 않고 비효율의 공사체제가 유지되는 한 미봉책으로 잠재워둔 문제들이 언제든 불거질 수 있다.

기업이나 공공기관이 성장할 때는 조직 내 사안이 사회문제화하는 일은 별로 없다. 하지만 성장세가 둔화되거나 축소되기 시작하면 인사나 급여 등의 조직 내 현안에 대한 노경, 노노 갈등이 조직 밖으로 불거지고 때론 사회문제로까지 발전한다. 코레일 파업도 이와 무관하지 않다.

코레일은 2005년의 공사발족 후 2009년에 처음으로 매출이 줄었다. 3조 5,188억 원으로 전년보다 3% 줄었는데 이는 2006년(3조 5,302억 원)보다 작은 값이다. 물가상승률(2.8%)을 고려하면 2009년의 실질성장률은 마이너스 6% 수준이다. 영업손실도 6,861억 원으로 2008년보다 줄었지만 대규모 적자로 인해 정부의 구조조정 압력이 거세다. 그래서 허준영 사장이 인건비 감축을 위해 온갖 지혜를 짜내면서 노조와 갈등을 빚고 있다.

적자기업이 사는 길은 비용을 줄이거나 매출을 늘리는 것이다. 코레일의 성장은 우리의 환경 및 삶의 질 개선과 밀접히 연관되어 있어 국민적 지지가 크다. 이런 상황에서 좋은 아이디어와 비전을 제시하여 국민들의 교통편익 증진과 친환경 교통망 정비에 솔선하는 모습을 보이기보다 단체협약상의 각종 기득권을 지키는 데 열심인 것은 아닌지, 고객의 편익과 서비스 증진보다 철도인의 이득을 우선하는 것은 아닌지 성찰이 필요하다.

비용 감소는 인건비 절감이 왕도이고, 매출액 증대는 승용차, 고속버스, 항공기 승객을 철도로 끌어들이는 것이 가장 효과적이다. 한계점에 도달한 듯한 KTX 이용객의 증대는 수도권(수원 화성권, 영등포권, 강남권) 고객 확보에서 찾고, 이용객이 꾸준히 늘고 있는 전철은 급행시스템 재정비와 요금 현실화에서 해법을 모색해야 한다. 이같은 제안은 근간의 영업실적 저하와 성장률 둔화가 코레일과 철도당국이 그동안 수도권 잠재고객 확보에 상대적으로 소홀하여 빚어진 결과라는 인식에 입각한 것이다.

돌이켜보면 지난 50년 사이에 철도부문 성장률은 GDP 성장률에 크게 미치지 못했다. KTX 개통(2004. 4) 전후의 10년만을 보더라도 그러할지 모른다. 철도산업의 GDP 기여도는 이 분야의 부가가치 통계가 없어 명확히 말하기는 힘들지만, 인건비와 영업수익이 부가가치의 80% 이상을 점하는 요소라는 점을 감안할 때 철도부문 부가가치 증가율은 GDP 성장률에 비해 높지 않을 것으로 추정해볼 수 있다. 지금 한국조세연구원 공공기관정책연구센터에서 공공기관의 부가가치 추정작업이 진행 중이므로 머지않아 코레일 등의 부가가치 통계가 나올 것이다.(2010년 10월에 나온 작업결과에 따르면 코레일의 부가가치 증가율은 GDP증가율에 비해 평균적인 경우에 꽤 낮다[3]).

바람직하기는 코레일의 부가가치 증가율이 GDP 성장률보다 커서 국민 경제에서 점하는 철도 비중이 높아지고 이를 통해 우리의 환경과 삶의 질이 개선되는 것이다. 이렇게 되기 위해서는 코레일 노경이 단체협약 개정을 두고 대치하는 소승적 차원보다 코레일의 성장방안을 두고 대치하는 대승적 차원의 모습을 보여줘야 한다. "1974년에 개통된 경부선 전철, 36년이 흘렀는데 그 사이 부가가치와 수익성, 고객만족도는 어느 정도 늘고 개선되었을까요."

〈철-1006-2010. 5. 17.〉

민자역사 성공에 필요한 코레일의 적극적 자세

오늘 뉴스플러스는 사업 실패로 줄줄이 차질을 빚고 있는 코레일의 민자역사 사업을 집중 진단합니다. 제대로 경제성을 따져보지 않고 무리하게 사업을 추진하다 빚더미에 올라앉게 됐고 이로 인한 개인 피해자들이 속출하고 있습니다…용산역과 왕십리역, 그리고 노량진역과 천안역 등 코레일이 지금까지 추진한 민자역사는 모두 20곳에 이릅니다. 그동안의 투입된 사업비만 4조 원이 넘습니다. 이 가운데 창동역과 노량진역, 그리고 천안역은 공사가 중단된 상태고, 안산중앙역은 3년, 성북역은 무려 15년이 넘도록 아직까지 인허가도 받지 못했습니다. 산본역은 시행사가 파산에 직면해 법원에서 회생절차가 진행 중입니다. 이처럼 민자역사사업이 줄줄이 차질을 빚게 된 이유는 무엇일까요? 문제가 되고 있는 민자역사들을 직접 둘러봤습니다.

(중략)

"(민자역사 건설과 관련하여 코레일이 주도적으로 사업 추진에 나서지 못하는 것은) 주도적으로 사업을 추진할 경우, 사업이 자칫 진행이 잘 안 되면 추궁을 두려워하는 거죠. 그래서 민간사업자처럼 적극적으로 임하지 못하는 것이 큰 원인입니다."(필자의 인터뷰 내용)

(그 결과 코레일이 제2, 제3의 투자자로 참여하는 경우에도 사업 추진이 잘 되지 않아 개인 투자자들이 피해를 보는 사례가 많다)

〈MBC TV 뉴스플러스(2011. 8. 16.)〉

민자유치, 꼭 필요한 사업으로 한정하고 심사 강화한다

이제 곧 이명박 정부가 출범한다. 새 정부를 통해 우리나라가 기업을 경영하기 좋고 일할 맛이 나는 곳으로 탈바꿈하여 연 6% 성장을 달성할 수 있기를 소망해본다. 아마도 이 목표가 달성되면 대졸 취업재수생은 이 대통령 임기 중 상당수가 사라질 것이다. 6%는 지난 10년에 비해 평균 1% 포인트 높은 성장률로 매년 20만 개 정도의 새로운 일자리를 만드는 효과가 있다.

우려되는 것은 이같은 일자리 창출의 시발점 사업으로 대운하가 되지 않을까 하는 점이다. 약속한 대로 여론수렴과정을 거치겠지만 마지막에는 '대통령의 결단'이라는 이름을 걸고 국민대토론회나 대통령담화 등으로 반대파의 이해를 구하면서 사업에 착수할 가능성이 크다.

우리는 민자유치를 통한 민관협력사업(Public-Private Partnership, PPP)은 1962년의 부산위생처리회사(분뇨처리)를 시작으로 지방의 개발사업에 많이 활용되었다. 이후에도 유료도로법, 항만법 등에 따라 90여 개 사업이 추진되었지만 역사와 항만 시설을 제외하면 성공적인 PPP사업은 별로 없다.

그래서 1994년 민자유치촉진법을 제정하여 사업의 활성화를 기했지만 기대에 못 미쳤고, 급기야 정부는 '운영수입보장'이라는 내놓아서는 안 될 '사탕카드'를 제시하였다. 그 결과, 2006년 한 해에만 2천억 원 상당이 민간업자에게 지출되었다. 타당성 없는 사업에 착수했거나 계약을 잘못 맺어 이처럼 뒤늦게 많은 세금이 새고 있지만 국회조차 이를 막지 못한다. 인천공항(860억 원), 천안~논산(400억 원), 대구~부산(700억 원) 고속도로가 그렇고, 2007년 3월 개통한 공항철도도 2008년부터 1천억 원 넘는 '세금 먹는 하마'가 되는데 보장기간(15년) 동안 이같은 지출이 계속될 수도 있다.

대운하도 "민간투자로 추진하며 정부예산을 쓰지 않는다"면서 시작할 것이다. 하지만 대통령이 의욕을 보이는 사업인 만큼 정부도 참여자에게 손해 보지 않을 다양한 방안을 제시할 것이다. 문제는 본 사업에서 수익을 내지 못하고 주변지역 개발 등 부대사업에서 수익을 내는 것은 본말이 전도된 것으로 정부의 추가적 지원 없이는 대운하사업을 지속할 수 없다는 점이다.

국내에서도 영등포역사와 같이 PPP사업의 성공 사례가 있지만 규모가 작다. 세계적 성공 사례로 홍콩항만횡단지하터널(1969, BOT), 유로터널 (1987), 런던지하철(2003) 등이 거론된다. 사업의 성공 배경으로 제도의 합리적 설계, 정부와 민간참여자 간 강력한 협의체 구성과 장기약속에 대한 신뢰 구축, 참여자 간의 적절한 위험분담 등이 지적된다. 그런데 우리는 제도 설계와 참여자 간 위험분담에서 큰 과오를 범했다.

런던지하철은 2003년 7월 교통부에서 관리를 넘겨받은 런던시가 대중교통체계를 일신하면서 책임집행기관인 런던교통국(TFL)을 설립하고 산하에 지하철공사를 두어 PPP 사업으로 2개 민간회사를 끌어들여 낙후된 지하철 인프라 시설의 확충과 보수유지 강화에 나선 것이다. 4년이 경과하면서 지금 런던지하철의 변화 정도가 주목받고 있다.

학계에서 많은 비판을 받는 PPP 사업이지만 국내외에서 사업영역이 확대되고 있다. 우리의 공항철도에 도입되었지만 결과는 참담하다. 신분당선 (강남~정자, 2010)이 개통되면 그간의 비판을 잠재울지 모른다. 향후 30년 간 철도, 항만, 도로 등에 많은 투자가 이루어질 터인데 이 과정에서 민자유치 사업이 '작은 정부'라는 애초 목적을 달성하면서 꼭 필요한 사업에만 적용되어 '세금 먹는 블랙홀'이 되지 않기를 기대해본다.

〈철-900-2008. 2. 15.〉

'코레일타운' 건설로 흑자전환 앞당길 수 있다

2007년 2월 마침내 KTX 하루 평균 승객이 11만 명에 달했다. 개통 초기인 2004년의 7만 2천 명보다 53%가 늘었다. 같은 기간 중 수송수입도 21억 1천만 원이 31억 8천만 원으로 51% 커졌다. 근래 KTX 영업수입은 공사의 1일 영업수입(69억 7천만 원)의 43%를 점해 일반철도(22%), 수도권전철(21%), 화물열차(14%)보다 훨씬 많다.

지금같이 한 해에 1만 명 이상씩 증가하면 2010년경에 15만 명 수준에 달하고 이때쯤 경부고속철 2단계 공사가 완공되면 좀 더 늘지 모르겠다. 하지만 하루 20만 명은 2020년에도 달성하기 힘들지 모른다. 기존의 새마을, 무궁화 등의 일반열차 이용객 중 상당수가 KTX로 옮겨왔고 항공기 승객과 버스, 승용차 승객도 상당 부분 철도로 이동하였기 때문에 20만 명은 이들 경쟁 교통수단에서 추가로 끌어오고 신규 승객을 창출해야 기대할 수 있는 숫자다. 장차 호남고속철 신선이 완공되고 전라선에 KTX가 투입되어도 20만 명과 60억 원은 힘든 목표일 수 있다.

필자는 '코레일타운'이 이처럼 힘든 목표를 가시권으로 끌어올 수 있는 유력한 정책이라는 관점에서 광명~천안 간에 동 타운의 건설을 제안한다. 이 도시는 인구 5만 명 정도를 수용하는 계획도시로 공사(혹은 자회사)가 토지공사 등과 합동으로 개발한다. 입주자 요건은 서울, 천안, 대전 지역 출퇴근족과 등하교족, 가족 등으로 제한하고 분양보다 임대 중심으로 운영하여 KTX 이용을 극대화한다. 주민의 40% 정도가 KTX를 이용하면 하루 4만 명의 승객이 추가로 확보된다.

안타깝지만 지금의 공사는 외부의 재정지원 없이 운영될 수 없다. 외부재원(2006년 예산기준, 2조 1천78억 원)은 전 예산(5조 5천371억 원)의 38%로 정부지원이 9,168억 원, 차입조달이 1조 1,910억 원이다. 이같은 외부재원 의존 구조를 개선하고 누적채무를 해소하기 위한 방법의 하나로 타운 건설이 검토될 수 있다. 타운이 건설되면 매년도 철도 적자가 줄어 정부지원금이 줄어들고 개발지역의 장래 자산가치가 상승하면 누적채무 상환문제가 크게 완화될 것이다. 후보지로는 화성시(매송면) 일대를 포함한 몇 곳을 고려할 수 있다. 계산치이지만 초기 개발이익으로 5천억 원, 매년도 임대 및 수송수입으로 2천억 원 정도가 확보되면 공사의 흑자전환이 꽤 앞당겨질 것이다.

근래 기획예산처(현 기획재정부)는 철도투자 예산을 줄이고 도로투자 예산을 늘이려는 움직임을 보이고 있다. 이같은 움직임의 이면에는 투자의 경제적 효율성을 중시하는 기예처를 건교부, 공사, 공단 등 철도관계자들이 제대로 된 분석자료를 가지고 설득하지 못하거나 기예처에 훈수를 둘 만한 지적知的 우군을 주변에 갖지 못하고 있다는 사실이 있다. 솔직히 말해 환경영향 등을 무시한 통상의 효율성만 따지면 경부권과 수도권 이외 지역의 철도투자가 도로투자를 따라잡기 힘들다.

그래서 필자는 이철 사장을 비롯한 전 철도인이 뜻과 힘을 합쳐서 우군을 만들어 경부철 연변의 잠재적 개발이권의 일부를 내부화함으로써 기예처 등의 예산지원에만 매달리는 구조에서 벗어나라고 권고하고 싶다. 철도인들이 방치하면 동 개발이권은 십수 년 안에 건설회사나 타 공사, 개인들에게 돌아갈 것이다. 재정 당국도 타운 건설허가가 수 조원의 예산지원과 맞먹는 효과를 지닐 수 있다는 점을 모르지 않을 것이다. 다만 구하지 않는데 줄 자가 어디에 있겠는가. 건교부(현 국토해양부)와 공사, 공단은 코레일타운 건설의 타당성 조사부터 착수해보자.

〈철-861-2007. 4. 13.〉

수도권 순환고속철 부설 후 KTX망과 연계한다

2008년 6월 11일 강경호 사장이 코레일의 신임 사장으로 취임했다. 이철 사장이 그만둔지 5개월여 만이다. 그는 2007년 1월까지 3년 8개월 간 서울메트로 사장을 역임한 바 있어 철도를 잘 아는 사람이다. 취임사에서 "코레일이 이룬 변화와 고객요구 사이에는 아직 격차가 있다. 새 경영환경과 다양한 고객요구에 빠르게 순응하기 위해 좀 더 큰 변화가 필요하다"고 강조했다. 내세운 4가지 정책목표에는 '자립경영기반 구축'이 포함되어 있다.

수장 없이 운영되어온 5개월 사이에 큰 사고가 발생하지 않았다. 하지만 3만 명이 넘는 대기업의 수장이 장기 공석이었다는 사실은 문제다. 정부도 문제점을 인식해 차제에 공기업 임원인사의 틀을 바꾸려 하고 있다. 늦은 감이 있지만 인사 절차를 최대한 간소화하고 임명권자가 의중에 둔 인물이 있을 때는 절차를 더욱 간소화하여 불필요한 시간낭비와 예산낭비를 막아야 할 것이다.

강 사장은 새 정부 발족시부터 차기 사장감으로 유력시되어왔던 인물로 현대그룹 출신이다. 서울메트로 사장으로 재임하던 2000년대 중반, 길지 않은 기간임에도 누적채무와 경영적자 폭을 크게 줄이는 등 두드러진 실적을 남겨 주목받은 바 있다. 부임 당시 철도를 잘 몰랐던 전임 사장과 달라 많은 철도인들이 그에게 거는 기대가 그만큼 큰지 모른다.

현대그룹과 서울메트로 근무로 그는 이 대통령과 친숙한 사이가 되었다. 이러한 관계가 동력이 되면 재임 중 강하게 개혁을 밀어붙일 수 있겠지만 그러한 작업이 가능할지 내심 걱정이다. 대통령과 새 정부에 대한 국민의 신뢰도가 낮기 때문이다. 하지만 측근으로 분류되는 그가 경영수완을 발휘하여 철도 경쟁력을 크게 높일 경우 강 사장과 코레일로 인해 이 대통령과 새 정부에 대한 신뢰도가 부분적으로 회복되는 시나리오가 실현될지 모른다.

전임 사장이 용산역세권 개발사업으로 경영수지를 일시적으로 흑자로 돌려놓았지만 얼마나 지속할지 의문이다. 운송수입 등 본업을 통한 지속적 수익창출보다 자산처분이익 등 특별이익 덕분이기 때문이다. 게다가 인력 감축이 거의 없어 인건비 등 경직성 경비지출은 매년 빠르게 늘고 있다. 강 사장이 취임사에서 지적한 '자립경영기반 구축'을 위해서는 사업내역과 인력배치에 대한 대대적 재검토와 구조조정을 통한 운송과 역사운영 등 본업수지 개선이 필수적이다. 역세권 개발 등 부대사업을 통한 수익창출도 필요하지만 본질적인 것은 본업수지 개선이다. 그래야 향후의 철도민영화 작업도 가시권에 들어올 수 있다.

공사로 전환한 지 3년이 지났을 뿐이지만 그간 구 철도청 출신 임원과 간부들이 대거 교체되었다. 이 과정에서 강하게 남아 있던 정부기업 냄새가 많이 가시고 직원들의 업무자세도 달라졌다. 강 사장이 컬러를 발휘하기 쉬운 토양으로 바뀌고 있다. 이러한 여건 하에서 신임 사장이 재임 중 반드시 추진했으면 싶은 사업 하나를 제안한다.

수도권 외곽에 (고속) 순환철도를 개설하고 이를 KTX와 연계시키는 구상의 정책화를 모색해달라는 것이다. 수도권 외곽에는 자동차순환도로가 개설되어 효율적으로 운영되고 있지만 외곽의 지하철과 수도권 전철역을 잇는 순환철도는 없다. 이 구상이 실현되면 환경개선과 에너지 효율증대 등 국민경제의 질적 개선은 물론이고 코레일의 수익기반 또한 획기적으로 개선될 것이다. 국토해양부, 철도시설공단 등과 함께 검토할 사안이겠지만 누군가가 주도하지 않으면 실현되기 어려운 구상이다. 그 주역을 강 사장이 맡아달라는 것이다.

〈철-916-2008. 6. 20.〉

● 질적 성장
양적 성장 못지않게 질적 성장도 중요하다

우리 철도의 양적 성장이 눈부시다. 2009년 6월 1일에는 서울~온양온천 · 신창 구간에 신형 열차인 누리로가 선보였다. 이 열차는 일본, 영국 등 철도 선진국에서나 볼 수 있는 소량 편성의 좌석형 급행차량이다. 그후 7월 1일에는 10년여의 공사 끝에 경의선[4] 성산~문산 구간에서 복선전철이 개통하였다. 2011년에는 청량리~춘천을 잇는 경춘선 복선전철도 개통된다. 수도권 중심이긴 하지만 복선전철망이 정비되면서 철도이용객이 늘고 도로교통이 줄면서 환경개선효과가 기대된다.

이같은 사업에도 불구하고 철도이용객의 교통편익 증진은 여전히 제한적이다. 경의선의 성산~홍대입구~공덕~용산 구간은 2012년 이후에나 완공 예정이고 경춘선도 망우리 근처인 신상봉이 실질적인 시발역이 되어 청량리, 용산까지 오려면 오래 기다리거나 갈아타야 한다. 누리로도 무궁화 및 급행전철과 정차역이 중복되고 운행시간도 엇비슷하며 손님이 많은 신도림, 금정, 병점에 서지 않아 신규고객 흡인효과는 낮을 전망이다. 이들 사례는 우리 철도가 양적 성장에도 불구하고 세세한 곳까지 배려하지 못해 교통편익을 제대로 높이지 못하는 예이다.

적은 예산으로 많은 교통편익을 추구하는 질적 성장의 길이 있다면 응당 이들 방법부터 찾아야 할 것이다. 가령 고객이 많은 노선에 선로나 플랫폼을 개수하여 제대로 된 급행시스템을 도입하는 사업은 신선부설, 단선의 복선전철화, 복복선화에 비해 적은 예산으로 고객에게 높은 시간이득과 교통편익을 제공할 수 있다. 인구가 늘지 않거나 줄 것으로 예상되는 현 상황에서는 인구증가기에 비해 정치적 배려나 민원보다 수요가 있는 곳에 열차를 투입하는 등 예산효율성을 고려한 사업선정이 요청된다.

이같은 사업을 추진할 수 있는 곳의 하나가 서울~천안 구간의 광역철도와 고속철이다. 우선 돈이 거의 안 드는 사업으로 KTX의 영등포 정차와 누리로의 신도림, 병점 정차를 고려할 수 있다. 다음으로 예산을 편성하여 간이역과 플랫폼을 정비하여 화성시 매송 일대에 KTX를 정차시키고 금정역에 누리로를 세우며 금천구청~광명역~금정역을 신선부설로 연결하여 1호선 경부전철의 1/3 정도를 이 노선으로 운행한다. 경기남부권의 KTX 정차역으로 거론되고 있는 동탄과 평택 지제는 화성시 매송과는 별개 건으로 추진한다. 이들 지역은 그만한 수요를 지니고 있기 때문이다.

이상의 제언은 수도권 인구의 절반 이상이 KTX와 수도권 급행전철의 이용대상권에서 제외된 현실을 토대로 제시한 것이다. 안타깝게도 국토해양부와 교통전문가들은 경부철과 인천공항을 설계하던 십수 년 전에 내놓았어야 할 계획인 광명역 복합환승센터, 광명역 인근 신도시 건설, 인천공항과 광명역, 강남권의 철도망 연결을 요즘에야 중장기 (철도)구상이라는 이름으로 내놓고 있다.

나아가 장래 국내 철도사업의 우선 추진순위는 수익이 커 정치가와 건설업자의 관심이 높은 신규 대형사업보다 적은 예산으로 큰 교통편익이 기대되는 사업에 부여해야 할 것이다. 아쉽게도 국토해양부와 철도시설공단이 정력적으로 추진하는 근간의 철도건설사업 중 상당수는 예산에 비해 완공 후의 교통편익과 환경개선 효과는 제한적일 것으로 전망되고 있다. 철도망의 외연 확장 못지 않게 수도권 중심부 철도와의 연계망을 확보하여 사업완성시의 기대편익을 높이는 게 중요하다. 물론 수도권 중심부의 철도망 정비에는 많은 예산이 소요되지만 이 사업은 미룰수록 그 비용이 급속히 늘어난다는 점을 잊어서는 안 될 것이다. 작금 우리 철도가 양적으로 빠르게 성장하는 것을 지켜보면서 느끼는 단상이다.

〈철-968-2009. 7. 23.〉

● *질적 선장*
광역전철 급행화 서두른다

'GTX'라고 불리는 경기권 광역급행철도 구상이 김문수 지사에 의해 다시 언급되면서 실현 가능성이 높아지고 있다. 이는 서울의 서북지역인 고양 킨텍스에서 수원 남쪽의 동탄신도시까지(74.8km)를 잇는 등 세 노선을 건설하겠다는 내용이다. 사업예산이 14조 원이나 들어 계획대로 될지 불확실하지만 실현되면 우리 철도의 진화가 앞당겨질 전망이다.

그런데 바람직하기는 이같은 미래철도 구상은 김 지사 같은 정치가보다 인적 자원이 풍부한 철도당국이 먼저 내놓았어야 한다. 권위있는 연구기관이나 전문가 그룹에서 나온 얘기가 아니라서 상당수 국민은 이를 그의 대권 도전과 연관지어 해석한다. 당국이 관련 전문기관이나 전문가 그룹의 자문을 얻고 치밀한 검토를 거쳐 중장기 비전의 하나로 공개했더라면 더 나았을 것이다.

솔직히 우리의 수도권 전철은 규모에 비해 급행철도망이 꽤 부실하다. 복복선인 경인구간만 제대로 된 급행이 운행되고 있고 개통 후 35년이 경과한 경부구간까지도 절름발이 급행이다(2009년 기준). 운행간격이 길고 주요 환승역(금정역)에 정차도 못 한다. 7분 내지 10분 간격으로 운행되는 열차의 대부분이 완행이다. 이용객이 적은 역에도 꼬박꼬박 정차하여 시간이 많이 걸리다 보니 시간이 급한 고객들이 철도를 외면한다. 이로 인해 코레일이 피해를 보고 있고 국가적으로도 도로교통 혼잡이 늘어 환경오염 심화 등 피해가 누적되고 있다.

2008년 12월에는 전철이 장항선 구간(신창)까지 연장되었지만 운행열차의 80% 이상이 완행으로 서울역에서 종점 신창까지는 2시간 20분이나 소요된다. 1시간 반 정도 걸리는 급행이 어쩌다 한 번씩 있으니 이동객 중 상당수가 여전히 승용차나 무궁화호 등을 이용해 개통에 따른 효과가 반감되고 있다.

혹자는 우리의 수도권 전철망을 가리켜 "세계에서 가장 거대한 전철 · 지하철 체계 중 하나"라고 자랑한다. 하지만 볼륨에 비해 질은 낮다. 이유는 빈약한 (광역)급행철도망 때문이다. 따라서 수도권 철도에서는 양적 확장 못지않게 질적 개선이 시급하다. 구체적으로 급행전철의 운영확대, 광역급행철도 및 수도권고속철도망 확충이 절실하다는 것이다. 이를 위해서는 금정역 등 일부 역사와 노선의 재정비가 불가결하며 적지 않은 예산도 들여야 한다. 하지만 국토해양부와 철도시설공단 등 주무부처는 이들 사업의 우선순위를 여전히 높게 보고 있지 않으며 예산확보 노력도 그다지 적극적이지 않다.

돌이켜보면 우리 철도는 정책당국의 오판으로 많은 예산을 허비했고 지금도 그 여파로 예산이 새고 있다. 경부고속철의 20량 편성 장대열차 도입, 거대한 광명역, 때이른 공항철도 건설이 대표적이다. 하지만 정책의 오판은 과거사가 아니라 현재도 진행 중이다. 그 배경에는 국내 철도분야에 미래의 교통을 예견하는 그랜드 디자이너가 없거나 묻혀 있기 때문이다. 10년, 30년, 50년 앞의 교통상황을 전망하고 철도망의 구축을 기획하고 지휘하는 이가 없다. 그러한 이가 있다면 한 자리에 진득이 앉아 수십 년 간 철도를 관망하면서 냉철한 판단 하에 책임감을 갖고 발언하며 사안결정에 참여할 것이다.

지금 경춘선 복선전철화 작업이 한창이고 이 구간에 고급급행열차를 투입하는 사업이 착착 진행되고 있다. 그랜드 디자이너가 있다면 작금의 상황을 두고 뭐라고 했을까. 알길 없지만 혹시나 "경춘선 개량작업 중요하지, 하지만 진화 차원에서 우선순위가 높은 것은 하루 800여만 명이 이용하는 수도권 지하철과 광역철도의 질을 높여 코레일의 수익을 개선하고 국민의 교통편익을 증대하는 게 아닐까"라고 하지 않았을까.

〈철-956-2009. 4. 17.〉

경부선 전철 급행시스템, 개선 서두른다

일주일에 사흘, 전철로 출퇴근한다. 신도림에서 병점까지 편도 50분 거리다. 오전 6시 32분발 천안행은 자리 잡기 어려워 6시 40분발 서동탄행을 이용한다. 2005년 1월에 천안까지 연장된 후 한동안 손님이 없더니 요즘엔 입석객이 많아 지하철을 연상케 한다. 구간 영업계수가 그동안 최고를 자랑하던 경인선을 넘어설 기세라는 말이 실감난다.

문제는 천안행은 인천행보다 거리가 3배 정도고 역이 많아 보통열차는 편도에 두 시간이 걸리는데 오랫동안 서 있는 고객이 많다는 점이다. 급행은 한 시간에 1대 꼴이라 큰 도움이 못 된다. 승객의 상당수가 학생이라지만 이들에게도 장시간의 입석 여행은 고통일 게 분명하다. 게다가 입석객은 날로 증가하고 있다. 사실 정차역 중 상당수는 이용객이 많지 않아 열차의 절반 정도를 급행으로 운행하면 운행비 감소 외에 이용객의 편의와 건강 도모, 이용객 증가를 기대할 수 있을 것 같다.

필자는 한 칼럼(철-853-2007. 2. 16.)에서 "수도권 급행에 좌석열차 도입한다"고 제안하였다. 공사는 보도자료(2.21)를 통해 2009년에 서울~온양온천 구간과 경춘선에 좌석급행열차 도입이 예정되어 있다고 답했다. 아울러 함께 제안했던 금정역의 급행정차에 대해서는 네 안을 검토해보았지만 해법이 없다고 결론짓는다. 연구용역(교통개발연구원, 2003)에서도 해법을 찾지 못했다고 덧붙인다.

철도건설분야의 전문가가 아니라 공사 측 답변에 기술적으로 왈가왈부할 입장이 아니지만 발상을 바꿔 "어떻게든 해법을 찾는다"는 자세로 접근하면 문제해결의 실마리를 찾아낼 수 있을 것이라는 게 필자의 생각이다. 기본방향은 "급행전철은 구로~천안 간에서 전 구간 경부2선을 이용하고 선정

한 급행정차역에 고상홈과 대피선을 마련하며 금정역도 예외일 수 없다"는 것이다. 금정역은 좌우측 지방도 일부를 철도부지로 확보하고 지하도를 개설하거나 고상홈을 병렬 아닌 직렬 방식으로 설치하는 방안의 타당성을 검토할 수는 없을까.

금정역 문제의 해법이 미뤄지는 배경에 현행 철도체계의 비효율이 자리잡고 있는지 모른다. 공사는 기존 철도를 활용한 운영에 전념해야 하고 신노선 건설과 기존선 개조는 건교부와 철도시설공단의 업무영역이다. 건교부 내 철도업무도 2006년부터 철도기획관(물류혁신본부)과 철도건설팀(기반시설본부)으로 분리되면서 우선순위에 입각한 신속한 업무추진이 어렵게 되었다. 고객과 접점이 많고 영업수지에 예민한 공사보다 고객과 떨어진 위치에 있는 건교부와 공단이 철도건설 기획을 주무르고 있다. 그래서인지 2007년도 건설교통 업무계획(2.5.)에서도 신설 건설 등 양적 측면이 강조되고 이용객이 빠르게 늘고 있는 경부선 전철의 급행시스템 개선 등 서비스 향상과 질적 개선 측면이 간과되고 있다.

강조하고 싶은 것은 고객의 수요를 상대적으로 잘 파악하고 있는 공사의 목소리가 철도 건설 구상과 기획에 지금보다 강하게 반영될 수 있도록 관련 정책운용체계를 바꾸고, 신선 건설 못지않게 기존선의 개량과 질적 개선의 우선순위를 높이자는 것이다. 이렇게 해야 적은 예산으로 집객능력을 극대화하고 고객의 절실한 수요에 부응할 수 있기 때문이다. 지금 체계에서는 고객의 목소리를 반영하고 영업수지를 개선하기 위한 공사 측 요망사항은 건교부, 철도시설공단을 오가면서 메아리로 사라지기 십상이다. 경부선 전철의 급행시스템 개선은 더 이상 미룰 과제가 아니다. 미룰수록 급행정차역 선정에 따른 지역 간 갈등이 고조되고 공사비용도 늘고 공사의 수익기반 개선도 늦어질 것이다.

〈철-885-2007. 10. 17.〉

● *질적 성장*
수도권 급행에 좌석열차 도입한다

　　흑자전환이 기대되던 서울메트로의 2006년도 경영수지가 적자로 드러났다. 주5일근무제가 확산되면서 이용자가 4년째 줄고 노인과 장애인 등 무임승객이 8명 중 1명 꼴을 점하여 수입이 주는데 역사 개수 등에 돈이 들었기 때문이다. 운임 압박이 컸는데도 적자를 2005년(817억 원)의 절반 수준으로 줄였다니 대견하다. 이는 2007년 1월 8일 퇴임한 전 강경호 사장이 4년 간 힘들인 경영혁신의 대가다.

　　그는 전동차 내 음성광고방송 도입으로 불만도 샀지만 "공기업도 기업이다. 혁신 없이 내일 없다"는 자세로 대표적 적자기업인 서울메트로의 경영을 개선했다. 민간기업 사장 출신으로 2003년 4월 취임 후, 조직개편을 통한 인력효율화 조치 외에 IMT2000과 위성 및 지상파 시설과 민자스크린도어를 설치하고 미디어랩방식 광고 도입으로 적자를 줄였다. 부채도 조기상환해 3년 사이에 22%(6,259억 원)를 줄였다.

3월 하순이면 공항철도의 1단계 구간(김포공항~인천공항 40.3km)이 개통한다. 지하철보다 두 배 빠른 평균시속 70km로 12분마다 운행하는데 운임이 3,100원(직통 7,900원)으로 버스의 4,500원보다 싸 공항이용객 중 다수가 철도로 옮겨갈 전망이다. 내부 조사지만 1단계 개통시 응답자의 74%가 철도를 택하겠다고 답했다. 저렴한 요금은 관리인원 최소화 등 효율적인 관리체계 덕분이다. 예상처럼 하루 22만 명이 이용할지는 불확실하지만 역세권이 개발되고 서울역까지 연장되면 2호선에 이은 또 하나의 황금노선이 될 것이다.

필자는 용산~천안과 용산~인천 구간의 급행 일부를 출퇴근시 좌석열차로 대체할 것을 제안한다. 공항철도의 급행열차나 경춘선 투입예정인 2층 급행전동차가 모델이 될 수 있다. 지금도 이들 구간의 급행은 보통열차보다 고객이 적어 안락성을 추구하는 출퇴근 수요에 부응하면서 수입도 늘릴 수 있다. 이들 구간은 2010년 개통예정인 경춘선보다 집객력면에서 우월한 곳으로 잠재수요가 크다. 물론 지혜를 모아 적은 예산으로 금정역 등 환승역에 급행을 정차시켜야 할 것이다.

공사 광역사업본부는 메트로와 비슷한 수의 차량을 관리하고 있지만 영업수입은 70% 이하다. 그 결과 2006년의 메트로 적자가 줄었는데 광역부문 적자는 늘었다. 경인선을 제외하면 아직 대부분이 적자다. 서울~천안(97km) 요금이 2,300원으로 새마을의 29%, 고속버스의 55% 수준이다. 서울시는 메트로측 주장(km당 75원에서 103원으로 37% 인상)보다 낮지만 15% 정도 올리는 계획을 세워 시의회와 물가대책심의위원회 심의를 밟고 있다. 메트로는 무임승차비용의 정부, 지자체 보전까지 주장한다. 그런데 km당 평균

요금이 24원에 불과한 서울~천안 간 요금인상에 대한 공사 측 목소리는 거의 없다. 이 상태로는 흑자전환이 기대되는 메트로와 광역부문 간 격차 확대가 우려된다.

공사는 2007년도 1인당 매출액을 1억 2천만 원으로 예상하고 선로사용료를 면제해주면 10년 내에 이 매출액을 2억 원대로 올리겠다고 한다. 선로사용료 면제가 재정부담을 덜면서 경영정상화를 앞당기는 길이라고 강조하고 있는 것이다. 일면 설득력 있는 얘기다. 하지만 선로사용료는 수준이 문제지 한시적으로라도 이를 완전히 피하면서 영업이익을 달성하겠다는 것은 앞뒤가 맞지 않는 얘기다. 영업이익의 지속성이 담보되지 않기 때문이다. 인건비 증가 억제와 KTX와 광역부문의 수익력 증대를 통한 흑자전환 노력이 최우선이고 그다음이 역사와 부동산 개발이다. 출퇴근용 급행좌석열차 도입은 광역부문의 수익증대에 기여할 것이다.

〈철-853-2007. 2. 16.〉

이후 경과

이때의 예상과 달리 개통 이후 적자 규모가 급격히 확대되면서 정부가 지원해야 할 최저보장수입(MRG)이 연간 1천억 원대에 달하자 기획재정부는 공항철도를 서둘러 코레일 자회사 형태로 바꾸는 방안을 모색하였다. 그 결과 공항철도는 2009년 11월 이후 공항철도(주)에서 코레일공항철도(주)로 사명을 바꾸고, 코레일 자회사로 운영되고 있다. 개통 후 5년이 된 2012년 2월 기준 하루 평균 12.4만 명이 이용하고 있고 매월 5천명씩 증가하므로 연말에는 17만 명에 근접할 전망이다.

● 해외진출
철도차량을 넘어 시스템의 해외수출도 추진한다

2009년 세밑, 공기업인 한국전력공사가 큼직한 홈런을 터뜨려 불황으로 얼굴이 어두운 국민들의 기분을 좋게 했다. 한전 중심의 한국컨소시엄이 중

동의 부국 아랍에미리트(UAE)의 원자력발전소 4기 건설과 장기 관리라는 초대형 사업을 400억 달러(47조 원)에 따낸 것이다. 경쟁상대가 원자력발전의 선진국인 프랑스 아레바 컨소시엄이었으니 청출어람靑出於藍이라는 말을 들을 법도 하다.

한전과 김쌍수 사장은 이번 한 건으로 그동안 공기업이 무슨 해외사업이냐고 경영평가 때마다 힐책하면서 해외사업에 비판적이던 일부 경영평가 교수와 관계 전문가들에게 멋진 카운터 펀치를 날린 셈이다. 수익성과 추가 계약 등 과제가 없지 않지만 국내 호랑이 기업 한전이 세계기업으로 발돋움하는 계기가 될 것이다. 초대형 사업이다 보니 양국 대통령이 끼어드는 등 수주전이 치열했고 최종 무렵까지 한국 측이 프랑스 측보다 불리했다고 한다. 하지만 불리한 여건을 딛고 우리 측이 승리했다. 그간의 과정을 보면 한전 측의 노력에 중동지역에 내공이 있는 이명박 대통령의 지원사격이 더해져 적중한 형국이다.

한전이 해낸 것을 코레일과 철도시설공단이 못할 리 없다. 외국의 긴 구간에 선로를 깔고 이들 시설을 유지·보수해주거나 철도운영을 위탁받으면 훌륭한 해외진출사업이 된다. 내수만으로 두 기관이 지금보다 큰 조직으로 성장하는 것은 쉽지 않다. 추가 성장을 기하는 길은 해외뿐이라는 생각에 철도시설공단은 오래 전부터 중국 등에의 진출을 타진하여 보수유지사업 중심으로 수주실적도 있다. 다만 코레일의 해외진출이 부진한데 지금부터라도 관심을 갖고 해외진출을 적극 타진하는 작업이 필요할 것이다.

현 시점에서 우리 철도의 해외진출은 민간기업인 현대로템이 선도하고 있다. 그동안 외국의 공공기관이나 철도회사로부터 전동차, 객차, 경전철 등을 수주하여 납품했다. 매출의 상당 부분이 해외에서 발생하는데 지금 이상으로 확대하지 않으면 로템의 추가적 성장과 흑자경영이 힘든 상황이다. 그

래서 2010년 상반기로 예정되어 있는 브라질 고속철(TAV) 사업(상파울루
~리우데자네이루, 201억 달러, 2020년 이후 완공)에 코레일, 철도시설공단,
국내건설사 등과 컨소시엄을 이뤄 도전할 계획이라고 한다.

이후 경과

2011년 7월에 행해진 입찰이 유찰되면서 우리 측의 사업참여가 불투명해졌다. 사
업성이 낮다는 지적에 브라질 측 입찰은 2010년 11월, 2011년 4월로 연기되다가
이번에 강행되었다. 향후 브라질은 사업방식을 변경하여 기술(설계)과 건설 부문을
분리해 2012년 하반기 이후 두 차례 입찰을 예정하고 있다. 베르나르도 피게이레
도 육상교통청(ANTT) 청장은 한국과 프랑스, 스페인, 독일, 일본 등을 대상으로 도
입기술을 먼저 정하고 나서 건설사를 추가로 선정하겠다고 밝혔다.

관건은 철도기술이다. 각 분야에서 일정 수준을 넘어야 경쟁에 참여할 수
있다. 한전의 이번 수주 성공도 그간의 원자력발전 실적의 뒷받침이 있었기
에 가능했다. 이러한 점에서 지속적인 안전운행으로 KTX와 관련 기술에 대
한 신뢰도를 높이고 2010년 3월부터 투입될 KTX 산천의 안전운행 확보도
중요하다. 2009년 12월 18일 영불해협 지하터널에서 유로스타가 고장나 2
천 명이 넘는 승객이 16시간 이상 차내에 갇혀 두려움에 떨어야 했다. 유로
스타와 양국 고속철도 관계사의 신뢰도 하락은 말로 표현할 수 없을 정도일
것이다.

끝으로 우선은 해외수요가 꾸준히 늘고 있고 우리가 기왕에 경쟁력을 지
닌 철도차량분야의 추가적인 경쟁력 강화가 중요하다. 안전하고 성능 좋고
비싸지 않은 차량을 만드는 것뿐만 아니라 외부 디자인과 내부 인테리어에
서 외국사와 차별화된 차량을 공급할 수 있어야 한다. 철도대와 철도학과
개설대학(17개)은 교수진을 보강하여 미래의 우수 차량 디자이너를 길러내
야 한다. 기계, 전기, 토목, 제어, 운송물류, 경영 등의 전통분야 인력만으로
는 차량제작사 등 우리 철도의 경쟁력 상승에 한계가 있다. 올 한 해 우리

철도가 세계를 향해 기지개를 활짝 펼 수 있었으면 좋겠다.

〈철-990-2010. 1. 8.〉

● 해외진출
전동차 수출이 철도산업의 명운을 쥐고 있다

연말과 연초를 거치면서 현대로템(이하 로템)과 우진산전 등 전동차 제작업체에 훈풍이 불고 있다. 2010년 12월 30일 서울시의회가 도시철도공사(이하 도철) 조례를 9개월 만에 재개정하여 '전동차의 조립 · 제작' 등의 조항을 삭제하고 서울시도 1월 10일 이 조례를 의결하였다. 국토해양부는 다음 날인 11일 국무회의를 통과한 도시철도법 개정안에서 "지자체 등의 경전철 사업 추진시 구체적 계획수립 전에 국토부와 사전협의"토록 하여 국내 차량시스템 선정을 지원할 수 있도록 하였다.

그동안 로템 등은 지멘스, 봄바르디아, 알스톰, 히타치 같은 외국사와 경쟁해왔는데 도철이 차량제작에 나서면서 국내 공기업과도 경쟁해야 할 처지였다. 도시철도법과 도철 조례는 도철의 차량 제작을 허용하지 않았는데 차량 제작에 강한 의욕을 가진 전임 음성직 사장이 2010년 4월 1일의 조례개정과 법제처 유권해석을 토대로 사업을 추진해왔다. 로템 노조가 4월 8일 서울시를 방문하여 안전성과 공기업의 민간기업 영역 침범을 문제삼아 항의하였지만 사업은 강행되었다. 이후 막대한 예산이 투입되고 시제 차량까지 선보인 마당에 조례가 바뀌어 도철의 프로젝트가 혼란에 빠졌다.

철도운영사가 차량을 제작하는 것은 예삿일이 아니다. 분업이 효율적임을 모두가 알기 때문이다. 음 전 사장과 도철의 시도는 운영 경험을 통한 표준화된 차량과 부품의 필요성에 대한 인식에서 출발한 것으로 보인다. 4개

노선 운행차량의 주요 부품이 외제이고 그것도 나라별로 달라 부품조달에 시간과 예산이 많이 들었다. 로템을 통해 구입하였지만 로템의 해외합작처가 그때그때 달라 이같은 결과로 이어졌다. 전동차 수명이 40년으로 늘어나 장기적인 부품조달을 고려할 때 표준화·국산화가 시급하다는 사실을 뼈저리게 느꼈을지 모른다.

아울러 차량을 직접 제작하여 차량예산을 절감해보겠다는 생각도 있었을 것이다. 제작과정에서 1량당 구입예산을 16억 원대에서 10억 원대로 줄일 수 있다는 사실도 확인하였다. 사실상 독점기업인 로템의 입김 때문에 차량 가격이 턱없이 비싸졌다고 판단했을 것이다. 이러한 이유로 외국에서도 운영사가 차량을 시험제작해 사용하기도 한다.

문제는 국내 전동차 시장규모가 크지 않고 로템 등 차량제작업체의 국제 경쟁력이 외국 경쟁업체에 뒤진다는 사실이다. 주지하듯 로템은 KTX를 조립·생산한 바 있고 그 경험을 토대로 KTX 산천을 설계·생산하여 코레일에 납품한 업체다. 이 과정에서 고속철 관련 기술과 노하우를 습득했지만 적지 않은 손실을 입었고 그러한 손실의 일부를 전동차 부문 수익으로 만회해 왔다. 근자에 들어 다소 흑자를 내고 있지만 로템의 수익기반은 여전히 취약하다.

지금은 머리를 식혀 해법을 모색할 때다. 원칙에 충실하여 차량제작은 제작사가, 운영은 운영사로 특화한다. 시제차량을 포함하여 도철이 추진해온 차량제작사업은 적정 가격에 제작사로 넘기고, 제작사는 도철의 부품의 표준화·국산화·중소기업 육성 정신을 이어받아 이들 사업에 박차를 가한다. 도철의 도발과 도전정신이 헛되지 않게 하는 길은 로템 등 제작사가 그동안 가볍게 봐온 운영사의 차량정비에 따른 고민을 나의 고민으로 받아들여 함께 해법을 모색하는 것이다. 해결까지 다소간의 마찰과 시간이 소요되겠지만 한발씩 물러나면 해법이 보일 터이다. 이번 사안이 우리 철도산업의 미래가 달린 전동차 부품개발과 수출경쟁력 강화의 계기가 되길 바란다.

〈철-1036-2011. 1. 17.〉

● 해외진출
KTX 산천의 '스페리상' 수상은 꿈일 뿐일까

KTX 이용 증가가 둔화하고 있다. 운행 5년째인 2008년에는 이용객이 3%, 매출액이 4% 늘어 계획치에 미달했다. 이처럼 여건이 호락호락하지 않은 가운데 그나마 다행인 것은 차세대 고속철인 KTX 산천이 운행준비에 들어간 것이다. KTX 산천은 현실을 무시한 20량의 KTX와 달리 우리 실정에 맞게 제작되었다. KTX를 모델로 철도기술연구원, 로템 등 국내 기술진의 아이디어와 열정이 총동원되었다. 이로써 우리는 세계 4번째 고속철 차량 생산국이 되었다.

수년 후에 KTX 산천이 성공적인 시스템으로 입증된다면 한국 철도가 스페리상을 받을 가능성이 높다. 이 상은 철도, 자동차, 항공, 선박 등 운송부문 혁신에 기여한 인물이나 기관에 수여되며 1회 수상자는 미국의 고급여객선을 제작한 깁스W. F. Gibbs와 관계자(1955)이며 2010년까지 48회 시상되었다. 스페리E. A. Sperry(1860~1930)는 아크등, 전기자동차, 자이로나침반, 자이로통제항법기 등을 발명하여 400개 이상의 특허를 소유했던 미국인이다.

그동안 철도분야는 9회 수상하여 항공(16), 해운·선박(13), 자동차·중기(10)보다 적다. 디젤전기기관차(1957), 점화정류기의 철도동력 응용(1962), 신칸센(1966), 운행중앙통제시스템(1971), 테이퍼드롤러베어링

(1977), 디젤전기기관차용 주파수 유도 모터트랜스미션(1982), 곡면차륜 (1987), 관절형 화물차량 무이완 연결장치(1994), TGV(2000)로 주로 차량과 시스템 개발의 공적이 높은 평가를 받았다.

신칸센과 TGV가 수상하였지만 독일의 ICE는 상을 받지 못했다. 1998년 6월의 대형 사고가 이유일지 모른다. KTX 산천이 수상하기 위해서는 각별한 공헌도를 인정받아야 한다. 차량은 물론 선로와 노반, 신호체계 등 시스템 면에서 기존 고속철을 넘어서는 경제성과 안전성을 보여줘야 한다. 당장에는 철도인 모두의 분발이 필요하지만 장기적으로는 철도차량 설계와 디자인 부문을 중심으로 국내 철도인력의 수준 향상이 요구된다.

현장이 요구하는 차량설계와 디자인 인력을 길러내지 못하는 (철도)대학이어선 곤란하다. 또 경영성과가 안 좋아 홈페이지에 투자정보(IR) 코너를 개설하지 못하는 로템이어선 인재 확보가 애당초 무리다. 대학은 서둘러 인력양성체계를 바꾸어 일선의 수요변화에 대응하고, 로템의 경영진과 노조, 정책 당국은 경영성과가 개선될 수 있도록 지혜를 짜내야 할 것이다. 경쟁력을 갖춘 로템이라면 차량의 내구연한이 15년 아니 20년 늘어난들 걱정할 필요가 없을 것이다. 어차피 국내시장 수요로 채산을 맞출 수 있는 기업이 아니지 않은가.

로템이 2008년에 세계 3위의 철도차량 수주액을 기록하는 등 좋은 경영성과를 보인 것은 해외 사업물량이 늘었기 때문이다. 그동안 미국, 캐나다, 대만, 중국, 인도 등 33개국에 진출하였지만 EU권과 남미, 호주에는 약하다. 지금은 도약준비 단계로 이 분야 일류인 봄바르디아(캐), 알스톰(프), 지멘스(독), 가와사키(일), 히타치(일) 등에 도전장을 내민 상태다. 이들 기업들은 국내의 긴 철도노선 등을 바탕으로 내수시장이 큰 기업들이다.

여건이 좋은 이들과의 경쟁에서 이기는 비결은 디자인과 기술개발뿐이다. 통합 후 10년째인 로템이 10년 이내에 매출 15조 원, 종업원 1만 명, 연구개발인력 3천 명의 세계적 철도차량기업으로 성장하여 미래산업의 한 축을 담당할 즈음, 우리 철도가 KTX 산천으로 스페리상을 수상하는 꿈을 가져본다.

〈철-944-2009. 1. 16.〉

우리 철도, 국토 균형발전과 환경친화적 성장에 기여할 수 있다

● 균형발전
고속철 중간역 증설, 손실보다 득이 더 많다

고속철도 중간 정차역 증설을 비판하는 사람들은 크게 세 가지 이유를 든다. 첫째는 고속철은 말 그대로 쏜살같이 달려가 목적지에 손님을 내려주는 것이 책무인데 여기저기 쉬어가면 무슨 고속철이냐는 것이다. 특히 대구, 부산 등 원거리 이용객의 시간적 이득이 크게 줄어든다고 이들은 주장한다. 두 번째는 역마다 안 서고 격역 정차한다 해도 무정차 통과역의 안전 확보가 문제라는 것이다. 인사사고 가능성이 상존하고 추돌사고도 배제할 수 없다는 주장이다. 세 번째는 역 하나를 세울 때마다 간이역(2홈 4선)은 1,200억 원, 규모가 큰 역(2홈 6선, 천안아산역 수준)은 2,400억 원 정도 드는데 이렇게 많은 돈을 추가적으로 들여 과연 본전을 뽑을 수 있겠느냐는 지적이다.

첫 번째는 일리 있는 지적처럼 보이지만 두 곳에 더 정차해도 늘어나는 시간은 최대 8분밖에 안 된다. 대구·부산 등 원거리 고객이 지급하는 시간 비용은 증대되겠지만 도중 정차로 늘어난 고속철 이용객이 얻는 총 시간 이득과 철도재정 수입 증대 그리고 운행빈도 증가에 따른 출발대기시간 단축 등 이득도 다양하다. 그렇다면 이번 증설 조치가 효율성보다 형평성만 중시한 선택이라고 볼 수만도 없다.

두 번째는 안전 관련 사안으로 귀담아 들어야 할 내용이다. 1998년 6월 독일 고속철 ICE 충돌사고에서 보듯 고속철 사고는 초대형 사고로 이어질 수 있다. 그러나 신호체계 고장이나 부주의로 인한 충돌, 탈선의 가능성이 있긴 하지만 일본 신칸센 40년, 프랑스 TGV 23년의 운행 경험과 관절 구조를 지닌 차량연결방식을 감안하면 대형 사고 발생 가능성은 높지 않다. 하지만 당국도 문제의 잠재적 심각성을 인정해 지금 프랑스 전문기업의 검증 작업을 받고 있다.

세 번째는 경제성 문제다. 정차역 추가 개설로 많은 돈을 투자하고 승객을 확보하지 못하면 이 때문에 적자가 가속화한다는 비난을 면키 어렵다. 이를 피하려면 철도청(현 코레일) 계획대로 좌석 점유율을 60~70% 이상 유지하여 2004년부터 연간 1조 2,000억 원 이상을 벌어들여야 한다. 이를 위해선 집객 능력이 출중한 지역에 추가로 정차역을 개설해야 한다.

그런데 영등포, 수원 일대의 500만 명 거주 지역이 고속철 사각지대로 남아 있다. 이번 정차역 3곳 개설로 인한 수혜 인구 260만 명(오송 81만, 김천·구미 50만, 울산 128만 명)의 배 규모다. 지금 수도권의 새마을, 무궁화호 이용객 중 50% 정도는 수원, 영등포 역에서 승하차하고 있다.

마지막으로 2004년 4월의 경부철 1단계 개통과 이후의 2단계 사업, 호남철 구간의 역사 개설과 관련한 기본 방향을 정리해보자. 먼저 정차역 증설 요건을 최대한 객관화하여 이 기준 충족 지역을 대상으로 타당성 조사와 공청회 등의 절차를 거쳐 정차역으로 정하자. 지역주민에게 끌려서 혹은 정치적 타협으로 뒤늦게 정차역을 지정함으로써 이용객이 불편은 불편대로 겪고 예산은 예산대로 낭비되는 사태를 막아야 한다.

그리고 개설키로 확정한 오송, 김천은 공사를 서둘러 개통 시기를 앞당기고 밀양, 구포역은 역 개설 기준에 맞는지 여부를 예의 검토해야 한다. 그래서 기준에 맞다면 조기에 선정하여 개설 효과를 최대화하고 맞지 않는다면 추가 개설 가능성을 원천 배제하여 불필요한 소모전을 막아야 할 것이다.

〈국민-2003. 11. 27.〉

● 공석발전
고속철 경기남부역은 하나이어야 하나?

고속철 경기남부역 건이 다시 화제다. 심심하면 한 번씩 터져나오기 때문에 "이번에도 한 번 터뜨려보는 것이냐"는 의례적인 시각도 없지 않을 것이다. 하지만 이번 경우는 조금 다르다. 지금까지의 논의가 지역민원 해소 차원에서 거론되면서 약간의 어거지도 없지 않았지만 이번에는 현실감 있는 당국의 정책 차원에서 논의되고 있다. 경기남부역은 경기도가 정력적으로 추진하는 '수도권 광역급행철도(GTX)' 구상과 맞물려 있다.

그간 거론된 경기남부역 후보지로 화성시의 향남과 매송, 평택, 동탄 등이 있다. 화성시 향남은 국토해양부 연구용역(2003년 7월)에서 분기점으로 제시된 바 있고, 평택은 경기도와 평택시가 미군기지 이전과 관련하여 보상 차원에서 건설을 주장해왔으며, 국토해양부도 내부적으로 긍정적으로 검토한 바 있다. 동탄은 수도권고속철도 건설과 관련하여 근자에 경기도가 거론하고 있고 화성시 매송은 화성시와 일부 전문가들이 수원·화성 일대를 대표할 경기남부역으로 주장해온 곳이다.

이처럼 국토해양부나 광역·기초 자치단체 차원에서 검토되어왔는데 지금까지 정부 차원에서 경기남부역사 건설지가 어디라고 확정지은 곳은 사실상 없다. 평택이 상대적으로 유력했으나 미군기지 이전이 지연되고 천안역과의 가까운 거리, 교량 위 역사 등이 문제점으로 제기되면서 실현가능성이 높지 않았다. 이같은 시점에 경기도가 제시한 고양~동탄~평택을 잇는 GTX 구상이 수도권고속철도와 맞물리면서 국토해양부가 큰 관심을 보여 교통연구원 등에 용역을 발주하면서 경기남부역사 논의가 수면 위로 급부상했다.

근자에는 평택역을 경부철 본선이 아니라 경부선(및 수도권고속철도) 지제역 일대에 건설하는 방안에 대한 검토작업이 함께 진행되고 있다. 평택시 등은 경부철 교량(해창리)에 역사를 설치하는 것이 문제없다고 주장하는데 코레일 측은 공사기간(최대 7년) 중의 열차 서행운행으로 큰 피해가 예상된다고 반대하면서 수도권고속철도에의 설치를 권하고 있다. 지역의 정장선 의원(민주당)도 지제역 일대 건설시 공사비용절감과 지자체 부담감소, 공기단축 등이 기대되며 지역의 고덕 신도시 발전에 도움이 된다고 밝히고 있다.

필자는 지제역 일대에 평택역을 건설하는 것이 경부선과의 연계효과 등을 고려할 때 합리적 선택이라고 생각한다. 다만 역사를 크게 건설할 필요는 없다. 평택시와 일대의 송탄, 안성 등지의 교통수요에 걸맞은 수준으로 건설하면 된다. 동탄역의 경우도 마찬가지다. 해당 지역 일대의 인구는 많이 잡아도 1백만 명을 넘지 않는다. 물론 동탄과 평택역의 경우 GTX와 노선과 플랫폼을 공동 이용해야 하므로 그 규모가 다소 커질 수 있는데 이에 따른 비용증대는 정부와 지자체의 분담형태로 대응하면 될 것이다.

끝으로 강조하고 싶은 것은 경기남부역이 동탄과 평택만일 필요가 없다는 점이다. 가령 수인선과 경부철이 교차하는 화성시 매송 일대에 역사를 건설하면 수원·화성은 물론 시흥·안산 지역의 2백만 주민의 교통수요에 부응하면서 코레일의 수입증대에도 크게 기여할 것이다. 요컨대 경기남부역은 광명역이나 천안아산역같이 큰 역일 필요가 없으며 또 하나이어야 할 이

유도 없다. 잠재적 고객수요가 큰 이 지역에 중소 규모의 역을 3개 정도 건설하여 주민 다수를 경부철 본선과 수도권고속철도 고객으로 끌어들이면 교통편익의 제고는 물론 코레일의 영업적자 해소와 환경개선에 큰 도움이 될 것이다. 매송의 경우 초기에는 간이역으로 건설하여 고객의 이용동향을 확인한 후 본격 확장하는 방안도 고려할 수 있다.

〈철-964-2009. 6. 22.〉

● *균형발전*

고속철 개통에 따른 소득분배 악화, 해소책을 모색한다

2004년 4월의 개통을 앞두고 경부고속철 1단계 사업이 90% 가까운 공정율을 보이면서 막바지 피치를 올리고 있다. 1990년 6월에 노선 등 기본사업 계획을 발표한 지 14년 만에 고속철이 마침내 달릴 모양이다. 전 구간 사업비 18조 4천억 원 중 재정은 45%인 8조 3천억 원을 부담할 예정이다. 건설당국은 물론 재정당국으로서도 전례가 없는 거대 프로젝트다. 그런데 이 프로젝트가 계획대로 추진되면 다음의 세 가지 문제점을 야기할 것으로 판단된다.

우선, 역이 설치되어 고속철이 정차하는 지역과 무정차 통과지역 간의 경제력 격차가 확대될 수 있다는 점이다. 고속철이 기존의 지역 간 교통체계를 재배분하는 과정에서 역이 설치된 대도시와 그렇지 않은 중소도시 간의 경제력 격차를 확대하고 주민들의 소득격차를 벌려놓지 않을까 우려된다. 이렇게 말할 수 있는 것은 고속철이 서는 5개 도시 간 교통이 크게 개선되므로 정부부처와 공적 기관, 기업체, 기타 단체와 조직들이 고속철이 서는 이들 대도시와 그 인근에 업무 및 생산 기반을 두고자 할 것이기 때문이다. 그렇지 않아도 IMF 관리체제 이행 이후 지역 간, 계층 간 소득격차가 확대되어온 상황에서 정차역 수를 제한한 고속철이 다른 루트로 소득격차 확대를 가속화할 것이 우려되고 있다.

다음으로, 무정차 통과지역 주민을 중심으로 고속철이 기존 철도고객 중 상당수의 후생을 떨어뜨린다는 점이다. 지금까지 새마을과 무궁화호를 이용하여 3시간 이내에 목적지에 도달하던 중단거리 고객 중 상당수가 시간은 30분 미만 단축되거나 비슷하게 걸리면서 기다렸다 바꿔타야 하는 그것도 일부는 두 번씩 바꿔타야 하는 불편을 겪어야 하기 때문이다.

그렇다면 앞으로도 새마을과 무궁화호를 이용하면 되지 않겠느냐고 반문할지 모르겠다. 하지만 고속철이 개통되면 이들 열차의 운행을 지금의 20% 이하 수준으로 줄이겠다는 것이 당국의 방침이다. 이쯤되면 어쩌다 한 번씩 지나가는 열차를 타느니 승용차나 고속버스를 이용하는 이들이 적지 않을 것이다.

세 번째, 설치 역수가 5개에 불과하고 연계 교통이 불편하여 기존 철도고객들이 고속철을 포함한 철도이용을 외면하면 고속철의 채산성이 당초 기대했던 수준 이상으로 악화될 것이라는 점이다. 이로 인해 고속철 적자경영이 장기화하면 국민들은 좀 더 많은 세금을 납부하여 이를 보전해야 할 것이다. 고속철의 채무는 1단계 사업이 끝나는 2004년 4월 기준으로 8조 원을 넘고 2008년 사업종료시점에는 12조 원 이상으로 불어날 전망이다. 영업을 통해 일정 수준 이상의 흑자를 내지 못하면 채무가 누적적으로 증가하여 고속철관리기구가 재정파탄에 빠지는 가능성도 배제할 수 없다.

첫 번째 사항은 일정한 시간을 두고 문제점이 부각하겠지만 두 번째, 세 번째 사항은 고속철 개통과 더불어 곧바로 문제점으로 떠오르면서 당국은 서둘러 해법 마련에 나서야 할지 모른다. 해법의 사전 모색과 관련하여 필자는 2000년도 경부선 새마을, 무궁화호 이용고객(5,411만 명)의 역 간 이동 자료를 가지고 고속철 개통으로 교통이 편해지는 그룹과 불편해지는 그룹을 (출발)지역별로 구분하는 작업을 시도해보았다.

분석결과는 놀랍게도 52% 정도만이 교통이 나아지고 48%는 좋아지지 않거나 오히려 불편해지는 것으로 나타났다. 지역별로는 고속철이 서는 서울, 신천안, 대전, 대구, 부산 지역 이용자 중 72%는 교통이 좋아지고 열차가 서지 않는 10개 지역은 17% 정도만이 개선되는 것으로 나타났다.

분석에서 '교통개선'의 잣대로 사용한 것은 목적지까지 가는 데 철도를 두 번 이상 바꿔타지 않고 단축시간이 1시간 이상이라는 조건이었다. 고속철 외에 구간열차나 전철을 두 번 이상 바꿔 타거나 한 번 바꿔타는 데 단축시간이 1시간이 안 되면 '교통불편'으로 간주했다. 대기시간, 바꿔타는 번거로움, 인상요금을 고려한 것이다.

특히 교통이 불편해지는 이들은 영등포, 수원, 평택, 조치원 지역 이용객으로 이들 중 상당수는 정차역인 광명, 신천안에 가기 위해 무궁화호와 전철을 2회 이상 바꿔타야 한다. 전체 이용객의 21%를 점하는 이들 1,158만 명 중 상당수는 고속철 개통으로 철도이용 만족도가 떨어진다는 얘기다. 구미, 김천, 영동, 옥천 지역 이용자도 서울~대전보다 구간열차 운행간격이 확대되면서 불편을 겪게 될 것인데 이용자 편의를 고려하여 구간열차운행을 무리하게 늘리면 경영수지가 부담스러워진다.

이상에서 지적한 문제에 대한 처방은 의외로 간단하다. 조기에 영등포, 수원, 평택, 조치원, 김천, 구미, 울산 등에 고속철 정차역을 개설하고 열차의 편성과 운행방식을 전면 재조정하는 것이다. 한두 곳 더 정차한다고 고속철을 기피하는 이는 많지 않은 반면, 무정차 통과 지역주민의 고속철 기피는 예상수준을 훨씬 넘어설지 모른다.

운행시스템이 다르다고 하지만 일본의 신칸센 운행체제가 시사해주는 바가 크다. 그들은 1964년 10월의 개통 이후 도쿄~신오사카 간 12개 역(증설되어 현재 16개)을 모두 서는 특급 고다마와 4, 5개 큰 역만 서는 초특급 히카리를 동시에 운행하여 기존 철도고객의 이탈을 극소화하면서 타 교통수단 이용자의 유인에 성공했다.

1990년의 기본사업계획 발표 이후 역 설치, 열차의 편성과 운행방침 등에서 시행착오가 있었다면 이를 솔직히 인정하고 서둘러 시정해야 한다. 그렇지 않아도 수도권과 비수도권, 대도시와 지방도시 간의 격차가 확대되는 상황이다. 고속철 개통에 따른 지역 간 '교통'의 재분배가 시차를 두고 지역 간 경제력 격차와 소득격차를 확대할 가능성이 높다.

막대한 자금을 지원한 재정당국은 문제의 소재를 미리미리 검토하여 이같은 부작용의 발생을 최소화하고 장차 적자고속철에 예산을 규율없이 투입하지 않도록 대비해야 한다. 아울러 각 지역의 정차역 설치 요구를 운행시간 연장, TGV 특성을 들먹이며 묵살하는 건설·철도 당국에도 사안의 중요성, 해법 모색의 시점에 대한 재인식을 촉구한다.

〈재정포럼-2002년 9월 권두칼럼〉

이후 경과

전국적으로 고속철도망이 구축되고 사람들이 이들 시설을 널리 활용할 경우, 앞에서 얘기한 것처럼 수도권과 지방, KTX 정차역 인근과 그렇지 않은 지역 간의 소득분배가 차츰 악화된다면 이는 당초 생각밖의 일일 것이다. 하지만 이러한 결과는 지역 간 교통을 편리하게 했더니 비교우위 지역의 우위가 한층 강화되더라는 지극히 당연한 것인지 모른다.

전은하·이성우(2007)[5]에 따르면 "고속철도 개통은 지역 간 격차를 확대시킬 것이며 이는 다른 선진국 사례에서도 입증된 바 있다. 특히 정차역과의 연계망이 잘 구비되지 않은 지역일수록 격차가 심화된다"는 것이다. 대책으로 비정차 지역에 대한 연계 교통망 확충, 정차역 주변지역의 역세권 개발, 주변지역과의 연계망 강화 등 정부 차원의 균형발전 노력이 필요하다고 제시한다.

고속철도가 개통된지 8년여가 지나고 있는 지금, 고속철도망에서 사실상 배제된 영등포, 수원, 평택, 밀양 지역의 발전 속도가 떨어지고 있는 것이 이같은 지적을 실감 나게 하고 있다. 그래서일까 코레일은 2010년 11월부터 영등포, 수원에도 하루 몇 차례 KTX를 정차시키는 힘든(?) 선택을 했다. 겉으로는 지역 주민의 요구에 부응하는 듯한 모습을 보였지만 실상은 코레일 영업수입 증대책의 일환으로 기획된 정차라고 할 것이다. 고객이 많은 이 지역을 그동안 무정차 통과함으로써 적지 않은 고객을 놓치고 있었다는 내부 판단이 있었을 것이다.

하지만 아직까지는 KTX가 지역 간 소득분배를 크게 악화시켰다고 보기 힘들지 모른다. 앞으로가 더 문제다. 다만 이같은 문제가 커지지 않도록 사전에 치밀한 대책을 세워 준비한다면 눈에 띄는 형태로 나타나지 않을 수도 있다. 문제는 정치가 및 당국의 정책의지와 이들의 결정에 대한 국민들의 따뜻한 이해이다. 전 국민이 편리한 교통을 즐기면서 동시에 전국 어디서나 고루 잘살 수 있는 방법을 모색한다는 데 크게 반대할 사람은 없을 것이다. 다만 이같은 명분에 휩쓸리다 보면 자칫 자원낭비로 이어질 투자가 여과없이 심사를 통과할 수 있다는 점을 명심하고 세금낭비에 대한 감시를 소홀히 해서는 안 될 것이다.

● *균형발전*
경전선(순천~광주) 구간은 전국 순환고속철도망의 한 축

철도는 오랫동안 도로보다 냉대받아왔다. 근자에 들어와 다소 달라졌지만 그래도 여전히 냉대받는 철도노선이 있다. 경전선 순천~광주 간 복선전철화 사업이다. 2010년 10월의 제2차 국가철도망 구축계획에서 '2020년 이후 검토' 사업으로 미뤄졌다.

경전선은 대표적인 저속低速노선으로 손꼽힌다. 2002년부터 선로 직선화 · 복선전철화가 진행되고 2014년까지 마산~순천이 복선화되고 마산~진주는 전철화까지 추진된다. 그런데 순천~광주 구간은 주행 평균속도 50㎞ 구간으로 남아 절름발이 경전선이 20년 이상 지속될 전망이다.

연구를 맡은 교통연구원과 국토해양부는 "사업비가 4조원이나 드는데 수요가 없어 무리"라고 주장한다. 순천~광주 구간만 딱 잘라서 보면 인구가 적은 지역 특성상 수익성이 낮게 나와 이런 지적이 설득력이 있다.

하지만 2010년 말 영·호남 지역 8개 상의가 건의한 순천~광주 직결 노선 (65km)으로 사업방식을 바꾸면 얘기가 달라진다. 예산이 2조 4,000억 원 이내로 줄어들어 경전선 전 노선의 효율이 증대된다. 호남선·경부선과 연계되는 순환철도망 구축에 따른 추가편익까지 고려하면 비용대비 편익(B/C)비가 지금보다 최대 두 배 정도로 늘어나 타당성 있는 사업이 될 수 있기 때문이다.

경전선을 조기 복선전철화하면 편익비는 낮으나 정책적 판단으로 건설 중인 호남고속철 1단계 사업의 활용도를 높일 수 있다. 광주를 거쳐 순천·여수·광양·진주로 가는 고객뿐만 아니라 이들 지역에 대한 관광 레저와 주거 차원의 관심을 높여 수도권·중부권 고객이 더 많이 생길 것으로 기대된다. 기본적으로 중남부권이 순환고속(화)철도로 연결되어 남부지역 일원이 수도권에서 3시간 이내로 접근할 수 있게 된다.

1968년 진주·순천 간 연결로 완성된 경전선은 그동안 지리적 요건에 의해 4대 간선 철도망의 하나로 간주되어왔다. 이런 철도를 노선 전체가 아닌 특정 구간을 분리해 수익성을 따지는 것은 지극히 왜곡된 분석방법이다. 이는 "신규투자는 기존투자 효과를 극대화할 수 있어야 한다"는 투자의 기본 원칙에도 어긋난다. 국토해양부는 제2차 국가철도망 구축계획을 서둘러 재검토해야 한다.

〈조선-2011. 1. 26.〉

● 공청발전
대전 분기가 국민화합과 국가이익에 부합한다

2004년 9월 하순에 들어와 강동석 건교부장관이 호남고속철 분기역을 연내에 결정하겠다고 발표하면서 분기역 문제가 현안으로 부각하고 있다. 그동안 지자체별로 주장이 달랐다. 광주 · 전남은 천안 분기 지지로 충남 · 전북과 동조해온 반면, 충북과 강원은 오송을, 대전은 자신을 각각 지지했다.

그런데 8월 11일의 신행정수도 예정지 확정으로 오송과 대전 입지가 강화되고 있는데 광주 · 전남은 발언을 삼가고 사태추이를 지켜보고 있다. 한편 위기감을 느낀 전북과 충남은 2004년 9월 9일, 일곱 가지 이유를 들어가며 천안 분기 지지를 재천명하였다.

필자는 전북, 충남이 판단 근거로 삼은 국익, 고속철도 기능, 이용자 중시라는 기준에 비추어보면 대전 분기가 더 낫다고 본다. 우선 천안 분기시 영호남 간 철도교통이 더 불편해지며, 이용객이 많지 않아 노선의 흑자운영을 기대하기 힘들 것이다. 천안~대전 간 기존 고속철 노선의 고도 활용 포기와 신선 개설에 따른 투자비 증대로 철도적자가 가속화할 수 있다. 또 노선단축에 따른 시간비용과 요금절약은 대전 무통과로 인한 뜸한 운행과 대기시간 증가, 적자보전을 위한 세부담 증대로 상쇄되고 만다.

천안 분기는 경부축과 구별되는 기호축을 구축할 수 있지만 이것이 호남인과 전 국민에게 바람직한 결과를 가져온다는 보장은 없다. 대전이 경부축으로 자리매김되면서 '호남의 정치적 고립'이 심화될 수 있다. 기호축 구축은 기호지역 연계를 강화하는 대신 대전~호남이 장기간에 걸쳐 구축해온 경제사회적 · 인적 유대를 인위적으로 재편, 이를 약화시키고 대전~영남 간 유대를 강화할 것이다.

유의할 것은 기호축에 들어선 서해안고속도로와 호남고속철은 성격이 다르다는 점이다. 서해안고속도로가 활성화, 존립 의미를 높여가고 있는 사실이 비슷한 노선을 따른 고속철도 신설의 필요성을 입증해주는 것은 아니다. 철도는 고속도로 이상으로 노선을 고도 활용하지 못하면 투자효율이 크게 떨어지는 사회간접자본이다. 투자비가 많기 때문이다.

천안 분기는 고속철 거리를 늘려 천안~대전 간 기존 경부철의 고도 활용을 저해한다. 일부에서 우려하는 광명~대전 구간의 과밀은 도쿄~나고야 구간의 신칸센 운행 경험에 비추어볼 때 걱정할 사안이 아니다.

분명 대전 분기에 비해 천안 분기는 서울로 가는 시간을 10분 정도 줄여주고 충남 중부지역을 발전시킬 것이다. 하지만 이같은 시간이득과 낮은 요금, 지역개발효과를 얻기 위해 뜸한 운행간격, 철도재정 악화와 세부담 증대, 호남의 고립심화, 영호남 연결교통 악화를 감수할 것인가.

광주, 전남은 이상에서 기술한 천안 분기시의 문제점을 냉철하게 음미, 대전 분기 지지의 필요성이 없는지 재검토해주길 바란다. 대전 분기가 가져다 줄 플러스 효과가 대전지역보다 광주, 전남지역에서 클 수 있다는 사실을 유념하자. 기호축 간선철도망 구축은 그 뜻과 달리 부메랑이 되어 이 지역과 국가의 발전을 저해할 수 있다.

〈광주일보 2004. 10. 6.〉

● 친경친화
남북협력 강화하여 낭만열차 늘린다

국내 철도승객의 다수는 출퇴근, 비즈니스, 혹은 친족방문의 용도로 철도를 이용한다. 그래서 객실은 늘 혼잡하고 시끄럽다. 시간에 쫓기는 이들이 많아 고장이나 연발착에 민감하고, 느긋이 철도여행을 즐기는 이들은 소수다. 이러한 상황에서 지난 2월 28일, 복선전철로 모습을 바꾼 경춘선에 준고속 2층열차인 ITX-청춘이 투입되어 낭만노선의 명맥을 잇고 있다.

국내에도 관광열차가 있다. 정동진 해돋이, 동백꽃, 매화, 벚꽃, 철쭉 등의 봄꽃놀이, 태백산 눈꽃, 내장산 단풍놀이 열차는 당일 플랜이고, 부산, 경주, 한려수도가 포함되면 1, 2박 플랜이다. 비싸지만 적은 승객이 여러 날을 차 안에서 보내면서 사귀는 수준급 플랜은 없다. 부러운 얘기지만 스페인의 관광열차 트랜스칸타브리코Transcantabrico는 가이드가 딸린 7박 8일의 여정으로, 북쪽 해안의 협궤구간 650km를 달린다. 공기업 FEVE가 1983년부터 운영하는 이 열차의 정원은 클라시코가 52명, 2011년에 투입된 신형 그랑루요 Grand Lujo가 28명이다. 차 안에서 숙박하는 이 열차는 세계철도여행가협회가 선정한 전 세계 25개 멋진 관광열차 중 하나다.

사실 국내에는 긴 시간을 들여 낭만 있는 여행을 즐길만한 노선이 별로 없다. 철도연장이 2만km를 넘나드는 프랑스, 독일, 이탈리아, 스페인에 비해 우리는 4천km도 안 된다. 하지만 열차가 북한을 달릴 수 있다면 그 연장이 9 천km로 늘어 지금보다 훨씬 다양한 숙박형 플랜을 선보일 수 있다. 물론 북한 철도를 대폭 개량해야 한다는 점에서 남북이 경제협력 추진에 합의하고, 우리 측이 북한철도 개량에 우선순위를 두어야 한다.

때마침 국내 철도기관의 해외사업 참여가 잇따르고 있다. 코레일이 최근 필리핀 교통통신부가 발주한 마닐라 메트로 1호선(LRT, 경전철) 개량사업에서 레일, 시설물 개량의 2부문 우선협상대상자로 선정되었고, 철도시설공단은 2011년말 네팔에서 시마라~바디바스 등 2개 구간(136km)의 전철건설 실시설계 용역과 카트만두시 도시철도(MRT, 65.9km)의 타당성조사 용역을 수주한 바 있다.

이로부터 국제경쟁력이 세지 않은 국내 철도 관련 공공기관이 해외사업에 적극적임을 알 수 있다. 필자는 이들 사업도 의미가 있지만 좀 더 뜻있고 실속 있는 사업이 남북 철도협력이라고 생각한다. 해외사업에 들이는 노력의 일부만 투입해도 남북 간 사업은 큰 효과를 볼 수 있다. 물론 그간의 해묵은 정치적, 군사적 갈등의 해소가 선결요건이라는 문제가 있다.

유명 경승지 노선부터 단계적으로 개량하여 이들 노선을 이용한 철도여행 상품을 기획해보자. 강원도와 함경남·북도를 잇거나, 동해안 일대 해변을 남북으로 연결하는 여행 상품을 만들어보자. 역사가 담긴 한국의 맛과 멋을 즐길 수 있도록 플랜을 구상한다. 잘만 하면 내국인은 물론 외국인도 꽤 끌어들일 수 있다. 이 사업은 남북 철도협력 차원을 넘어 북한의 경제적 자립과 남북 간 선의의 경쟁을 유발하는 효과도 기대할 수 있다.

아마도 2013년 초에 등장할 정부는 현 정부보다 대북 관계에 훨씬 신축적으로 대응할 것이다. 지난 수년간의 남북 간 긴장 강화가 반시대적, 반역사적 흐름이었다는 사실로부터 남북철도협력은 시대흐름에 맞고 역사에 순응하는 상생의 장이 될 것이다. 2020년대의 한반도, 철도가 출퇴근이나 업무용이 아닌 여행수단으로 널리 이용되는 모습을 꿈꿔본다.

〈철-1082-2012. 3. 12.〉

● 환경친화
'자동차 사양하는 사회'로 가려면

얼마 전 필자가 근무하는 학교로 한국철도연구회가 낸 '자동차 권하는 사회'가 배달되었다. 2007년 5월 하순에 간행된 책자로 두툼하지 않고 큰 글자로 쓰여 출퇴근길 전철 안에서 부담 없이 읽을 수 있었다. 글을 읽다가 집필에 참여한 연구회원 중 상당수가 경제학자가 아닐까 하는 느낌을 받았다. 경제학자들이 즐겨 사용하는 용어가 자주 등장하였기 때문이다.

솔직히 이 연구회가 어떤 모임인지 필자는 잘 모른다. 웹사이트와 철도신문 검색에서도 잘 드러나지 않는다. 같은 이름의 연구회가 다음카페에 등록(회원 3명)되어 있지만 아마도 아닌 것 같다. 한국철도동호회, 철도동호회,

일본철도연구회, 철도차량연구회, 철도경영사례연구회 등이 검색되는데 짐작컨대 철도학회 회원 몇이 모여 집필한 게 아닌가 싶다.

이들이 책자를 통해 전달하려는 메시지는 명확하다. "철도 등 대중교통수단의 경쟁력을 높이려면 교통수단 간에 공정한 경쟁조건을 제공해야 하므로 도로이용시 정부가 주는 간접지원, 즉 보조금을 없애고, 이를 없애기 힘들다면 철도에도 동등하게 보조해야 한다(28쪽, 156~157쪽)"는 것이다.

주장의 이면에는 "도로상의 신호, 표지판 등의 각종 비용을 정부가 부담하여 도로이용비가 낮고(7) 승용차 운행, 주차비가 대중교통 이용시와 확연하게 차이나지 않으며(24~25) 승용차를 많이 이용할수록 정부지원이 많다(5)"는 현실인식이 자리 잡고 있다. "국도와 지방도의 가로등 운영비용은 정부가 부담하면서 철도터널 조명비용을 공사가 부담토록 하고(74) 도로연장 1.7만km(국도 이상) 중 3천km의 고속도로만 이용비를 지불토록 하는 것(73)"도 문제라고 지적한다.

요컨대 이들은 "지금 같은 도로 위주의 교통체계는 지속가능하지 않으므로(150) 도로에 대한 정부지원을 줄이거나 철도도 같이 지원하여 철도의 고속화와 현대화를 추진해야 한다(152)"고 주장한다. 구체적으로 "철도공사가 연간 5천억 원 정도씩 부담하는 선로사용료를 정부가 내주면 공사의 적자가 1천억 원 정도로 줄고 흑자경영이 가까워진다(73)"고 당면 과제에 대한 해법까지 제시한다. 이러한 주장의 연장선에서 철도학회와 공사가 2007년 9월 5일 '한국철도 선로사용료의 정책과제'라는 토론회를 개최하였을 것이다.

필자도 이들이 주장하는 기본 개선방향에는 동의한다. 하지만 현실을 인식하는 시점은 약간 다르다. 회원들은 자동차 이용이 확산된 가장 큰 이유로 싼 자동차 이용비를 들고 이를 정부의 간접지원, 즉 보조금 때문이라고 단정한다. 하지만 이는 올바른 지적이 아니다. 현행 교통체계 하에서 같은 거리를 철도 아닌 승용차로 이동할 때 전체 비용은 물론 국가에 납부하는 세금이 월등히 크다. 연료에 막대한 세금이 부과되기 때문이다.

따라서 객관적인 사실은 주로 승용차 이용자에게 거둔 세금으로 도로 및 관련시설을 운영·수리하고 건설하며 철도이용자에게 낮은 요금을 적용하여 보조금을 주고 있다는 것이다.

그러므로 바람직한 주장은 승용차 이용자에게 막대한 보조금을 주고 있으니 철도이용자, 즉 철도에도 그에 상응하는 보조금을 달라, 곧 선로사용료를 깎아달라고 하기보다 승용차 등 자동차 이용자에게서 거둔 세금을 운영적자 보전금이 아닌 선로사용료 삭감재원에 투입하여 철도의 경영정상화를 지원하면서 철도 이용을 장려하자고 주장하는 것이다.

끝으로 연구회원들이 초지일관 주장하는 '정부로부터 보조받아 싸게 이용하는 도로' 중 시내 도로를 비롯한 많은 도로가 철도이용자도 함께 이용하는 기반시설이라는 점, 잊어선 안 될 것이다.

〈철-881-2007. 9. 14.〉

● 환경친화
철도가 대운하와 경쟁한다?

새해 벽두부터 대운하 논쟁이 뜨겁다. 신정부가 발족하여 사업의 (예비) 타당성 검토와 환경영향평가에 착수하지도 않았는데 대운하는 저만치 앞서가고 있는 것이다. 국내 유력 건설사 5사가 컨소시엄을 구성하여 구체적인 추진방식을 검토하고 있을 정도다.

근자에 당선자(이명박 대통령)는 "정부의 예산 없이 민간이 자기들 돈으로 알아서 하겠다는 사업이니 더 이상 나와 한나라당이 왈가왈부할 필요가 없다"면서 애써 모른 척하려고 한다. 4월 총선을 앞두고 논란이 많고 평판이 좋지 않은 운하 건을 애써 피하려는 인상이다.

위의 당선자 말은 "민이 스스로 알아서 하고 정부 돈이 안 들어가니 민이 하는 것을 지켜보자"는 말로 들린다. 우리의 대표적인 강을 막고 파내며 깊은 산중에 물길을 뚫는 대규모 국토개조사업인데 정부 돈이 안 들어가니 모두들 뒷짐을 지고 지켜보자는 것이다. 그러면서도 당선자 주변과 인수위는 선거 승리 후 대운하 추진을 당연한 기정사실로 몰아가고 있다.

하지만 국민들 다수는 이같은 흐름에 쉽게 납득하지 못하고 있다. 정말로 정부 돈이 안 들어가느냐, 환경이 크게 바뀌는 데 문제는 없겠느냐, 투자한 만큼 얻어낼 게 있겠느냐고 반신반의한다. 이러한 국민들의 인식은 선거전과 크게 다를 바 없다. 한 조사(한겨레)에 따르면 '경부운하로 화물을 운송하겠다'라는 화주는 조사대상자의 7%로 '이용하지 않겠다'는 57%보다 훨씬 적다. 37%는 운임과 운송시간 등을 고려해 정하겠다고 유보적이다. 이들은 효율적인 운송방식으로 도로(59%), 철도(20%), 해상(11%)을 들었다(운하는 2%).

나라살림에 밝은 이준구 서울대 교수도 자신의 홈페이지에 올린 '걱정이 앞서는 대운하사업'이라는 글에서 "곽승준 교수(인수위원)가 작성한 사업성 보고서는 편익을 부풀리고 비용을 줄여 사업타당성이 있도록 결론을 유도한 것"이라면서, "이해관계가 없는 전문가팀에 사업성 평가를 맡겨야 한다. 민자유치에 급급해 주변지역 개발권을 주는 방식으로 사업을 추진하면 치유하기 힘든 상처를 남길 것"이라고 경고한다.

철도인의 시각에서 보면 어떨까? 운하가 건설되면 철도의 경쟁상대가 되겠지만 위의 조사에서 나타났듯이 아직은 철도가 비교우위에 있는 것 같다. 하지만 운하가 정작 운행될 경우 상황을 장담하기 어렵다. 저가 물량공세로 나오면 철도화물 일부가 운하로 흘러나갈 가능성은 충분히 있다. 지금도 수요중가가 더뎌 적자상태인 화물부문인데 향후 수요가 늘지 않거나 준다면 더 어려워질 것은 뻔하다.

2010년, 경부고속철 전 구간이 완전 개통되면 철도 화물운송능력이 크게 늘 터인데 이러한 능력증가가 대운하 건설로 상당 부분 사장될까 걱정이다. 남 북철도 연결로 북한, 중국, 러시아, 유럽 지역으로 철도화물수송망이 확대 구축될 시점에 대운하가 눈엣가시가 될 수 있다. 운하는 대륙 화물운송과의 연계성 측면에서 철도의 상대가 되지 못한다. 상황이 이러한데도 사업성 없 는 대운하를 밀어붙이는 과정에서 참여자에게 주변지역 개발권 부여 등 떡 고물이 흘러가고 이로 인해 그나마 사업성이 있던 도로, 철도에 마이너스 영 향이 미치지 않을까 우려된다.

끝으로 대운하 건설의 필요성을 강조하는 이들의 주장 중 설득력 있는 사 안에 대해서는 다른 방식으로 해법을 모색하자. 수중보 건설을 통한 다량의 수자원 확보, 내륙 낙후지역의 개발 확대 등이 그것이다. 수천 년을 버텨온 하천과 산맥 등 우리의 대자연은 훼손하기보다 보존해야 할 대상일 것이다. 아무쪼록 철도가 대운하와 부질없이 경쟁하는 일이 제발 없었으면 좋겠다.

〈철-897-2008. 1. 18.〉

● 환경친화
철도를 활용하여 '大경기' 개발할 수 있다

향후 5년 우리나라를 이끌 새 대통령으로 한나라당 이명박 후보가 유력 하다. 그것도 압도적 표차로 당선될 전망이라 거는 기대감이 크다. 1년여 선거전을 치르면서 얼룩진 온갖 이력이 적나라하게 드러났지만 그의 추진 력과 업적에 대한 높은 평가가 이를 덮었다. 청렴과 도덕성이 중시되던 5년 전 선거와 전혀 다른 양상이 전개되면서 혹자는 그를 '신이 내린 후보'라고 비꼰다.

그가 대통령에 취임하면 대운하 건설이 다시 조명받을 것이다. 짐작컨대 운하사업은 규모와 방식이 바뀔지 모르지만 인수위 논의 등을 거쳐 임기 중 일정 수준 추진될 가능성이 높다. 대운하는 비용이 많이 들지만 국토의 균형개발에 도움을 줄 것이다. 하지만 근간 일부 전문가 그룹을 중심으로 논의가 진행되고 있는 '대경기' 개발은 (정부 측) 비용이 많이 들지 않으면서 남북 상호발전에 큰 도움을 줄 것으로 기대된다. '대경기'에는 10월 4일 남북정상회담에서 합의한 서해평화협력특별지대(황해남도~인천광역시 옹진군 및 연안 일대)에 구 경기지역(개성시, 개풍군, 장단군, 연천군 및 파주군 일부) 내륙이 포함된다. 이들 지역은 북에서 보면 변방이고 개발낙후 지역이지만 남에서 보면 오산, 평택과 비견할 멋진 개발잠재지역이다.

서해권 개발과 관련하여 정상회담에서 해주항 주변지역에 경제특구를 건설하고 직항로 개설과 공동어로구역 설정, 그리고 한강 하구 골재채취 등에 합의하였다. 해주는 수도권과 가깝고 좋은 항만이 있어 물류가 편리하며 개성공단과 연계 개발도 가능하여 국내 기업들이 좋아하는 곳이다. 또 인천경제자유지역과 20km로 가까워 중국시장 등을 목표로 한 남북물류센터와 배후공단 개발이 가능하다. 인천시와 정부는 인천공항~강화~개성공단을 잇는 고속도로(58.2㎞)를 남북협력기금과 국가예산(1조 33억 원)으로 추진하는 방안을 검토 중이다. 근간의 남북 합의는 일부 연구자들이 제안한 남북접경지역의 평화기념박물관, 환경보호구역 등의 관광사업 구상(경기개발연구원, 2007. 5)을 넘어서는 협력으로 평가받고 있다.

여기에 2007년 12월 11일에는 남북 간 정기 화물열차운행이 개시되었다. 이 역시 정상 합의에 따른 것으로 문산~판문역(16.5㎞)간 열차운행이 56년 만에 재개되어 매일 한 차례씩 오고 간다. 거리와 운행시간은 짧지만 의미는 자못 크다. 당분간은 화물이 조금씩 오고가겠지만 얼마 안 가 여객이 이 철도를 따라 이동할 것이다. 당장의 물동량이야 개성공단에 입주한 50여 개 입주업체가 대상이라 많지 않겠지만 공단이 활성화되고 확장되며, 배후지역에 주거단지가 개발되면 화물 외 여객운송이 시작될 것이다. 이윽고 북한을 여행하는 이들과 북한을 거쳐 중국으로 나들이하는 이들이 늘고 더 나아가 북한 땅에 주소지를 둔 한국인들이 이 철도를 이용하여 서울, 수도권으로 출퇴근하는 모습까지 나타날 것이다.

필자는 이번 열차운행이 문산~개성~신의주를 이어 중국횡단철도(TCR), 시베리아횡단철도(TSR) 등 유라시아 관통철도시대를 여는 효과 외에 '대경기' 개발의 기폭제가 될 것에 주목하고 싶다. 북한의 황해남도·북도 중 구 경기지역은 남쪽에서 보면 수백조 원의 잠재가치를 지닌 땅이다. 이 땅을 남과 북이 지혜롭게 개발하면 북은 연간 예산의 수 배에 상당하는 개발자금을 지속적으로 확보, 경제사회 개발에 투입할 수 있고 남은 양질의 주거, 산업지 확보를 통한 아파트가의 획기적 인하와 국내 산업기반 강화 효과를 거둘 것이다. 이명박 신정부가 군사분계선 너머의 구 경기권 개발에 대운하 이상의 관심을 기울여야 할 이유는 이같은 '평화의 배당금' 때문이다.

〈철-893-2007. 12. 14.〉

● 한경인사
철도예산, 4대강 사업으로 우선순위 미뤄진다?

철도시설공단이 예산운용의 묘를 살려 근간의 경기회복과 중소기업 지원에 일조했다. 정부의 예산조기집행 지침에 따라 공사비 선급금 지급비율을 최대 70%까지 올리고 선급금 상시점검반을 운영하여 하도급사의 자금 숨통을 터준 것이다. 선급금을 받고도 하도급사에 공사대금을 주지 않은 25개 원도급사와 관련 금융기관(대주단)에 시정을 촉구하여 이룩한 성과다. 많은 재정자금을 만지다 보니 금전사고에 취약해 그간 허점이 보도되던 공단이라 모처럼 흐뭇한 소식이 아닐 수 없다.

7월까지 2009년 사업비(6조 987억 원)의 72%를 집행하여 상반기 생산유발효과가 8조 원, 고용창출효과가 8만여 명에 이르는 것으로 추정된다. 대신 하반기 예산이 줄어 사업 위축이 우려되는데 채권발행이나 민자유치 등 지혜를 짜내면 급격한 축소를 피할 수 있을 것이다. 이는 철도건설에 한하지 않고 도로, 공항, 항만 등의 사회간접자본 시설투자 전반에 관련된 문제이기도 하다.

우울한 소식도 있다. 정부의 2010년도 예산안에 따르면 철도예산이 2009년 대비 평균 26%가 줄고 부문별로는 일반철도 34%, 수도권광역철도 35%, 경전철 등 도시철도 41%, 호남고속철도 59%처럼 크게 줄어든 곳도 있다. 부처 간 협의와 국회심의 절차가 아직 남아 있지만 대폭 삭감이라는 큰 그림이 바뀌지는 않을 것 같다. 그런데 이같은 철도예산 삭감은 MB정부의 4대강 정비사업 강행으로 예견된 것이었다. 2010년도 수자원 예산이 2009년보다 3배 정도(8조 7천억 원)로 늘기 때문이다. 문제는 강 정비 사업이 2012년까지 지속되므로 자칫하면 철도건설이 순차적으로 늦어질 수 있다는 점이다.

대표적인 지체사업으로 2000년에 시작한 분당선 연장선(성남 오리~수원 19.5㎞) 공사를 들 수 있다. 수원과 용인의 4~10차선 도로 한가운데를 판지 10여 년이 지났지만 공정률은 50%가 채 안 된다. 당초에는 2008년 말 개통 예정이었지만 2014년으로 연기되었다. 2010년 사업비는 2009년 사업비

(1,450억 원)의 20% 수준인 300억 원이 배정되었을 뿐이다. 6개 구간 공사업체들은 도로를 파헤쳐놓은 채 사업비가 나올 때마다 찔끔찔끔 공사하고 있는데 업체당 50억 원은 구간의 유지, 보수비에 불과할 정도이다.

이같은 철도 공사의 지연은 구간 내 주민과 사업체, 통과객에게만 피해를 끼치는 게 아니라 지자체에도 큰 부담을 줄 수 있다. 가령 용인시는 민간투자사업인 용인 경전철사업과 관련하여 분당선 연장선의 시 구간 부분을 2011년까지 완공하지 못하면 민간업체와의 협약에 따라 연간 600억 원을 보상해야 할 처지이다.

사회간접자본 투자원칙 중 하나가 "(중장기) 신규사업을 벌이기 전에 기왕의 시행사업 중 우선순위가 높은 것을 조기에 마무리짓는다"는 것이다. 선택과 집중을 통해 투자효율성을 추구하자는 것이다. 이 원칙은 4대강 정비사업 시행 중에도 얼마든지 지킬 수 있다. 기획재정부가 각 부처와 국회의원, 이익단체 등의 눈치를 봐가면서 모든 건설사업 예산을 비슷하게 깎기보다 사업별 우선순위와 기대편익을 형량하여 차별화하면 된다.

2009년에는 9월 이후의 부처 간 협의와 국회심의를 통해 이같은 원칙의 적용을 기대하기는 어려울 것이다. 하지만 2010년도 예산편성에서는 기획재정부가 원칙을 내걸고 청와대가 힘을 실어주면 못할 것도 없다. 그렇게 되면 철도건설예산은 다른 부문보다 우선적으로 배분될 것이다. 물론 이같은 정책변화는 거저 오지 않으므로 관계전문가를 동원하고 미디어도 활용해야한다. 나서지 않으면 2010년 예산도 줄어들 수 있다.

〈철-972-2009. 9. 4.〉

이참에 중규모 도시에 경전철을 깐다

경기남부의 평택~안성 지역은 변두리이지만 수도권이다. 막히지 않으면 서울에서 1시간 남짓 거리로 경부고속도로와 경부철도가 관통하고 있다. 이 같은 지리적 이점을 고려하여 중앙대가 1980년 안성에 제2캠퍼스를 열었다. 개교 후 한동안은 안성IC를 이용한 서울 통학이 편했다. 그런데 분당, 수지, 수원, 오산으로 주거단지가 남하하면서 통학시간이 점점 길어졌다. 2005년 2월 개통한 전철을 이용한 전철 · 버스 연계통학도 국도 38호선 교통량이 늘면서 시간이 꽤 걸린다. 사정이 이렇자 장래를 고려한 중앙대 측이 근간 28년간 정들고 1만 3천 명이 재학 중인 안성캠퍼스를 이전키로 작정한 듯하다.

필자는 요즘 집안 일로 종종 안성시내 병원을 방문하면서 전철 · 버스를 이용하고 있다. 평택역에서 도보로 5분 거리인 버스터미널에서 안성행 버스를 타면 중앙대 정문 앞까지 25분, 안성병원까지 30분 정도 소요된다. 이 정도면 이 구간에 전철이 없어도 되겠다는 생각이 든다. 그런데 지역의 개발속도가 빨라 곳곳에 새 정류장이 들어서고 있다. 그래서인지 버스들이 대부분 과속한다. 머지않아 이 구간도 서울~안성 간 고속도로처럼 정체가 심해질 것이다.

중앙대가 터를 튼 1980년 만 해도 두 지역 인구는 36만 명(평택 23.4만, 안성 12.8만)이었는데 근래 58만 명(평택 41만, 안성 17만)으로 늘었다. 이곳에는 평택대, 중앙대, 한경대와 산업단지가 자리하고 많은 초중등 학교가 있는데 주된 교통수단은 버스와 승용차이다. 한경대, 중앙대 학생과 안성 주민들은 30분 이상 거리의 평택역을 통해 철도를 이용한다. 상황이 이렇다 보니 30년 남짓 지나 지역에 뿌리내렸을 법도 한 중앙대의 하남시 이전 얘기가 나온다.

진작 철도가 부설되어 통학이 편했더라면 지금 같은 상황이 전개되지 않았을 것이다. 사실 캠퍼스를 옮기려는 중앙대나 캠퍼스 이전을 막으려는 안성시에 큰 잘못은 없어 보인다. 문제가 있다면 교통망 정비의 책임자인 국토해양부가 미리 수요를 예측하여 철도(경전철 등)를 깔지 못한 게 문제점으로 지적될 수 있을지 모른다. 지금이라도 평택역에서 환승하여 안성행 경전철을 이용할 수 있다면 중앙대까지 이동시간이 단축되고 안전하고 편안한 통학이 가능할 것이다.

한 전문가(대진대 김동선 교수, 2007)는 이 구간의 철도건설시 정거장이 8개소 때 9,679억 원, 3개소 때 8,075억 원의 사업비가 소요된다면서 전철 유치가 불가능하다고 지적하였다. 아마도 토지보상비와 건설단가를 높게 잡았을 것이다. 여기서 필자는 보상비를 줄이고 건설비를 압축하여 낮은 비용으로 철도를 까는 '반값철도' 구상을 제시하고 싶다. 토지소유자가 저가로 토지를 내놓고 건설사가 이윤을 압축하고 건설공법을 바꾸며 역사도 간이역사로 설계한다면 반값철도가 불가능하지 않을 것이다. 필요하다면 국채를 발행하여 중앙정부가 소요재정의 일부를 부담하는 방안도 고려해보자.

주지하듯 철도는 이동시간을 단축시키고 교통사고 발생을 줄이며 환경도 개선시킨다. 이들 가치를 제대로 평가하면 경제성 분석결과가 바뀌어 많은 구간이 철도부설 가치가 있는 곳으로 나올 것이다. 물론 지역주민, 교통전문가, 건설사 그리고 정부가 생각과 자세를 바꿔야 반값철도는 실현될 수 있다. 금융위기에서 시작한 경제침체가 본격화할 기미를 보이는 지금이 경전철 등 미래지향적 인프라 구축의 적기가 아닐까. 평택~안성 구간은 하나의 사례일 뿐 전국에는 이와 유사한 많은 중규모 도시들이 있다.

〈철-936-2008. 11. 14.〉

경전철과 트램은 언제쯤 우리 도시를 달릴까?

"도시철도가 뭔지 아세요?", "글쎄요. 지하철 아닌가요?", "수도권 전철이요?", 어떤 이는 "KTX"라고 답할지도 모르겠다. 지하철과 전철을 거론하는 사람이라면 그래도 철도를 조금은 아는 것이다. 해외에 다녀온 이들이 적지 않기에 때때로 경전철·모노레일·트램(노면전차)을 거론하는 이들도 있을 것이다.

수송효율과 승하차 편리, 대중교통망 구축 기회 사업인 경전철 인구가 15만 명에서 100만 명 정도 되는 유럽의 중규모 도시에서는 지하철보다 경전철(LR, LRT, LRV)과 트램이 보편화되어 있다. 지하철보다 건설단가가 낮고, 수송효율과 에너지효율이 좋으며 승하차가 편리하고 목적지 도달 시간(door to door)이 짧으며 안전성과 정시성이 좋기 때문이다.

그렇다면 "왜 우리나라에는 이러한 교통수단이 없을까?"라는 의문이 든다. 원인은 여러 곳에서 찾을 수 있을 것이다. 우선 교통당국과 지자체, 그리고 시민들이 1960년대 후반에 사라진 옛 전차의 모습을 연상하고 경전철의 편의성과 소중함을 제때 깨닫지 못했을 수 있다. 일부 깨달은 기관도 재원 마련이 힘들거나 버스·택시·도로 건설업체 등의 로비에 휘둘려 사업을 포기했을지 모른다. 결과적으로 우리는 1980년대 이후 중규모 도시의 대중교통망을 새로 구축할 기회를 잃고 말았다. 그러나 20년 이상이 흐른 지금 용인·김해·의정부·김포 등지에서 경전철 사업이 추진되고 있다.

경전철은 트램과 어떻게 다를까. 경전철은 트램보다 속도가 빠르고 정차역이 적으며 많은 경우에 전용노선을 통해 교외지역까지 달린다. 차량도 한두 대인 트램에 비해 몇 대의 굴절형(혹은 통상의 전철형) 차량으로 구성되어 많은 승객을 나를 수 있다. 노선은 시내구간은 트램선로처럼 도로에 파묻혀 있지만 시내구간을 벗어나면 통상의 철로처럼 노반 위에 부설된다.

용어의 기원도 다르다. 트램tram은 19세기 초 영국 웨일즈에서 말이 끄는 전차를 지칭하는 용어로 도입된 후 노면전차를 지칭한다. 미국과 캐나다 등에서는 독일계 이민의 영향을 받아 '스트리트카'라고 부른다. 한편 경전철 light rail은 1972년 미국 도시대중교통협회UMTA가 독일의 신형 전차stadtbahn를 소개하면서 사용한 말이다. 'light'에는 차량 무게보다 통상의 철도나 지하철보다 가벼운 차림으로 신속히 이동할 수 있고 인프라 투자비용이 적게 든다는 의미가 담겨 있다.

도시에 따라서는 안전 도모를 하기 위해 신호체계를 정비·강화하고 노선을 부분적으로 고가화하기도 한다. 많은 경우에 계단은 없지만 고가화 정차역의 계단 설치가 불가피한데 이때도 지하철에 비하면 계단이 훨씬 적어 노약자가 이용하기 편하다. 하지만 트램처럼 지상을 주행하는 곳에서는 안전사고 위험이 상존한다. 한 조사(과거 6년간 사고, 일본 요미우리신문 06. 4.25)에 따르면 트램은 자동차, 보행자 충돌 사고율(1천만 주행 km당 사고발생률)이 고속철도나 일반열차, 전철 등에 비해 높지만 사망자는 적다고 한다.

이러한 해외동향을 참작하여 국내에서는 1990년대부터 경전철 중심의 도시철도 구상이 확대되고 있다. 전통적인 트램보다 이를 경전철화한 시스템이 우리 실정에 맞다고 본 것이다. 용인, 김포 노선도 우리 현실을 반영한 경전철로 건설이 추진되고 있다.

버스보다 수송력 4배, CO2 배출 반, 차기 교통수단으로 주목

초고유가 시대를 맞아 중규모 도시의 경우, 경전철은 지하철·버스·승용차보다 수송 효율과 에너지 효율이 좋아 유력한 차기 교통수단으로 주목받고 있다. 이미 뮌헨을 비롯한 독일의 많은 도시(67개), 취리히·빈·파리 · 낭트 · 그루노블 · 스트라스부르 · 구마모토 등에서 좋은 평판 속에 운행 중이며 중규모 도시의 미래형 대중교통수단으로 주목받고 있다. 나아가 경전철을 일반 철도와 연계하여 활용하면 그 효능이 극대화되는 것으로 알려졌다(독일 자르브뤼켄 사례). 지금은 지구온난화 현상이 심각해지면서 환경보호 차원에서 독일과 인근 국가들에서는 상당수 버스노선을 경전철로 전환하려는 움직임을 보이고 있다. 경전철은 버스보다 수송력이 4배이고 CO_2 배출은 반으로 줄기 때문이다.

국내 보급 예정의 트램 안전도를 높이려면, 호주 멜버른 트램이 교훈

분당과 위례신도시(송파)가 계획 중인 트램은 2010년대 중반경 완공 예정이다. 트램은 경전철에 비하면 안전도와 속도가 떨어지지만 도시 미관을 해치지 않으면서 노약자 등에게 높은 편의성과 안락감을 제공하는 것이 큰 장점이다.

예외적이긴 하지만 아주 안전한 트램이 있다. 123년의 운행역사를 지닌 호주 멜버른의 트램이다. 철저한 안전수칙 준수운행과 독특한 도로운행 규칙 때문에 사고율이 아주 낮다. 이 도시에서는 트램이 서면 뒤따르는 모든 차가 함께 서야 하고 도로 교통신호는 철저히 트램 우선으로 운영된다. 그 결과 시내 교통분담률 1위의 자리에 있으면서도 사고발생률은 타 교통수단보다 낮다. 450대의 트램이 237㎞를 누비는 유수의 이 트램 도시에서 도로운행 규칙을 위반한 차량에는 160호주달러가 벌금으로 부과된다.

지금 우리의 중규모 도시 교통은 버스와 택시에 의존하고 있다. 그 결과 소음과 대기오염이 우려되고 도시 미관도 좋지 못하다. 늦었지만 지금부터라도 21세기 중반 이후를 목표로 이들 도시의 교통망을 경전철 중심으로 재편해나가야 하지 않을까? 환경과 노약자 친화적인 경전철과 트램의 교통분담률이 높아질수록 우리의 삶의 질은 그만큼 향상될 것이기 때문이다.

〈TS for You[교통안전공단 월간지] 2008. 8. 1. 레일따라〉

이후 경과

용인경전철 사업의 파행

이 사업은 2005년 11월~2010년 6월에 걸쳐 공사가 마무리되고 시운전까지 마쳤다. 그러나 막대한 운영적자를 보전해주어야 할 처지에 놓인 용인시가 이런저런 이유를 대면서 준공허가를 내주지 않았고, 그 결과 차량 30대(대당 23억 5천만 원)가 9개월간 차량기지에 방치되어 있다가 2011년 3월 18일 물류창고로 옮겨진 바 있다. 용인시가 2월에 당초 사업협약(주식회사 용인경전철이 완공 후 30년간 경전철을 운영하면서 건설 및 운영 자금을 회수)을 해지한 후 차량기지는 폐쇄되었고 (주)용인경전철 직원도 대부분 해고되었다.

이후 용인시는 (주)용인경전철측에 의해 국제중재법원에 피소되어 2011년 10월 4일자로 패소한 바 있다. 판결 이후 용인시는 (주)용인경전철과 그해 12월 공사비 우선 지급금 5,159억원의 지급방식 및 시기에 합의했다. 용인시는 기투자금 지급 후 별도 계약을 체결하여 운영을 맡기는 방안을 고려중이다.

한편 2012년 4월 6일, 경전철 사업의 비리와 관련하여 이정문 전 용인시장이 구속되고 김학필 용인경전철(주) 사장 등 9명이 불구속기소되었다. 검찰은 이 사업을 총체적 부실로 얼룩진 민자사업이라고 규정하고 교통수요 과다예측, 의회의 의결 없는 실시협약 체결, 낮은 하도급률로 인한 부실시공 등의 문제점을 지적하였다.

● 환경친화
노후는 환경친화적인 분당과 위례에서 산다

명동에서 길가는 사람을 붙잡고 물어보자. "트램을 아시나요?" "글쎄요. 트램이라 처음 듣는 말인데…" 바꿔서 질문해보자. "옛날 서울과 부산 시내를 달리던 노면전차를 기억하세요?" "그래요. 땡땡거리며 도로 한가운데를 천천히 달리던…" 하고 답하는 이들은 아마 40대 중반을 넘어선 이들일 것이다. 하지만 훨씬 많은 이들이 "글쎄요. 처음 듣는 얘긴데" 하면서 말꼬리를 흐릴 것이다. 그도 그럴 것이 우리나라에는 40년 전에 서울과 부산에서 비숱한 시기에 트램, 즉 노면전차가 자취를 감추어버렸기 때문이다.

필자는 중학교 2학년 때 수학여행차 들른 서울에서 처음 트램을 보았다. 서울 거리에서 사라지기 3년 전쯤이었던 것 같다. 서울에 트램이 처음 선보인 것은 1898년 12월로 당시에는 서대문~청량리 구간이 개통되었고 1910년 이후 용산, 노량진 등 외곽지대로 확장되었다. 해방 후 20년 이상 서울과 부산 시내를 달리던 트램은 시내 교통량이 증가하면서 1968년 이후 사라졌다.

유럽이나 미국, 호주 등지를 여행해본 이들이라면 지금도 이들 지역 대도시를 버젓이 누비고 있는 트램을 쉽게 구경하였을 것이다. 직접 타본 이들은 상당수가 그 이름을 기억할 것이다. 하지만 타보지 않고 달리는 모습만 기억하는 이들 중에는 그 노면전차를 '트램'이라고 부르는지 잘 모르는 이들도 많을 것이다. 필자 역시 2007년 말과 2008년 초 두 차례 파리와 런던을 다녀왔지만 두 도시 거리를 달리는 노면전차를 보지 못했고 이름이 트램이라는 사실도 몰랐다.

사정이 이러하니 길 가는 사람을 붙잡고 "트램을 아시나요?"라고 물어봤을 때 선뜻 "글쎄 프라하나 빈 같은 도시에 굴러다니는 노면전차 아닌감" 하고 답하는 이들은 해당 도시에서 살아본 적이 있거나 도시 구석구석을 꼼꼼히 여행해본 이들 정도일 것이다. 따라서 트램이 뭔지 모른다고 자신의 지식이 짧음을 부끄러워할 필요는 없다.

해외여행 경험이 없거나 해외여행을 했더라도 트램을 보지 못한 이라도 웹사이트에서 쉽게 주요 도시를 달리고 있는 트램의 모습을 사진으로 확인할 수 있다. 런던, 파리, 스트라스부르, 라이프치히, 헬싱키, 히로시마, 나가사키 거리를 달리는 신형 트램의 모습이나 프라하, 빈, 샌프란시스코, LA, 뉴올리언스, 세인트루이스, 덴버, 홍콩, 멜버른, 크라이스트처치, 도쿄, 오사카, 교토 거리를 달리는 구형 트램의 정취를 확인할 수 있다. 구글이나 네이버

검색창에 'tram christchurch', '트램 라이프치히' 등으로 검색해보면 사진은 물론 여행자가 남긴 해설과 여행 후기까지 읽어볼 수 있다.

여기서 일부 독자로부터 "도대체 하고 싶은 얘기가 뭐냐. 왜 잘 모르는 트램을 가지고 이렇게 길게 얘기하느냐"는 질문이 금방 돌아올 것 같다. 조금 아는 이들 중에는 "트램? 옛날 교통수단 아닌가? 요즘이야 지하철과 경전철 시대지 트램은 무슨 트램!" 하고 짜증을 내는 이도 있을지 모르겠다.

앞에서 얘기했듯이 필자가 트램에 대해 관심 갖고 조사하기 시작한 것은 얼마 전이다. 여기에는 그만한 사연이 있다. 얼마 전부터 무릎 관절에 이상을 느끼면서 지하철과 전철 이용시 오르내리는 계단이 무척 부담스럽다. 전에는 왠만한 곳은 지하철과 전철로 갔는데 근자에는 택시나 승용차를 많이 이용한다. 그러면서 늘 "건강과 시간, 환경을 생각하면 대중교통수단을 이용해야 하는데"라고 생각하게 된다. 수년 전부터 지하철과 전철역에 엘리베이터 설치가 확대되고 있지만 아직 충분치 않다. 엘리베이터를 이용하더라도 계단을 꽤 오르내려야 한다.

사실 주위에 허리와 무릎 관절로 고생하는 이들이 얼마나 많은가. 50대 이상 중 상당수는 두 곳의 이상으로 계단을 오르내리는 게 꽤 부담스러울 것이다. 이들에게 가장 편한 도시 교통수단이 바닥이 낮은 저상버스나 트램이다. 국내에도 저상버스가 보급되고 있지만 아직 많지 않다. 트램은 긴 저상버스와 같은 효과를 가지면서 소음과 배기가스까지 없어 한층 환경친화적이다. 고령자와 장애자 등 보행 약자들이 많이 거주하는 지역에서는 어느 교통수단보다 환영받을 교통수단이다.

고령화로 필요성이 커지고 있는 트램이지만 국내에는 한 곳도 없고 계획중인 곳도 분당과 위례신도시 두 곳뿐이다. 분당트램은 폭 2.65m, 길이 27m의 이중굴절형 노면전차로 입석 포함 185명을 태울 수 있고 도로에 궤도를 설치해 노선을 일반 자동차와 함께 사용한다. 노선 길이가 13km이고 17개 역(2개 환승역)이 들어서며 예산은 4,830억 원 정도이고 2014년 무렵 개통 예정이다. 위례신도시 트램은 5호선 마천역과 8호선 복정역을 잇는 구간으로 노선 길이가 5.5km이며 신도시 중앙을 남북으로 관통하는 데 도중에 9개 역이 설치된다. 개통은 2010년대 중반이다.

이처럼 허리와 무릎관절이 아픈 보행 약자에게 편리한 트램의 국내 보급은 앞으로도 크게 기대하기 힘들 전망이다. 대신 고가 노선을 달리는 경전철 도입은 좀 더 활발하게 논의되고 있다. 용인, 천안, 김포, 월미도, 광명, 의정부, 신림, 면목, 우이, 서부, 동북 지역에서 건설이 추진되고 있다. 하지만 경전철은 고가를 오르내리는데 계단이 불가피하여 보행 약자에게는 여전히 부담스럽다.

아무쪼록 향후의 대도시 교통수단 설계에서는 환경과 보행 약자들에게 친화적인 수단이 먼저 배려되었으면 좋겠다. "아 노후를 분당과 위례에서 살아야 하는가? 헌데 그만한 돈을 어디서…"

〈TS for You 2008. 7. 1. 레일따라〉

선각자 한 명이 한국을 먹여 살릴 수 있다

● *선각자*
이하영과 가사이 같은 선각자가 아쉽다: 표준궤도

경부고속철 2단계 구간 선로전환기 선정의 책임소재 문제로 철도시설공단과 삼성SDS 등 민간기업 간의 다툼이 확산되고 있다. 경과를 지켜보면서 백년대계인 철도기획에 혜안을 지닌 선각자의 존재가 소중함을 새삼 느낀다.

주지하듯 우리 철도의 궤간은 중국과 같은 표준궤(1,435mm)라서 북한 김정일 위원장의 열차가 손쉽게 중국 철도를 이용할 수 있지만 EU권 열차는 광궤(1,524mm)인 러시아에 들어갈 때 대차를 바꾸느라 시간과 비용이 든다.

고속철을 제외하면 대부분의 국내 철도는 일본 정부와 기업 주도로 건설되었으나[6] 표준궤다. 반면 일본은 신칸센과 일부 노선을 제외하면 협궤(1,067mm)다. 그 배경에 이하영李夏榮,[7] 경부철도주식회사(1901. 6)의 기사장 가사이아이지로笠井愛太郎[8]와 회장 시부사와 에이치渋沢栄一 등의 노력이 있다.

이하영은 부산 출신으로 28세 때인 1886년 9월 박정양 공사와 함께 도미,[9] 대리공사로 일하다가 1889년의 귀국시 철도모형을 가져와 고종과 궁내부 철도국 등에 소개하였다. 그는 막후 노력으로 국내 철도규칙 3조에의 표준궤 규정[10](1896. 7, 칙령 31호, '국내 각지 철도의 넓이를 외국의 현행규정을 따라 두 철로의 사이를 영척 4척 8촌 반으로 확정한다')과 일본과 체결한 경부철도

합동(조약 1898. 9)에의 표준궤 명시를 얻어냈다. 이후 주일대사,[11] 외부대신, 총독부 중추원 고문 등 대표적 친일파로 활동하여 뒤끝이 좋지 못했다.

가사이와 시부사와의 노력은 경부철도 착공 직전 빛을 발했다. 경부철도 부설권(1897. 8)을 얻은 일본은 1901년, 궤간과 레일중량 선택을 놓고 정부 철도작업국(1000㎜ 27kg), 군부(협궤 22.7kg), 경부철도(표준궤 34.2kg)의 생각이 달랐다. 중국(표준궤 36kg), 러시아 시베리아(광궤 27kg)와 달리 협궤였던 일본의 권력층은 식민지 국가에 가깝고 여객과 화물 운송량이 많지 않을 조선에 표준궤를 깔고 싶지 않았다. 애국공채로 일본에서 힘들게 모은 경부철도 자본금 2,500만 원은 협궤 부설에도 모자랄 상황이었다.

이때 가사이가 나섰다. "이 노선은 장래 중국, 유럽대륙 철도와 연결되어 세계 교통의 동맥으로 기능해야 할 철도다. 단순한 식민지 철도로 봐서는 안 되며 기필코 표준궤라야 한다." 사내 반발도 있었지만 시부사와가 가사이를 거들고 육군 및 철도작업국과의 절충에 나섰다. 정상政商자본가인 시부사와 는 일본 자본주의의 아버지라는 평판대로 자본금 모집에 기여하였고 언변도 좋아 군부와 정치인 중 대륙 진출 야망을 지닌 이들의 지지를 얻어 타협에 성공했다. 내친 김에 레일도 일제보다 좋은 미 카네기사 제품을 택했다.

가사이는 이하영보다 1년 먼저 도쿄에서 태어나 도쿄대 공학부 전신인 고부대工部大를 나와 해군기지 건설, 규슈 · 쯔가루 · 도쿠시마 철도의 설계 와 측량, 이와쿠라철도학교(1897) 창설 후 교관으로 일하다가 시부사와에 의해 기사장(1900)으로 초빙되었다. 이후 요코하마, 나리타 철도[12]의 고문과 기술주임 등 엔지니어로 활약했다.

소수지만 표준궤를 부정적으로 보는 이도 있다. 정재정 교수(서울시립 대)는 『일제 침략과 한국 철도』(1999)에서 표준궤 도입으로 "중국 철도와 직접 연결되어 일본의 대륙 침략을 선도하는 맥관으로서 기능하게 되었다(61

쪽)"고 평가한다. 평가는 시기와 보는 시각에 따라 달라질 수 있지만, 객관적이고 장기적인 안목에서 표준궤로 인한 수송능력 확대, KTX의 호남선과 전라선 투입, 저비용의 한반도-중국 간 열차 왕래 등의 편익이 비용보다 훨씬 크다는 사실을 부인하기 힘들 것이다.

〈철-1072-2011. 11. 21.〉

● 선각자
이들이 KTX를 만들었다[13]

2005년 말이면 KTX 개통 후 1년 9개월이 된다. 간혹 역사 아닌 선로에 멈춰 승객들에게 예비열차로 갈아타도록 요구하는 일이 벌어져 낯뜨거울 때도 있지만 큰 사고 없이 운행을 지속해 참으로 다행이다. 그동안 차량사고에 의한 인명피해가 발생하지 않았는데 이같은 기록이 오래 지속되기를 바란다. 2005년 12월 10일은 개통 후 619일째 되는 날로 누적이용객이 5천만 명을 넘었다고 한다. 아무쪼록 국민들로부터 사랑받는 KTX로 자리매김될 수 있도록 운행과 정비를 담당하는 관계자 여러분의 끊임없는 열과 성을 기대한다.

필자는 얼마 전부터 "KTX를 만든 사람들이 누구일까, 어떤 이들의 착상과 주도로 KTX가 도입, 운행되게 되었을까" 하고 궁금해졌다. 궁금증을 풀어줄 마땅한 서적이나 자료를 찾기 힘들어 스스로 답을 얻고자 안면이 있는 철도 관련 인사들에게 물어보곤 하였다. 그러면 대개는 한동안 생각하다가 "딱히 누구라고 말하기 힘든데….그런 사람…없는데…"라고 답한다. "그래도 제일 관련있다고 생각되는 사람으로 한두 분 정도 든다면…" 하고 채근하면 그때서야 "글쎄…. ○○○, ○○○같은 사람이려나…" 하는 식으로 이어진다.

세계 최초의 고속철인 일본 신칸센의 추진 주역으로는 3인방인 소고 신지+河信二, 시마 히데오島秀雄, 오이시 시게나리大石重成가 거론된다(이들에 관한 상세한 얘기는 9장을 참조). 소고는 사업을 구상하고 밀어붙인 국철(현 JR 그룹)의 총재, 시마는 기술개발을 총지휘한 기사장, 오이시는 토지구입 등 사업추진 실무를 맡은 실장으로 참여했다. TGV는 주역으로 프랑스 국철SNCF 총재였던 앙드레 세갈라Andre Segalat와 천재 엔지니어인 로베르 제 Robert Geais 그리고 이들의 구상을 전폭 지원해준 퐁피두 전 대통령을 들 수 있다. 반대파였던 데스탱이 1년 먼저 대통령이 되었다면 TGV는 프랑스에서 달리지 못했을 것이다.

그렇다면 KTX 사업의 추진 주역은 누구일까. 그간의 탐문에 따르면 큰 선을 그은 인물로 윤자중, 노태우, 김대중이 거론될 수 있을 것이다. 윤자중은 교통부장관 재직 중 1981년 5월 14일의 경부선 사고(경산~고모 열차추돌, 56명 사망, 244명 부상) 이후 철도사고 방지를 위한 궁극적 대책의 하나로 고속철 건설을 구상, 1981년 6월의 제5차 경제사회발전 5개년계획에 서울~대전 간 고속전철 건설계획을 반영케 했다.

노태우는 대선공약으로 고속철 건설을 내세운 후 김창근(교통부장관)으로 하여금 사업을 추진토록 했다. 김창근은 1989년 10월 16일부터 1주일간 외국 전문가 100명이 포함된 국제심포지엄을 개최, 고속철 열기를 일반 국민들에게까지 전파했다. 이후 노태우는 철도청 내에 사업추진 부서를 만들어 사업을 강력히 추진케 했다. 김대중은 YS 정권에서 공사부실 등의 문제로 지지부진하던 사업을 재검토한 후 강력히 밀어붙여 경부선은 물론 호남선에까지 KTX를 투입했다.

이밖에 연구자, (기술)관료로서 3인의 지휘 하에 큰 그림을 그리고 실무일선에서 기여한 이들이 적지 않은데 업무를 선두에서 끌고간 이들을 찾아내기가 어렵다. 연구자는 이건영, 차동득, 서광석 순으로 흐름을 정리할 수 있겠지만 (기술)관료는 정종환, 김세호, 이우현 외 다수가 관여하여 누구라고 꼽기가 쉽지 않다. 두려운 것은 거명되지 않은 이들 가운데 참 일꾼이 있을 것만 같다는 점이다. 참 일꾼을 만나 제대로 된 KTX사를 남길 순 없을까.
〈철-797-2005. 12. 16.〉

● 선가자
공직사회, 이공계 출신을 우대한다

경기 전망이 적신호다. 수출이 발빠른 증가세를 보이지만 내수가 위축되면서 경상성장률이 4% 이하로 낮아질 것으로 전망된다. 이같은 상황에서 '40대 중반 이후 남자의 절반 가량이 제대로 된 직장을 갖지 못한 준※실직상태'라는 조사가 나와 충격을 주고 있다.

요즘은 구조조정이 일상화하면서 40대 중반을 넘어선 근로자들은 그동안 근무해온 직장을 언제든 뜰 마음의 준비를 하고 있어야 한다. 이에 비해 공무원과 교사는 50대 후반까지는 근무할 수 있고 여건에 따라선 60대에 들어서도 근속할 수 있다. 현실이 이렇다 보니 대학 재학생과 결혼적령기 남성은 희망 직업으로 공무원을 맨 먼저 꼽고 교사 배우자를 희망하고 있다. 여성의 경우 본인은 교사, 배우자로는 금융, 정보통신 대기업 회사원을 원하고 있다.

국제화가 확산되면서 민간에서는 생존 차원의 구조조정을 상례화하는데 공공조직 중 서비스부문은 국제 간 경쟁에 덜 노출되어 구조조정압력이 약하다. 행정 서비스와 초·중등교육이 대표적이다. 이러한 곳을 구조조정하기는 쉽지 않다. YS, DJ 정부에서 시도했지만 10년이 경과한 지금 개혁 시도 전보다 나아졌다고 말할 수 없다. 직업의 안정성은 별로 침해받지 않은 채 급여, 근무 조건 등은 많이 개선되어 이 분야 종사자가 가장 매력 있는 직업으로 부상한 것이 이를 입증하고 있다.

공무원과 교사가 우리 사회에 미치는 파급 효과는 결코 작지 않다. 공무원은 예산 등을 통해 국내총생산GDP의 30% 이상을 직접 통제하고, 간접 방식으로 배분에 영향을 미쳐 실질적인 통제 범위는 50%를 넘어설지 모른다. 교사는 후세대의 인성 연마와 지식 전수를 맡고 있다. 이들을 우대하여 발생하는 사회적 이득은 결코 무시할 수 없다.

다만 지난 몇 년 사이에 행해진 공무원·교사 급여의 대규모 인상과 퇴직자 연금의 상향 조정, 근무조건 개선 조치가 시기적으로 적합했는지, 그 방향성이 옳았는지에 대해서는 재론의 여지가 없지 않다. 몇 년 사이에 민간 부문에서는 실직자가 대거 배출되고 그 틈을 임시직, 일용직 등의 비정규직 근로자가 메우면서 근로자 사회 전반의 신분 불안이 확대되고 근로자 간 소득격차가 확산되었으며 지금 다시 국민연금 급여 삭감이 논의되고 있다. 그런데 이 기간 중 공무원, 교사는 재직시 급여 보상이 대폭 확대되고 한때 줄였던 연금 급여를 다시 늘렸다.

지금 우리 사회에는 '공직사회 우대론'이 상식화하면서 전보다 많은 젊은이가 공무원과 교사를 목표로 시험을 준비하고 진학하고 있다. 이같은 인생을 설계하는 젊은이들을 탓할 생각은 없다. 문제는 필요 이상의 우수 인력이 공무원과 교사로 흘러들어가 우리 사회 인력 배분에 왜곡이 생기면 장기적으로 국가 경쟁력이 약화될 수 있다는 점이다. 그렇지 않아도 몇 년 전부터 자연계 출신이 줄어 수능시험의 자연계열 응시율은 30%를 밑돌고 있다.

향후 우리 경제가 해결해야 할 가장 큰 과제의 하나가 일자리 창출이다. 우리는 개발연대를 통해 창의성이 풍부한 과학자, 모방에 뛰어난 기술자, 그리고 양심적인 기업인 한 명이 몇 천, 몇 만 명을 먹여 살린다는 것을 체득하였다. 솔직히 말해 공직 사회를 확대하고 그 종사자를 지금 이상으로 우대해도 일자리 창출에는 별 도움이 되지 않는다. 몇 년 전 독일 아헨공대의 라우헛 총장이 발한 "(일자리 창출로 이어질) 이공계 기피 현상을 극복해야 한국 경제의 전망이 밝을 것"이라는 경고는 지금도 유효하다. 바람직한 인력 배분과 일자리 창출에 도움이 되는 정책 방향을 정리해보자.

우선 각 분야 공직사회의 발탁 인사시 이공계 출신을 장·차관과 사장 등으로 과감히 등용해보자. 행정고시 합격자 중 이공계 출신과 기술고시 합격자가 고위직 인사에서 불이익을 받아온 관행을 바꾸자. 다음으로 이공계 출신이 해당 전문·전공 분야에서 창업하고자 할 때 지금까지 이상의 밀도 있는 금융·세제상 지원 조치를 마련하자. 첫 창업은 물론 실패 후 재창업시에도 과감히 지원해주자.

끝으로 젊은이들이 부푼 꿈을 안고 이공계를 택할 수 있도록 여건을 정비하는 데 공직자가 앞장서자. "고위 공직자의 대부분을 차지하는 인문계 출신이 우대받는 뒤안길에 피폐해진 이공계가 있다"는 인식을 공유하자.

〈국민-2003. 5. 13.〉

이후 경과

2005년의 코레일 발족 후 사장으로 임명된 이들 중 다수가 인문계 출신이다. 이들 중 일부는 코레일 내 기술직·기능직을 박대하여 2010~2011년에 걸친 철도사고 다발의 계기를 만들기도 하였다.

2장

철도 발전은 차량제작업과
고속철도망 활용에 달려 있다

차량제작업의 경쟁력을 높이고
고속철도망을 효율적으로 활용한다

● 차량제작
철도산업의 기둥인 고속철 차량제작업이 위태롭다

시내구간을 제외한 서울~부산의 전 구간에 신선이 깔린 이후 처음 맞이하는 추석이다. 코레일은 평소보다 늘어난 하루 195편성을 운행할 예정이다. 고장과 사고가 줄고 있지만 8월 25일과 31일에도 차상신호시스템 이상 등으로 KTX가 연착한 바 있다. 일부 예약객은 추석을 전후한 대규모 연발착 사태를 걱정하기도 한다.

코레일은 대비책으로 고장이 잦은 부품을 조기에 바꾸고, 사고 발생시 다중안내시스템을 통한 즉각 통지로 열차와 여객업무 담당자가 신속하게 대응토록 하면서 고객이 느낄 불만과 불안감을 완화시킬 계획이다. 그런데 추진 중인 견인전동기와 차축 베어링 등 주요 부품의 교체율은 8월 말 기준 80% 미만이다.

교체가 제대로 이뤄지지 않는 것은 국산 부품이 적기 때문이다. 실제로 KTX 차량 부품의 국산화율은 뒷걸음질하고 있다. 계측방식에 따라 다를 수 있지만 국산화율은 개통 초기인 2004년 무렵, 최고 60% 수준에 달했다. 그런데 7년이 지난 지금은 10% 수준이다. 수요가 적다 보니 업체들이 생산을 포기하면서 이미 국산화했던 계면전동기, 차체 진동흡수장치와 수리 키트, 동력차와 객차 사이의 진동흡수장치 부품 등도 수입하는 실정이다. 수입품은 프랑스 등지에서 조달하므로 차량 정비시기에 맞춰 구매하지 못하고 몇 년치를 한꺼번에 사서 보관해야 한다.

상황이 이렇게 진행되면서 국산화율이 87%에 달했던 KTX 산천을 제조하는 현대로템의 고민이 깊어가고 있다. 산천은 내수 외에 수출까지 염두에 두고 개발한 것인데 1년 반에 걸친 상업운행 기간 중에 발생한 각종 트러블로 신뢰도가 떨어져 해외수출 길이 좁아졌다. 따라서 지금 상황은 추가 투자를 통해 기술력과 인력을 강화해야 할지, 사업을 축소하거나 접어야 할지 중대결단을 내려야 할 국면에 접어들고 있다. 로템의 하청업체들은 KTX 차량의 부품생산으로 생존하기 힘들다는 판단 아래 발빠르게 일반철도차량이나 다른 부품의 생산으로 옮겨가고 있다.

로템이 생산한 차량을 인수받아 운행하는 코레일도 사정은 별반 다르지 않다. 지금까지 운행경험이 7년을 넘었지만 2010년 3월에 투입한 KTX 산천은 물론이고 2004년 4월에 도입한 KTX 1의 안정적 운행에도 애를 먹고 있다. 시속 300km의 안정적 운행이 쉽지 않다는 것을 지금와서 새삼 깨닫고 있다.

산업 일선의 상황이 이러한데도 철도정책을 총괄하는 국토해양부나 철도기술을 연구, 개발하는 철도기술연구원의 관심과 예산지출이 시속 400km급 고속철 개발사업(당초 6년 사업, 2013년 완료 예정)의 지속적 추진 등 우선순위가 낮아진 사업에 여전히 집중되고 있는 것은 아닌지 검토가 필요한 시점이다. 그간의 주요국 고속철 개발과 운행 경험은 시속 350km 초과 운행이 비용과 환경보호 면에서 지속가능하지 않을 수 있음을 시사하고 있다.

필자의 주관일 수 있지만 국가 신성장 동력 발굴에 열심인 지식경제부도 근자에는 고속철도를 유력 신성장 산업의 하나로 보지 않고 있는 듯하다. 현 국면은 국토해양부, 로템, 부품 및 시스템 업체 등 이해관계자 모두가 우리 고속철 산업의 향방에 대해 진지하게 고민하고 논의해야 할 때인지 모른다. 고속철 강국인 일본, 프랑스, 독일과 떠오르는 강국인 중국 사이에서 철도산업의 경쟁력을 유지·강화하려면 어떤 길로 가야 할지, 부품제조 기반이 약화되고 우수 인력이 유출되는 상황에서 로템 등 유력업체가 고속철사업에 몰입해야 할지 등 과제가 산적해 있다.

〈철-1064-2011. 9. 12.〉

● *기량제각*
현대로템 "기술개발에 필요한 시간 충분치 않았다"

(전략)

현대로템의 기술력 문제에 대해 고속철시민의모임 대표인 배준호 한신대 교수(글로벌협력대학)는 "고속철을 만든 지 40년이 넘은 일본도 3년 전에서야 300㎞를 넘겼는데 우리는 350㎞(KTX 산천 운행속도)라는 숫자에 집착해 개발을 너무 서두른 경향이 있다"며 "철도의 운행속도를 뒷받침하기 위한 부품들을 만들기에는 현대로템의 기술력이 부족하다는 것이 철도 전문가들의 대체적 견해"라고 지적했다.

(중략)

노무현 정부 당시 코레일이 차세대 고속열차 사업을 경쟁입찰에 붙였을 때도 차세대 '테제베'를 들고 참여한 프랑스 알스톰사가 아닌 현대로템이 사업을 따냈다. 이후 현대로템은 KTX의 전신인 알스톰사의 테제베를 바탕으로 KTX 산천을 개발했으나 기술특허 문제로 인해 여러 차례 알스톰사와 법정소송을 벌였다. 배 교수는 "외국업체가 특허낸 기술을 피해서 만들다 보니 변형적인 기술로 한국형 고속철을 만들었다"며 "게다가 한국은 프랑스와 달리 터널이 많은 지형이어서 여기에 맞는 독자적 기술 개발이 필요한데, KTX 산천은 프랑스 고속철을 바탕으로 만들어서 한국 지형에 적합하지 않다"고 말했다.

(후략)

〈주간조선-2166-2011. 7. 25.〉

● 차량제작
현대로템 잇단 부실사고 '독점' 탓?

코레일이 현대로템에 KTX 산천 리콜을 사실상 요구했다. 코레일은 근간 KTX 산천이 잦은 고장을 일으키면서 현대로템에 해당 차량 전체의 정밀 재점검을 요구했다. KTX 열차 운행중단에 따른 코레일의 이미지 손실과 요금 환불, 승차권 재발급 등 운영 손실은 3억 원에 달하는 것으로 알려진다.

지속적으로 고장이 발생하면서 현대로템의 기술력 문제가 지적된다. 고속철시민모임 배준호 대표(한신대 교수)는 "현대로템 전현직 근로자에게 확인한 결과, 현대로템이 국외의 고속철 관련 기술을 습득하는 과정에서 특허침해를 피하기 위해 국외 기술을 변형해서 받아들였다. 이 과정에서 기술적 요인으로 각종 문제가 발생하는 것"이라며 "우리나라 고속철은 기술적으로 발전할 필요가 있다"고 말했다.

실제로 코레일은 현대로템의 용접 불량 가능성을 염두에 두고 있다. 현재 모터감속기를 차체에 고정하는 고정대 용접에 문제가 있을 가능성이 제기된 상황이다. 이에 대해 현대로템은 "부품 하자가 아니라 용접이 문제라고 한다면 기술력 부족은 절대 아니다"라는 입장이다.

그러나 배준호 대표는 "거대한 철판과 철판을 하나로 용접하는 기술은 철도나 조선업종에서는 상당한 기능을 요하는 기술"이라며 "용접 불량으로 배가 쪼개지고 철도가 탈선하는 등 대형 참사가 발생할 수도 있다"고 말했다.

〈매경이코노미-1607-2011. 5. 25.〉

● 차량제작
리콜 KTX 산천, 안전불안감 해소될까

코레일이 한국형 고속열차인 KTX 산천에 대해 처음으로 리콜을 요청했지만 승객들의 안전 불안감을 말끔히 씻을 수 있을지는 미지수이다.

배준호 대표는 "선진국에서 수십 년에 걸쳐 만든 고속철도를 불과 10여 년만에 국산화했는데 품질이 완벽할 수는 없었을 것"이라며 "시운전이 부족했다는 의견은 이미 여러 철도 전문가들 사이에서 제기됐던 문제"라고 말했다.

고속철시민의모임의 배준호 교수는 "수익성이 없는 고속열차 개발사업을 민간 회사에 전적으로 맡겨서는 기술개발이 이뤄질 수 없다"며 "정부 차원에서 KTX 산천의 수출을 추진하고 있는 만큼 적절한 지원이 있어야 실효성있는 대책이 마련될 것"이라고 말했다.

〈연합-2011. 5. 2.〉

● 차량제작
산천, 신호체계도 불안정, 해외진출은 넌센스

"안전성도 확보하지 못하면서 해외진출은 넌센스지요."

　배준호 대표는 "'세계적 수준의 한국형 고속열차'로 내세우는 KTX 산천 자체에 문제가 있는 것으로 보인다"고 진단했다. 배 대표는 고속철도가 개통되기 1년 전인 2003년, '안전하게 탈 수 있는 고속철도'를 만들기 위해 시민모임을 발족시켜 지금까지 이끌고 있다. 그는 "한국형 고속철도가 진짜로 세계 최고 수준인지는 우리 땅에서 철저하게 검증한 뒤 해외로 나가도 나가야 할 것"이라고 지적했다.

　"우리의 고속철도가 세계시장에서 경쟁력을 확보하기 위해서는 일본의 신칸센은 물론 프랑스·독일의 첨단 고속철도 시스템과 경쟁을 해서 이겨야 합니다. 국내 시장에서 안전성이 확보되지 않은 상황에서 세계 무대로 진출하는 것은 넌센스지요."

　배 대표는 "KTX 산천이 최소한 3~4년의 상업운전을 통해 안전이 담보돼야 외국에서도 그 시스템을 적용할 수 있는 것"이라고 지적했다.

　배 대표는 "한국형 고속열차인 KTX 산천의 신호체계는 기존 KTX와는 다르다"며 "바뀐 KTX 산천 신호체계를 자체 기술로 구축해가고 있는데 아직 안정되지 못했다는 사실이 사고나 고장을 통해 입증되고 있다"고 지적했다.

그는 "KTX 산천을 운영하기 위한 신호체계까지 완벽하게 갖추어야만 한국형 고속철도가 완성되는 것"이라고 지적했다. 배 대표는 "잦은 사고를 예방하고 국산 기술을 발전시켜나가기 위해서는 기술자들을 우대하는 철도문화가 시급하다"고 강조했다.

〈경향-2011. 3. 24.〉

● 차량제작
사고뭉치 'KTX 산천' 문제 없나

사고율 기존 모델의 3배, 전문가 "설계 등 기술 미숙".

제작사 "초기 일시적 현상".

"진짜 문제는 'KTX 산천'입니다."

◇ 기술적 요인인가 = 고속철시민의모임 배준호 대표(한신대 글로벌협력대학 교수)는 "KTX 산천이 10만km에 이르는 시운전 때는 치명적인 문제를 드러내지 않았지만 상업운전과정에서 예상치 못한 부분의 고장이 잇따르고 있다"고 말했다. 그는 "국내 기술진이 고속철 관련 기술을 완전하게 습득하지 못해 빚어지는 '기술적 요인'이 큰 것으로 볼 수 있다"고 말했다.

〈경향-2011. 3. 24.〉

● 차량제작
KTX 산천 초기 모형(G7) 제작비 부담考

한국형 고속열차(KTX 산천 초기 모형인 G7)가 2008년 이후 상업운전에 나설 수 있을지 걱정이다. 건교부는 2편성을 제작, 경부선과 전라선에 투입하겠다는 계획안을 2005년 7월 28일에 열린 과학기술관계장관회의에 상정했다. 그런데 재정부처 장관 등이 제작비 800억 원 중 일정부분을 민民이 부담해야 한다고 주장, 최종 결정이 9월 이후로 미뤄졌다.

재정경제부와 기획예산처(2008년 2월의 이명박 정부 발족시 두 기관이 합쳐져 지금은 기획재정부)는 "G7은 개발이 끝나 시험열차가 성공적으로 운행 중인 사업이다. 수요처는 코레일, 제작사는 로템이다. 절반 정도는 두 기업이 부담하고 남은 예산은 다른 기반, 기초기술 지원에 사용해야 한다"고 주장했다. 건교부가 "고속철 실용화 사업은 항공기 개발처럼 높은 위험이 따르는 사업으로 국가가 전폭 지원해야 한다"고 항변했지만 논의는 평행선을 그었다.

필자는 재정당국의 말이 맞는다고 생각한다. 당장의 400억 원 추가부담이 문제가 아니라 재정규율 확보가 중요하기 때문이다. 향후에도 유사한 사례가 얼마든지 나올 수 있다. 새로운 프로젝트를 추진할 때 정부는 파일로트 사업단계의 개발비와 관련 법제 정비, 금융알선 등 프라이밍 작업에 충실하고 사업 추진 여부는 민이 자기 책임 하에 결정, 리스크를 부담하는 방식이 옳다. 성공한 사업으로 알려진 조선, 철강, 자동차, 반도체, 휴대폰(CDMA) 등은 대부분 그 같은 구도였다.

정부는 1980년대 차세대전투기(KFP) 사업과 관련하여 대규모 예산을 지원했지만 효과를 보지 못한 쓰라린 경험이 있다. 앞으로도 자기부상열차, 위그선, 복합양전자단층촬영기, 광우병내성우(牛), LPG · 연료전지버스 등이 후보군이지만 재정지원으로 효과를 기대할 수 있는 것은 1/3도 되지 않을 것이다.

세 주체의 입장을 정리해보자. 코레일은 사업자 입장에서 자체 예산으로 구입해야 한다면 안전도가 검증된 알스톰사의 최신 TGV 차량을 구입하려 할 것이다.

로템은 당장의 일감확보와 기술축적, 그리고 미래를 내다보고 내심 뛰어들고 싶으나 내색하지 않고 있다. G7을 미래 전략산업의 하나로 정해 일정한 성과를 거둔 정부로서는 비용이 들더라도 실용화를 추진하고 싶다. G7 실용화 사업에 매달려야 할 유인은 로템과 정부에 비해 코레일이 약하다.

그렇지만 G7이 아니더라도 신규 차량이 필요한 코레일이 전액 국고부담을 내세우는 것은 재정당국의 지적처럼 '땅 짚고 헤엄치려는' 의도로 오해받을 수 있다.

"개발 제품의 경쟁력을 높이기 위해서라도 민(民)이 투자해야 한다"는 지적역시 맞다. 제 값을 치르고 구입해야 넘겨받을 때는 물론 받고나서도 소중하게 관리할 것 아닌가. 넘겨받아 이용하는 쪽은 코레일인데 운전 중 트러블이라도 발생하면 오히려 정부와 로템이 집중표적이 될 수 있다.

해법을 찾아보자. 로템은 이익환원 차원의 부담, 코레일은 TGV 차량 구입보다 낮은 부담, 나머지는 재정이 부담하여 50억, 300억, 450억 원의 구도는 어떨까. 다만 두 기업 모두 적자상태이므로 저리의 정책융자를 고려한다.

끝으로 실용화 사업주관기관으로 건설교통기술평가원(2003년 초 발족)이 선정되었는데 '개발 따로 실용화 따로' 추진하는 것이 바람직한지 의문이다. 명심할 점은 이번 사업이 한국 철도의 명운을 좌우할 수도 있는 사업으로, 평가의 우열로 지원 여부와 지원액을 차별화하는 차원에서 접근할 사안이 아니라는 점이다.

〈철-781-2005. 8. 19.〉

● 차량제작

신칸센 차량(0계), 아름답고 당당하게 세대교체

세계 최초의 고속철도가 일본의 신칸센新幹線이라는 사실은 널리 알려져 있다. 하지만 신칸센의 최초 모델이 '0계'라는 사실을 아는 이는 많지 않다. 이 모델이 2008년 11월 30일, 신오사카역에서 마지막 공식운행에 나서면서 많은 철도팬들이 이 열차의 모습을 지켜보려고 역사에 모였다고 한다. 이후 12월 14일의 특별 기념운행 후 44년에 걸쳐 활약한 0계가 일선에서 완전히 그 모습을 감추었다.

호남고속철도 필두로 향후 전라선, 경부선에 KTX 산천 단계적 투입

우리의 KTX도 운행 5년째인데 KTX가 프랑스 TGV의 어느 모델인지 아는 사람이 많지 않다. 1981년에 상업운행을 시작한 TGV에는 크게 나눠 7개 모델이 있다. KTX는 1990년대 초반 제작의 아틀란틱(대서양)과 1990년대 중반 제작의 유로스타의 중간 버전에 해당한다. 1970년대 후반부터 1980년대 중반에 제작된 남동선 모델보다 낮지만 늦게 제작된 듀플렉스나 TGV-R, 탈리스-PBKA, TGV-POS에 비하면 성능면에서 뒤진다. 무엇보다 KTX는 계약시점이 다소 일러 나중에 개발된 좋은 기종을 택하지 못했다.

KTX가 상업운행에 나선지 5년이 채 되지 않지만 제작부터 따지면 차령이 대부분 10년을 넘었고 프랑스에서 제작되어 수입된 일부 차량은 15년에 달하는 것도 있다. 제작된 46편성 중 일부가 정비나 고장 중이어서 실제 운행 차량은 늘 이보다 적다. 앞으로 노후화가 좀 더 진행되면 추가 제작하지 않으면 운행횟수를 유지하거나 늘리기 힘들 것이다. 하지만 당국은 KTX의 추가제작 대신 근간 시험운전을 성공적으로 마친 KTX 산천을 투입할 계획이다. 향후 호남고속철을 필두로 전라선, 경부선에 단계적으로 투입되면

KTX 초기 모델은 차츰 현역에서 은퇴할 것이다. 하지만 운행 중인 KTX가 모두 현역에서 물러나기까지는 앞으로 15~20년이 더 소요될 것이다.

신칸센 개통 후 20여 년간 유일하게 운행된 0계

신칸센의 0계가 운행을 시작한 것은 1964년 10월이다. 이때 도쿄와 신오사카를 잇는 도카이도東海道 노선을 당시 세계 최고 속도인 시속 210㎞로 달렸다. 그래서 열차 이름도 '히카리光'였다. 초기의 12량 편성 열차는 1970년의 오사카 만국박람회를 앞두고 16량 편성으로 확대되었는데 이 열차는 KTX(20량)보다 좌석수가 많다. 도카이도선은 세계 최고의 인구과밀 지역 통과 노선으로 대량운송의 효과가 기대되는 곳이다. 우리의 경부선도 도카이도선에 필적할 인구 고밀도 지역이라는 점이 감안되어 KTX가 20량 편성 열차로 제안되었음은 말할 것도 없다. 그런데 결과만 보면 도카이도선은 대량 운송 열차의 투입이 성공적이었지만 경부선은 당초 기대에 비하면 아직 부족한 상태이다.

개업 후의 빈번한 운행으로 0계 모델이 노후화하자 당시의 국철에서는 0계를 개량한 신 모델의 투입을 검토하였지만 노조와의 관계악화로 그렇게 하지 못했다. 그래서 1970년대 중반부터 0계 차량이 추가생산되어 현장에 투입되었고 신 모델인 100계가 개발되어 현업에 투입되면서 0계 생산이 중지된 것은 1985년이었다. 100계는 그해 봄에 개통한 신오사카~하카다 간 산요山陽신칸센에 투입된 2층 차량이었다.

이처럼 0계는 신칸센 개통후 20여 년간 유일한 고속철 차량으로 운행되면서 일본인들의 사랑을 독차지하였다. 이후 300계, 500계, 700계, N700계의 신 모델이 등장하면서 0계는 1999년 9월 마침내 도카이도선에서 모습을 감추고 4량, 6량 편성으로 재편되어 지역거점도시 간 교통수단으로 특화하였다. 그로부터 9년여가 경과한 2008년, 최신 모델인 N700계가 투입되면서 마침내 현역에서 은퇴하였다. 그동안 퇴역한 0계 중 상당수는 일본 전국은 물론 영국의 요크국립철도박물관 등에 보관용으로 전시되어 있다.

가장 안전한 고속철로 진화한 0계의 아름다운 은퇴

0계는 최초 차량 모델이라는 점외에 역사상 가장 아름다운 고속철 차량의 하나로 꼽힌다. 그 이유의 하나가 0계 차량의 코 부위가 항공기의 그것과 유사하고 두툼한 모습이 귀여우며 두 개의 커다란 눈망울을 지녔기 때문이다. 공기저항을 줄이는 코 부분을 포함하여 신칸센 프로젝트에는 선로, 신호기기 등 각 분야에서 당시 개발된 첨단기술이 최대한 집적되고 경험많은 장인들이 참여하였다.

이때 기술업무의 종합지휘는 천재기사 시마히 데오의 몫이었다. 국철 재직시 명품 증기기관차를 설계하고 탄환열차(후대의 신칸센) 구상으로 이름을 떨친 바 있었던 그는 기사장으로서 전쟁시 군수공장에서 항공기 개발에 종사하던 당대 최고의 기술자들을 모아 국산 기술에 의한 고속철 개발을 지휘하였다. 이 무렵의 서구 표준이던 '동력집중방식' 대신 '동력분산방식'을 고집하여 시발 속도를 높이는 등 열차운행 효율을 높여 1967년에 미국의 스레비상을 받아 항공기의 더글러스, 자동차의 포르쉐 등의 저명한 수상자에 버금가는 평가를 받았다. 또 1969년에는 2년에 한 번씩 수여하는 기술계 노벨상인 영국의 제임스와트상을 구미권밖에서 처음 수상했다.

동력집중방식을 고집하던 TGV도 2008년에 개발한 신형차량 AGV에 동력분산방식을 도입, 10%의 효율상승을 기대하고 있다. AGV는 2011년부터 이탈리아에서 현업배치될 예정이다.

시마가 책임을 지고 개발한 0계는 44년간의 현역 생활을 마치고 2008년

11월말 은퇴하였지만 이를 구상하고 제작한 시마는 이보다 10년 앞선 1998
년, 96세로 이 세상을 떴다. 시마는 갔지만 그 휘하의 기술진들이 만들어낸
뉴신칸센은 지금도 세계에서 가장 안전하고 효율높은 고속철의 하나로 평
가받으며 쉼없이 진화하고 있다.

〈TS for You 2009. 1. 1. 레일따라〉

● 고속철도망
수도권 대심도 철도(GTX)를 유효하게 활용한다

수도권 대심도 급행철도(GTX) 구상이 현실성을 띠기 시작했다. 국토해
양부가 그동안 김문수 지사와 경기도 차원에서 논의되던 고양~동탄간 대심
도 철도노선(74.8㎞)에 대해 추진을 전제로 한 해당 노선의 수요조사 및 경
제성 분석에 나섰다. 이 노선은 대한교통학회 등에서 이미 기초연구를 수행
하였고 거기서 상당 수준의 경제성이 확인된 바 있다. 국토부는 이번 교통개
발연구원 연구용역을 통해 경제성을 다시 한 번 검증하고 논란이 있는 몇 가
지 문제, 가령 정차 역수와 위치 등에 대한 세부내용을 검토하겠다는 복안을
가지고 있는 듯하다.

사실 이번 노선은 KTX 활성화와 관련하여 그동안 논의되어왔던 수도권
지선과 상당 부분 중첩된다. 국토부는 교통개발연구원 연구용역(2003년 7
월)을 통해 수서~화성정남 지선 건설을 공표하였다가 2004년 4월의 경부철
개통 후 이용객이 많지 않차 2005년 12월 공청회(국토연구원)에서 폐기 방
침을 밝혔다. 그러다가 2008년 6월 초 수서~동탄~평택으로 노선을 바꿔 건
설하겠다는 구상을 다시 발표한 바 있다. 이 사업에 대한 KDI의 예비타당성
조사결과가 조만간 발표될 예정인데 'go' 사인이 날 가능성이 높다. 결국 대

심도 노선은 KTX 지선에 서울시를 서북쪽으로 가로지르는 40㎞ 구간을 새롭게 덧붙인 것이라고 할 수 있다.

필자는 평택~수서에 한정된 KTX 지선 계획에 대해서는 '비용효율적이지 않다'는 판단에서 부정적으로 생각해왔다. 하지만 이번 제안은 지선이 연장되어 서울을 관통하면서 시내 거점지역을 통과하고 주요 지하철역과 연계됨으로써 고속철 접근성이 대폭 개선되어 여객수요 유발효과가 클 것이라는 점에서 지선만의 안보다 훨씬 낫다고 판단하고 있다. 또 이 노선은 서울역(혹은 용산역) 및 행신 차고기지와 연결되며 장래의 북한지역 고속철 확장시에도 유용하게 활용할 수 있다.

경기도 관계자 등 일부 사람은 고양에서 수서까지는 대심도 전철을 운행하고 수서에서 동탄, 평택까지는 KTX를 운행하는 방안을 제안했다고 한다. 국토부가 고려중인 고속철 계획과 조화를 이뤄 사업을 성사시켜보겠다는 생각에서였을 것이다. 또 국토부는 이번 철도사업에 민간사업자가 나서면 이를 허용하겠다고 한다. 민간사업자들은 경유역으로 서울역 대신 용산역을 선호하는 모양이다. 용산의 미래를 내다볼 때 이들의 판단이 맞을지 모르겠다. 노선변경에 따른 다소간의 차이가 있겠지만 고양~평택(10개 역)으로 설계할 경우 10조 원 가까운 건설비가 소요될 것이다.

검토중인 수도권 급행철도 구상은 수도권 KTX 지선 유효활용법의 하나임이 분명하며 그간 제시된 수서~평택 지선 구상의 가치를 획기적으로 높일 것이다. 필자는 이 구상을 적극 지지하며 향후의 타당성 분석과 설계단계에서 고려해주었으면 싶은 사항 몇 가지를 제안한다.

첫째, 고양킨텍스보다 인근을 통과하는 지하철 3호선 역사 중 적절한 역을 거점역으로 정해 시발역으로 삼는다. 둘째, 대피선이 있는 정차역을 수 곳 개설하여 급행전철 외 KTX가 운행할 수 있도록 하고 KTX를 수서 경유,

행신까지 운행한다. 셋째, 삼성역 대신 종합운동장역을 경유토록 하여 2호선은 물론 급행노선이 있는 지하철 9호선과 환승할 수 있도록 한다. 넷째. 사업추진시 경기도 사업구간과 국가 사업구간으로 구분하기보다 전 구간을 국가사업으로 정해 KTX의 유효활용과 장래의 북한지역 고속철 연장 사업의 일환으로 추진한다. 요컨대 철도구상에서 먼 미래를 내다보는 초기 단계의 중요성은 아무리 강조해도 지나치지 않을 것이다.

〈철-960-2009. 5. 18.〉

● 고속철도망
수서~평택 고속철 지선보다 급한 사업이 있다

2008년 6월초 서울수서에서 동탄을 거쳐 평택으로 이어지는 구간 (60.7km)에 고속철 지선을 건설하는 구상이 공개되었다. 이에 대해 국토해양부는 곧바로 해명자료를 통해 검토단계이고 재원조달 방안, 노선, 출발역, 개통시기 등 제대로 된 타당성 검토를 거치지 않았다고 응수했다.

지금 예비타당성 조사 사업이 한국개발연구원 등에서 진행중이니 빠르면 2009년 초쯤 결과가 나올 것이다. 소요재원이 수조 원에 이르는 대형사업이라서 간단히 '고' 사인을 내주긴 어렵겠지만 이런저런 로비와 압력이 들어가면 수익비를 키워 결국엔 '고' 사인이 날 가능성이 크다. 빠르면 2010년도 예산에 설계예산 일부가 반영될 수도 있다.

이 구간의 지선 구상은 두 번째다. 2003년 7월의 호남고속철 논의시 수서~화성정남 지선이 구체화된 바 있다. 그러다가 2004년 4월의 경부철 개통 후 이용객이 예상치를 크게 밑돌자 국토해양부는 2005년 12월의 호남철 공청회(국토연구원 주관)에서 "경제성이 낮고 지자체 및 환경단체가 반대하므로 폐기한다"고 밝혔다.

그런데 2년반 만에 비슷한 구상이 다시 제시되었다. 동탄신도시 개발을 주도하는 국토해양부가 홍보에 호재(수서~동탄, 12분 연결)라고 판단한 것인지 평택, 동탄 통과로 노선을 바꾸니 경제성이 크게 개선된 것인지 명확하지 않지만 의욕적으로 밀어붙이고 있는 것은 확실해 보인다. 물론 이 지선은 수원, 용인권 거주자를 KTX 고객으로 끌어들이는 매력도 있다. 하지만 이 매력이라면 지금도 경부철 화성매송 일대에 정차역을 세우면 낮은 비용으로 고객의 대부분을 거의 끌어들일 수 있다.

유사한 구상을 갑작스레 내놓는 것이 부담스러웠든지 국토해양부는 수색~서울역~시흥 구간(28.6km)의 고속철 계획안도 함께 제시하였다. 이 구간은 선로용량이 정점에 달해 오래 전부터 해법을 모색해왔던 곳으로 재원이 없어 늦춰진 것뿐이다. 그런데 갑자기 뭉칫돈이라도 생긴 것일까 숙원사업은 물론 그보다 몇 배 돈이 많이 드는 사업까지 함께 추진하겠다고 한다. 사실 재원염출도 문제지만 지선 사업은 건설 이자부담과 운영적자로 철도적자를 더 키울 수 있다.

KTX 개통 후 4년 반이 경과하면서 경부철 KTX가 흑자를 보여 공사의 적자해소에 기여하고 있지만 호남철은 승차율이 낮고 서울역과 용산역 역사는 여전히 유휴상태다. 이러한 때 지선 사업은 전체 KTX 승차율 제고 노력에 찬물을 끼얹어 철도 경영수지를 압박할 수 있다.

단언컨대 우선 추진 사업은 수색~시흥 구간이지 지선이 아니다. 수서 등 수도권 주요 권역에의 KTX 투입은 순환철도 구상으로 대응하는 것이 순리일 것이다. 아울러 이 사업 추진시 신도림에 정차역을 건설하고 지하철 1호선, 2호선과 연결하면서 신도림 역사를 개축할 경우 KTX 이용도를 높이면서 신도림역의 고질적 문제인 환승혼잡 문제까지 완화할 수 있다.

전환기에 직면한 한국 철도는 전체 KTX의 승차율을 높이고 기존 역사와 보유부동산을 유효활용하지 않으면 흑자경영을 기대하기 힘들다. 2008년 10월 10일 발표된 제3차 공공기관 선진화 계획은 공사가 영업수지 적자를 2010년까지 절반 수준으로 줄이지 못하면 민영화를 검토한다고 명시되어 있다.

일부 정치가와 국토해양부, 철도시설공단, 건설사 등은 이해관계 차원에서 지선 등 철도건설을 확대하려 하겠지만 공사가 여기에 장단을 맞출 필요는 없을 것이다. 아무쪼록 소수의 이해관계와 지역이기주의에 휩쓸려 국가의 한정된 재원이 우선순위가 낮은 곳에 사용되는 일이 없기를 바란다.

〈철-932-2008. 10. 17.〉

이후 경과

해당 사업의 추진이 정식으로 결정되어 2011년 6월 28일 기흥에서 기공식을 가졌다. 대부분의 구간이 지하로 건설되며 2014년 말 완공이 목표다.

● 고속철도망
서울시 지하에 순환고속철을 깐다

정부는 2006년 6월말 제3차 수도권 정비계획을 발표하면서 기존의 환상격자형 교통망을 네트워크형 체계로 정비하고 전철의 수송분담률을 40%(2020)로 올리며 광역전철에 일반열차와 급행열차를 병행 운행하겠다고 했다. 수색역에는 물류창고, 컨테이너야드, 유류기지 등이 포함되는 철도종합물류기지를 세우겠다고 한다.

아쉬운 점은 수도권 정비에 열심인 정부가 서울시내 철도망 정비에는 관심이 낮다는 사실이다. 과문한 탓인지 모르겠지만 필자는 서울시내 주요 지하철, 전철 역을 고속선으로 연결하는 새로운 지하철도 건설구상을 접하지 못했다. 2006년 9월 14일의 철도의날 기념 심포지엄에서 공사 고위간부가 그러한 계획이 있다고 얘기한 것 같은데 건교부나 철도시설공단 등 철도건설 당국이 공표한 계획을 들은 적이 없다.

필자는 심포지엄의 토론자로 참석하여 한국 철도 회생책의 하나로 서울시 지하를 타원으로 순환하는 지하고속철도 건설을 제안하였다. 도시철도 중 최고 효율을 자랑하는 서울메트로 2호선(60㎞) 밖으로 순환철도망(160㎞)을 구축, 10여 개 정차역을 70분에 일주토록 하고 광명역에서 KTX를 투입하자는 구상이다. 광명~사당~도곡~천호~태릉입구~미아~종로3가~불광~김포공항~부평~광명 노선은 어떨까. 추가로 광명~신도림~용산~서울역을 지하로 연결한다. 이렇게 되면 전국 주요 도시와 서울, 인천 시내 거점 지역이 KTX로 이어져 이동시간이 1시간 이상 단축되면서 인천과 서울 강남, 강동 지역 주민의 KTX 이용이 크게 늘 것이다.

문제는 돈이다. 그렇지 않아도 나랏돈이 부족해 민자를 이용한 BTL 사업이 검토되고 있다. 필자는 소요재원을 국민연금기금에서 차용하자고, 즉 누적 적립금(160조 원)의 20% 정도인 30조 원을 이 사업에 투자할 것을 제안한다. 국민연금기금은 빠르게 쌓이는 적립금의 좋은 투자처를 찾느라 주식과 해외투자 외에 주택투자까지 주목하고 있다. 서울시 지하 고속전철망 사업은 2호선의 성공에서 예시되듯 고수익이 기대되는 사업이다. 막대한 투자자금에 비해 수익성이 낮은 지금의 KTX 고객을 40% 이상 늘리고 증가 속도가 빠른 외곽순환도로의 고속이동 수요를 상당부분 흡수 하며 잠재수요가 발굴될 것이기 때문이다. 한마디로 1석3조가 기대된다. 공사의 수익성 개선, 철도 수송분담률 제고를 통한 시간비용 절약과 안전제고 및 대기오염 감축, 그리고 국민연금기금의 수익성 제고가 그것이다.

물론 국민 다수의 노후생활 밑천인 국민연금 적립금을 철도건설에 투자하여 장기간 높은 수익률을 보장할 수 있을지에 대해 궁금해 하는 이들이 적지 않을 것이다. 솔직히 정확한 답은 아무도 모른다. 그렇지만 필자의 직감은 이 사업이 호남고속철이나 제2 영동고속도로는 물론 국민연금기금이 검토중인 해외투자, 주택투자에 비해서도 높은 수익성을 기대할 수 있는 사업이라는 것이다. 경인권에 거주하면서 그동안 KTX 이용을 기피해왔던 1,000만 명이 새로운 KTX 고객으로 흡수되고, 이에 필적하는 수도권 고객이 이 순환고속철도를 이용할 것이다. 부산~천호 간이 지금의 4시간 30분에서 3시간 이내로, 부산~부평(인천) 간은 4시간이 2시간 40분대로, 부평~천호 간은 1시간 30분이 30분으로 줄어들 전망이다.

쌓여가는 국민연금 적립금의 유효활용이 커다란 정책이슈가 되고 있다. 30조 원 상당의 대형 프로젝트라면 2007년 말의 대선에서 유력후보들이 공약으로 다뤄볼 만한 주제다. 대선을 계기로 구상이 실현 단계로 옮겨갔으면 좋겠다. 유력후보들의 철도 아니 교통과 환경에 식견과 관심이 주목된다.

〈철-837-2006. 10. 20.〉

● 고속철도망
수도권 고속철도망 정비 후 KTX와 연계한다

한국 철도는 지금 와병 중이다. 당국은 전문가의 조사·분석 자료 대신 시민들의 입맛에 따라 철도부설 계획을 바꾸고 있다. 고속철 대구시내 구간이 대표적인 사례다. 시민들이 전문가보다 낫다는 말일까. 십수 년간의 논의과정에서 드러났듯이 대구 시민들의 의견도 각양각색이다. 시당국과 시

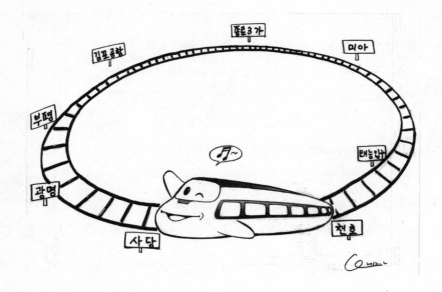

민단체가 이 길로 가자고 하면 돈이 얼마가 더 들든지 공사기간이 얼마나 더 늘든지 그렇게 할 것인가. 대구 시민의 불만만 해소된다면 나머지 국민의 경제적 시간적 부담쯤은 문제가 안 된다는 것일까.

　대구 문제를 통해 철도당국과 철도 전문가들은 부끄러움을 알아야 한다. 당국은 전문기관(교통개발연구원)의 연구 결과를 토대로 대구시와 시민(단체)을 움직여 2003년 11월 대구시로부터 지하화라는 공식회답을 받은 바 있다. 당국의 의향을 반영한 것이기도 했다. 그런데 2004년 초 발족한 철도시설공단이 같은 해 2월 지상화해야 한다고 주장하고 나섰다. 당국은 갑자기 내부 방침을 바꾼 후 대구시와 일부 시민을 동원, 설득작업을 진행 중이다. 자신들의 방침 변경을 시민의 주장 변화인 양 포장하면서.

　중요한 것은 대구 문제가 당국이 (고속)철도의 건설과 운영에 대한 체계적인 계획과 비전을 갖고 있지 않으며, 전문기관의 조사, 분석결과를 별로 신뢰하지 않고 있다는 점을 극명하게 확인시켜주었다는 사실이다. 그렇지 않고서야 어떻게 대구 시내 30여㎞ 구간에 대한 구상이 몇 달 사이에 왔다갔다 할 수 있는가. 건국 이후 최대 프로젝트, 3만 명의 철도종사자, 세 곳의 국책연구원, 교수가 포함된 수십 명의 전문가 풀을 고려할 때 이해하기 어려운 '사건'이다.

분명 당국과 전문가 그룹 내부에서도 지상화를 주장하던 이들도 있었을 것이다. 그런데 정책결정자가 이런저런 이유를 들고 때론 힘을 동원하여 이들의 주장을 묵살하는 바람에 정책으로 가시화하지 못했다. 이런 상황에서 당국은 그간의 지침이 되었던 연구용역 결과를 무시하고 방침을 바꾸면서도 아무런 해명이 없다.

이같은 주먹구구식 계획과 비전은 KTX 운영에 그대로 반영되어 있다. 개통 직전까지 당국은 철도이용객과 수입이 많이 늘 것으로 전망했지만 현실은 참담했다. 하루 이용객 7만 명에 19억 원 정도의 수입을 거둬 기대의 반에도 미치지 못하고 있다. 개통 직전까지 필요한 만큼 정차역을 완공하지 못했고, 일부 정차역은 외진 곳에 있는데 연계교통망이 미비되었고, 차량마저 20량 장대 편성의 역방향, 좁은 좌석 열차였는데도 이용객과 수입 전망치를 수정하지 않는 우를 범했다.

건교부 등 철도당국은 철도의 운영과 건설, 관리와 관련한 제대로 된 마스터플랜과 비전을 다시 구축해야만 한다. 간선철도의 노선과 건설방식 같은 국가적인 사안을 지역 주민들에게 결정하라고 내맡기는 무책임을 탈피해야 한다. 전문가 그룹을 동원한 조사 · 분석 때는 신뢰할 수 있는 그룹을 선정하고 일단 선정한 후에는 조사 · 분석 결과를 신뢰하고 존중해야 할 것이다.

끝으로 논의 중인 두 가지 현안에 대해 타당성 있는 대안을 모색할 것을 제안한다. 하나는 호남고속철 구상에서 제시된 강남수서~경기화성 간 지선 건설 계획이다. 대신 광명역에서 지하로 사당~선릉~수서로 건설하여 지하철과 연계, 고속철을 수도권 '특급전철'로 활용하는 안을 검토하자. 이용객과 철도 수입이 획기적으로 늘어날 것이다.

다른 하나는 경기남부역 후보지로 평택 대신 경기화성을 적극 검토하자는 것이다. 철도 재정과 고객 편의를 고려하면 답은 명확하다. 한국 철도가 와병 상태를 벗어나 백년대계를 구축하려면 그 출발은 마스터플랜, 비전의 재검토와 원칙에 입각한 철도의 자주적 운영이다. 공사, 공단 체제로 탈바꿈하는 지금이 호기다.

〈국민-2004. 6. 13.〉

● 고속철도망
확산되는 세계의 고속철, 우리도 순환고속철 고려한다

2008년 8월 베이징에서 올림픽이 열렸다. 이 무렵 국민들은 우리 선수들의 눈부신 활약으로 잠시 일상생활의 시름을 덜고 감동 속에서 경기를 즐길 수 있었다. 베이징의 대기오염이 심해 올림픽의 정상적인 개최를 걱정하는 목소리도 있었지만 다행히 인공강우, 공장 가동과 공사 중지 등의 조치로 큰 문제는 생기지 않았다. 이제 올림픽이 끝났으니 중국당국의 환경개선에 대한 관심이 약해지지 않을까 우려된다. 중국의 대기오염은 우리에게 직접적인 영향을 미치므로 중국의 환경 문제는 우리의 관심사이기도 하다.

중국 철도 기술의 자랑, 징진고속철도 개통
주지하듯 철도는 대중교통수단 중 가장 환경친화적이다. 동일한 수송능력을 확보하는 자동차나 항공기보다 에너지가 훨씬 적게 든다. 철도 중에서도 전기를 동력으로 하는 고속철은 특히 그렇다. 이러한 고속철도가 근래 중국에서 선보였다. 8월 1일 베이징과 텐진을 연결하는 징진고속철이 개통된 것이다. 독일, 프랑스, 일본의 기술을 지원받아 중국이 개발한 8량 편성(정원 557명)의 열차(CRH3-001 화합호)는 최고 시속 350㎞로 전 구간 120㎞를 27분에 주파한다. 2005년 7월의 착공후 3년 만에 완성하였으며, 요금은 9천 원에서 1만 원 수준으로 꽤 높은 편이다.

징진고속철은 중국 철도의 고속화를 알리는 서막에 불과하다. 2008년 4월에 착공한 징후고속철은 세계 최장(1,318㎞)의 고속철로 베이징 남역과 상하이 홍차오역을 연결하며, 2013년에 개통되면(실제는 2011년 6월 말에 조기 개통) 두 도시를 5시간여에 연결한다. 중국당국은 이후에도 철도의 고속화 사업을 계속 추진하여 2020년까지 1만 2천㎞의 고속철도망을 확보할 계획이다.

빠르고 안전한 세계 최초의 고속철 신칸센 구상 비화

지금이야 빠르고 안전하며 수송 효율과 에너지 효율이 좋은 고속철도로 알려졌지만, 일본과 프랑스에서 구상이 제안되던 무렵에는 정치권과 각계의 반대에 부딪혀 건설이 좌초할 뻔하였다. 최초의 고속철인 신칸센 구상은 1950년대에 일본에서 제시되었는데, 이를 구상한 주역이었던 국철(현 JR그룹) 총재 소고 신지와 국철의 기사장 시마히데는 그들의 구상을 터놓고 얘기하기가 쉽지 않았다. 당시는 자동차와 고속도로, 항공기 시대의 도래가 회자되던 무렵이라 신칸센 얘기를 꺼내면 '왠 때 아닌 철도?'라는 비난의 여론이 되돌아왔다. 유명작가였던 아가와 히로유키阿川弘之는 '신칸센은 세계 3대 바보 구축물(만리장성, 피라미드, 전함 야마토)의 재판'이라고까지 혹평했다.

국회의원 등 정치가들도 소고의 신칸센 구상을 반대하였다. 이들은 출신지역의 철도개설과 적자노선의 보수정비예산이 신칸센 사업 때문에 축소될 것을 우려하였던 것이다. 이때 국철 출신으로 재무장관이던 사토 에이사쿠가 아이디어를 내놓았다. "국내에서 자금을 조달하기 어려우니 세계은행으로부터 융자를 받자"는 것이었다. 소고는 그의 제안을 받아들여 예산확보 문제를 해결할 수 있었다. 한편, 시마는 소고 밑에서 관련 분야 엔지니어를 결집해 고속철 기술을 확립하고 이를 현실화하는 데 크게 이바지하였다.

일본 기술 도입해 가장 늦게 개통된 대만 고속철

중국보다 앞서 고속철도를 보유한 국가는 많다. 일본, 프랑스, 독일은 자체 기술로 고속철을 개발하였고, 이탈리아, 스페인, 미국, 한국, 대만 등은 이들 국가의 지원을 받아 고속철을 도입하였다. 이 중 대만 고속철은 가장 늦은 2007년 1월 5일 개통하였으며 타이페이~다카오 간 345km를 최고시속 300km로 90분에 연결하고 있다. 주된 기술은 일본 기술로 차량도 일본 도카이 산요 신칸센에서 운행 중인 700계 노조미 계통을 개량한 12량 편성(정원 989명)이다. 이용객은 개통 1년간 하루 평균 4만 3천 명이었는데 2008년에 들어와 빠르게 증가하면서 7월에는 9만 명에 달했다. 그 결과 고속철과 경합하는 항공노선이 잇달아 폐지되고 있다. 정시운행률(초기 1년 10분, 2년차부터 5분 기준)은 99.5%를 넘어 KTX 이상이다.

일본보다 늦었지만 다른 차원의 고속철인 테제베TGV를 선보인 프랑스도 퐁피두 전대통령의 전폭적 지원으로 고속철 구상을 실현할 수 있었다. TGV 개발에 부정적인 데스탱 전 대통령이 1년 먼저 당선되었다면 TGV는 개발되지 않았을 것이다. 퐁피두는 국철SNCF 총재였던 앙드레 세갈라Andre Segalat의 TGV 개발구상을 지지해주었고, 세갈라는 천재 엔지니어인 로베르 제

Robert Geais 등을 동원하여 TGV를 개발하였다.

한편 우리의 KTX는 어떻게 하여 도입된 것일까. 윤자중 전 교통부 장관은 1981년 5월의 경부선 사고 후 철도사고방지를 위한 궁극적 대책의 하나로 고속철 건설을 구상하고, 1981년 6월의 제5차 5개년계획에 서울~대전 간 고속전철 건설계획을 반영케 하였다. 이후 노태우 전 대통령이 대선공약에 고속철 건설을 포함하고 임기 중 철도청 안에 사업추진부서를 만들었다. 김대중 전 대통령은 YS 정권에서 공사부실문제로 지지부진하던 사업을 재검토 후 강력히 밀어붙여 경부선은 물론 호남선에 까지 KTX를 투입했다.

앞으로 고유가 체제가 지속하여 지구촌 곳곳에 고속철이 들어서면 환경이 개선되고 교통사고 희생자가 많이 줄 것이다. 초기 건설비용이 많이 들지만 세계경제가 성장하면서 주요국의 고속철도망이 확산될 전망이다. 우리나라에도 머지않아 수도권 순환고속철과 전국 순환고속철이 선보일지 모른다.

〈TS for You 2008. 10. 1. 레일따라〉

● 고속철도망
광명~금정 구간 신선 부설로 광명역 살릴 수 있다

"광역전철은 손님으로 북적댈 것이다"는 상식과 달리 개통 후 한 달여를 거의 빈 차로 운행하는 전철이 있다. 2006년 12월 15일 개통한 용산~광명 간 셔틀 전철(18.8㎞, 10개 역)이다. 정원 1,600명(혼잡도 100%)의 10량 편성이 30분 걸리는 구간을 하루 편도 31회 운행하는데 이용자가 너무 적어 계속 운행 여부가 우려되고 있다. 구간이 짧고 기존 전철구간(시흥~광명 제외)과 중복된다고 하지만 예상 밖이다. 그래서 이준혁(오마이뉴스 1월 14일자)은 "광명역 셔틀전철, 인천발로 바꾸는 건 어떨까"라고 제안하고 있다.

근자에 개통하였지만 손님들로 북적대는 철도가 있다. 2006년 7월 이후의 시험운행을 마치고 신년부터 본격적 상업운행에 나선 중국의 청장青藏철도다. 서녕, 성도, 중경, 란주, 북경서 등 주요 도시와 티벳의 라사를 잇는 2,000~4,600㎞ 구간을 26~48시간에 주파하는 장거리열차다. 2007년 1월 2일, 일본 NHK 방송은 세계 방송사 중 처음으로 서녕~라사 구간 2,000㎞를 달리는 열차 모습과 주변경관, 건설 일화 등을 소개하는 다큐멘터리를 방송했다. 이 프로그램에서 한 번에 9백 명이 승차하는 차표 얻기가 쉽지 않다고 강조한다.

2007년 1월 5일 개통한 대만 고속철도도 마찬가지다. 타이페이와 가오슝을 잇는 345㎞ 구간이 1998년의 착공 이후 8년 만에 개통되면서 소요시간이 절반 이하인 90분으로 줄었다. 하루 왕복 19회 운행인데 대기고객이 많아 한 번에 980명이 탑승하는 차표 구하기가 당분간 어렵다고 한다.

필자는 이준혁의 제안에 네 가지를 덧붙여 주문한다. 셔틀을 광명발 중심으로 운행하여 출발시각을 최대한 KTX 도착시각과 연계하고, 인천행 역시 광명발 열차 중심으로 개설 운영하며, 한 편성을 4량으로 줄이고, 장기적으로는 광명~금정 구간에 신선을 부설, 1호선 병점노선을 석수~명학 통과노선과 광명 통과노선으로 2원화하자는 것이다.

광명발 중심으로 하자는 것은 광명역 도착객의 편의 증진에 우선순위를 두어 광명역에서 수도권 하차 손님의 1/3 이상이 내리도록 하기 위함이다. 이후 전철선로 정비 등으로 셔틀 운행편수가 늘고 서울, 용산발 KTX의 광명역 정차를 늘리면 하행선 승차객의 광명역 이용률도 높일 수 있다. 지금의 운행시각표로는 광명에 정차하는 상행 KTX 36편 중 19편 정도가 20분 내에 셔틀로 갈아탈 수 있다. 나머지 47%는 시각차가 4분 이내거나 21분 이상 기다려야 한다. 11시 이후 도착하는 3편은 아예 셔틀이 없다. 21분 이상이면

서울, 용산까지 가서 전철로 갈아타는 것과 별 차이가 없다.

여기에 광명~인천 열차는 이동시간을 30분 이상 단축하므로 부천, 인천 주민에게 큰 매력으로 비쳐질 것이다. 또 4량 편성은 용산행과 인천행 구분에 따른 차량수요와 운행효율의 문제를 줄일 것이다. 그리고 병점노선의 2원화는 광명과 관악을 잇는 광명경전철(2010년 이후 완공)과 비교할 수 없을 만큼 경기남부권 고객의 KTX 접근도를 개선할 것이다.

손님 없는 셔틀은 오래갈 수 없다. KTX 이용객을 늘리자고 시작한 사업이라면 먼저 기존 KTX 고객의 편의를 도모하고 여기서 나오는 호평을 토대로 잠재승객 개발에 나서야 한다. 아무쪼록 셔틀이 금천, 구로, 영등포, 부천, 인천, 의왕, 수원화성 등 수도권 서부와 남부를 잇는 이 일대 7백만 주민의 쓸모 있는 발이 되어 셔틀은 물론 KTX가 손님들로 북적대는 날이 하루빨리 오길 고대한다.

〈철-849-2007. 1. 19.〉

● 고속철도망
국내 고속철도망 구축 소사

경부고속철 1단계 구간 공사가 완공되어 KTX가 개통한 것은 2004년 4월 1일이다. KTX가 여객을 싣고 서울~부산, 서울~목포 간을 달리기 시작한 것이다. 고속신선은 서울~대구 간에만 부설되어 있었고 대전, 대구 시내와 대구~부산, 오송~목포 구간은 재래선을 약간만 손보아 사용하였다.

이후 경부고속철 2단계 구간인 대구~부산에 신선이 부설되어 개통한 것은 2010년 11월이다. 이 구간의 경우 공사기간 중 천성산 원효터널 공사가 지율 스님 등이 제기한 '도룡뇽 소송'에 휘말려 2003년 하반기부터 1년여 공사가 중단되는 우여곡절을 거치기도 했다. 하지만 이후 공사재개 후 속도를 내어 추진함으로써 당초 예정한 날짜에 개통할 수 있었다.

이제 남은 곳은 대전, 대구 시내와 오송~목포 구간이다. 대전, 대구 시내 구간은 당초 계획했던 지하방식이 수 차례의 반전을 거쳐 지상방식으로 최종 결정(2004년 11월)되어 공사가 진행중이며 2014년 중 개통될 예정이다. 오송~목포 구간 역시 2014년 개통을 목표로 공사가 진행중이며 일차로 오송~광주(송정) 구간이 신선으로 부설되고 광주~목포 구간은 신설 부설과 재래선 개량의 두 가지 방식 중 후자 중심으로 논의가 진행되고 있다.

오송이 호남고속철 분기역으로 결정된 것은 2005년 7월 초이며 그 과정에 사연이 많았다. 결정되기 1년간은 충청과 호남 권 전체가 논쟁의 소용돌이에 휘말리기도 했다. 승자 오송은 1995년부터 분기점 유치추진위원회를 구성하여 국토해양부(당시의 건설교통부)의 천안 지지(1995년 7월 말 발표 제4차 국토개발계획 등)에도 불구하고 정치권과의 원활한 관계구축에 성공함으로써 천안, 대전 지역과의 경합에서 이길 수 있었다.

여기에 2015년 완공을 목표로 경부고속철 수도권 지선인 수서~평택 구간이 2011년 6월 착공되었고, 2018년 2월의 평창 동계올림픽을 지원하기 위한 고속철도 구상은 경제성이 없어 포기된 바 있다. 인천~서울~원주~평창~강릉으로 구상되었던 동서고속철도는 원주~강릉 구간만 복선 고속철도로 건설하고 인천~원주 구간은 기존선인 인천공항철도, 경의선, 경원선, 중앙선을 이용하게 될 전망이다. 이렇게 보면 2012년 4월의 현 시점에서 우리의 고속철도망은 확장되고 있지만 철도교통이 가장 불편한 강원도 지역은 당분간 고속철도 사각지대로 남아 있을 것으로 예상된다. 나머지 지역을 잇는 일차적 고속철도망은 2017년말 쯤에 구축될 것으로 기대된다.

3장

철도서비스의 핵심은 고객만족도 제고다

철도서비스, 철도인보다 고객이 우선되어야 한다

● 철도서비스
철도의 날 행사, 코레일 주관으로 바꾼다

다음달 18일은 112회 철도의 날이다. 노량진~제물포 간에 증기기관차가 처음 달리던 1899년 9월 18일을 기념하는 것으로[14] 1964년 11월에 지정되었다. 철도의 날보다 뿌리가 오래된 기념일은 충무공탄신일(4.28)과 의병의 날(6.1) 정도다. 그간의 공식 기념행사는 2004년까지 구 철도청이 주관하다가 이후 코레일을 거쳐 2009년부터 철도협회가 실질적으로 주관하고 있다. 요즘이야 국토해양부 장·차관이 나오고 행사 장소도 대전 트윈타워 대강당이 사용되지만 1970년에는 정일권 국무총리가 지금의 세종문화예술회관 터인 시민회관에서 기념사를 했다. 자가용이 적고 고속도로도 없던 시절, 철도는 꽤 대접받던 교통수단이었다.

그사이 행사의 겉모습은 이렇게 달라졌지만 철도종사자에게 정부포상이 수여되는 등 행사내용은 큰 차이가 없다. 1970년 행사 때는 근정훈장과 근정포장이 각 3명, 대통령표창 4명, 국무총리표창 7명 그리고 장기근속상이 수여되었다. 2010년 행사에서는 2명의 철탑산업훈장을 포함한 정부포상 15명과 국토해양부 장관 표창 등이 있었다. 40년의 시차에도 불구하고 수상자들이 코레일, 철도시설공단, 지하철공사, 철도관련 기업·대학·연구원의 종사자라는 점도 같다.

일본, 영국, 미국 등 철도 선진국에도 다양한 철도의 날 행사가 있지만 종사자 포상보다 고객행사 위주로 치러진다. 평소 고객에게 제공하기 힘든 다채로운 서비스를 무료나 저렴하게 제공하여 사은의 마음을 담거나, 어린이 서비스를 통해 미래 고객 확보에 나서고 있다. 이렇게 하다 보니 행사는 대개 주말의 이틀동안 진행된다.

2011년도 행사도 지난 두 해처럼 철도협회 중심으로 준비되고 있다. 협회는 2009년 6월에 철도분야의 공기업, 연구원, 각종 협회, 교육기관, 관련 민간기업 등이 참여하여 발족한 조직이다. 회원수는 282명(단체회원 160사 포함, 2011.2)이지만 정작 일손은 몇 안 된다. 발족 이후 한 주된 일은 해외 협력위원회 가동을 통한 철도의 해외진출 지원, CEO 과정 운영을 통한 철도인 교류, 학교·연구원과의 교류와 교육훈련, 기술위원회 및 산업·정책위원회 가동 시도, 그리고 기념행사 추진이다. 일손이 적다 보니 할 수 있는 일이 많지 않다.

국토해양부는 이러한 신생 조직에 철도인의 축제 마당이자 대고객 서비스장으로 자리매김될 수 있는 기념행사 추진을 맡기고 있다. 그 바람에 오랜 경험으로 행사가 지닌 문제점과 개선방향을 숙지하고 있는 코레일이 3년째 뒷전으로 밀려나 있다. 하루 평균 291만 명(간선 31만 명, 광역전철 260만 명)의 고객과 접하면서 이들의 눈높이 수준을 누구보다 잘 아는 기관이 2선으로 물러나 있고, 여력이 충분하지 않은 협회가 관료적이고 고답적인 철도 종사자 중심의 행사를 추진하는 게 맞는 방향일까.

근래 철도 분야는 KTX의 잦은 고장과 사고로 국민들로부터 따가운 눈총을 받고 있다. 이러한 때에 열리는 행사는 지금까지와 달라야 할 것이다. 주관 기관을 코레일로 바꿔 고객의 눈높이에 맞는 행사를 기획토록 하면 어떨까. 그리하여 철도인만이 아닌 고객까지가 참여하고 즐길 수 있는 철도의 날로 변모시킨다. 결자해지結者解之라고 비판에 직면해 있는 코레일에 기회를 주자. 참신한 기획으로 철도 이미지를 일신하고, 공사·공단 분리 후 약화된 산업 내 리더십을 발휘토록 해보자. 작지만 철도산업 발전에 큰 영향을 미칠 수 있는 상징적인 사안이다. 국토해양부의 결단을 촉구한다.

〈철-1061-2011. 8. 15.〉

● 철도서비스
KTX 지연보상, 기준과 방식 재검토한다

코레일은 KTX가 20분 이상 늦으면 요금 일부를 돌려주고 있다. 그런데 2006~2009년에 발생한 지연보상금 대상자의 58%가 돌려받지 못했다. 미수령금 합계는 7억 원에 이른다. 2008과 2009년의 2년 만 보면 미수령자가 72%나 된다(김기현 한나라당 의원).

지연보상제도는 직원들을 다독거려 정시운행률을 높이고 대승객서비스를 개선하는 효과가 기대되어 많은 나라가 도입하고 있다. 1시간(hr) 이상 지연시 보상해주는 나라로 독일(25%, 2hr 이상 50%), 일본(2hr 이상 특급요금의 100%), 스페인(50%, 1.5hr 이상 100%)이 있고, 30분 이상은 대만(30분 이상 50%, 1hr 이상 100%), 프랑스(30분 이상 33%) 정도다. 프랑스는 운임할인권 지급이고 나머지는 현금지급이다. 이렇게 보면 우리(20분 이상 25%, 40분 이상 50%, 1hr 이상 100%, 운임할인권 기준, 현금지급 보상은 절반)는 대만과 함께 엄격한 보상기준을 가지고 있다.

고속철 운행이 빠른 일본(1964년), 프랑스(1981년), 독일(1991년), 스페인(1992년)은 지연보상제도가 느슨하고 늦은 대만(2007년)이 가장 엄하다. 스페인도 초기 10여 년간, 홍보 차원에서 5분 이상 지연시 전액을 환불해주었다. 그러다가 20분 단위(1hr 이상 100%, 2003.10)를 거쳐 지금에 이르렀다. 일본은 1975년까지 기준이 1hr 이상이었다. 독일은 2009년 중반까지 20% 상당의 운임할인권 보상이 전부였으나 유럽연합의 지연보상 강화법 시행(2009.12)을 앞두고 제도를 강화하였다.

이들 국가의 고속철은 정시운행률이 꽤 높지만 대부분 영업수지가 적자다. 일본의 도카이도 신칸센(도쿄~오사카) 정도가 흑자다. 신칸센은 자연재해에 따른 장애, 고장을 포함한 열차당 평균 지연시간이 10~15초인데 지연보상 기준은 2hr 이상이다. 스페인과 독일도 1hr 이상이다.

주목할 점은 어느 나라도 고속철 운행 초기에 지연보상을 수지개선과 연관시키지 않았다는 사실이다. 스페인의 5분 이상 전액환불정책도 홍보와 정시운행률 제고가 주된 목표였다. 지연보상금은 홍보비의 일종으로 인식되었고 수지개선과는 거리가 멀었다. 그런데 코레일의 일선 정비현장에는 지난 2년여 장애와 고장수리를 20분 안에 마치라는 지침이 시달되었다. 지연보상금과 보수유지비용, 선로사용료를 줄이기 위해서였다. 이후 시간이 경과하면서 장애, 고장, 사고가 빈발하여 고속철의 안전운행이 위협받을 지경이 되었다.

이같은 코레일 대응의 이면에는 적자규모를 줄이라는 정부경영평가단 등의 지적이 있다. 보수유지비와 선로사용료 등의 예산이 줄면서 수지가 일시적으로 개선되었을지 모르지만, 각종 트러블의 다발로 철도에 대한 신뢰가 낮아져 승객이 이탈하고 보수유지 부문의 재강화에 따른 비용이 급증하여 영업수지가 오히려 악화할 전망이다.

결과적으로 '소탐대실'한 셈이다. 허준영 사장 등 코레일 경영진은 영업수지 개선의 선결요건이 안전확보라는 사실을 뒤늦게 또 뼈아프게 깨달았을 것이다. 미봉책으로 얻어낸 높은 정시운행률과 수지개선은 일시적 허상에 불과하다. 정책목표의 경중과 선후를 잘못 짚은 일선 정비현장의 '20분룰' 같은 지침이 코레일 내부에 아직도 남아 있지는 않은지 하나하나 점검해보자.

이와 관련하여 실보상자가 대상자의 절반에 미치지 못하는 지금의 지연보상제도가 우리의 실정과 국제적 흐름에 맞는 것인지 재검토해보자. 바람직하기는 KTX 산천의 안정운행이 확보될 무렵, 지연보상 기준을 1hr 정도로 완화하는 대신 대상자가 쉽게 보상받을 수 있도록 제도를 개편해야 할 것이다.

〈철-1057-2011. 7. 11.〉

● 철도서비스
KTX 요금체계, 합리적으로 개편한다

경부고속철 2단계 공사가 완공되어 2010년 11월 1일부터 신선의 상업운전이 행해지고 있다. 2004년 4월의 1단계 개통 후 6년 반 만이다. 남은 공사는 대전, 대구 시내의 도심구간 정도다. 이번 개통으로 KTX 이용객이 하루 10만 명 수준에서 향후 2년 이내에 11만 명 아니 12만 명 수준까지 늘지 모른다. 부산, 울산, 포항 지역 항공기 이용객과 고속버스를 이용한 경주, 부산권 관광객 중 상당수가 KTX로 옮겨올 것이다. 승객 증가 외에 열차 요금이 8%(서울~부산 신선 기준) 인상되어 코레일의 영업수지가 개선되면 한 해 7천억 원 가까운 영업수지 적자폭이 다소 줄 것이다.

그런데 이같은 요금인상을 탐탁치 않게 여기는 이들이 적지 않다. 코레일은 신선 개설로 서울~부산 간 이동시간이 2시간 40분에서 2시간 18분으로 22분 줄었다고 홍보하지만 이렇게 빨리 달리는 열차는 하루 2편(하행기준

오전 9시 30분, 오후 8시 30분)뿐이라는 것이다. 새 시각표를 보면 서울~부산 간 KTX의 70% 정도가 2시간 30분에서 2시간 40분 정도 걸린다. 따라서 시간 단축은 기왕의 2시간 55분에서 2시간 35분으로의 20분 정도로 볼 수 있고 시간단축률(11%)이 요금인상률을 웃도는 것은 사실이다.

물론 요금수준은 소요시간 외에 건설비 회수, 경쟁 교통수단의 요금, 운행빈도, 열차의 객실공석률 등 고려할 요인이 많아 간단히 말하기 힘들다. "시간단축률이 요금인상률보다 크므로 이번 요금인상은 감내할 수준"이라고 쉽게 말할 순 없다. 인상액은 일반실이 평일 3,900원, 주말 4,300원이고 특실이 평일 5,400원, 주말 6,000원이다. 인상 폭은 평일 8.1%, 주말 8.4%로 주말이 더 높으며 이번 조정으로 평일(월~목)의 요금할인율이 더 높아졌다.

주목할 사실은 현행 KTX 요금체계가 운행시간 차이를 고려하지 않는 점이다. 서울~부산 간 요금 51,800원(일반실, 평일)은 2시간 18분 걸리는 열차와 2시간 39분 걸리는 열차(하행기준 각 2편씩 있음)에 함께 적용된다. 요금체계는 역간거리, 신선·기존선, 요일에 따라 차등화되어 있지만 운행시간은 고려되지 않고 있다. 소요시간이 13% 이상 차이나는데 요금이 같다. 우리보다 고속철 운행이 40년 앞선 일본에서는 이같은 경우에 다소간의 차등화 조치가 취해지고 있다. 정차역이 적고 차량이 좋으며 소요시간도 적은 '노조미'가 그렇지 않은 '히카리'보다 요금이 2% 더 높다(14,050엔과 13,750엔, 도쿄~신오사카 기준).

이밖에도 신칸센 요금체계는 우리와 두 가지 점에서 다르다. 하나는 평일과 주말(금~일)의 구분 대신 번망기(84일), 통상기(173일 전후), 한산기(108일 전후)의 구분방식을 통해 할인적용기간을 우리보다 짧게 잡고 있으며, 할인율도 최대 2.8%로 우리의 6.7%보다 낮다. 다른 하나는 일반실 요금의 대특실요금 비율이 73%(신오사카 기준)로 우리의 71%보다 커서 일반실 요금이 상대적으로 높다.

향후 대전, 대구 시내구간의 고속선 개설 작업이 완료되고 개량된 KTX 차량이 투입되면 동일 구간의 열차운행시간 차이가 30분 이상으로 확대될 수 있다. 이러한 때에 대한 대비가 필요한 것은 물론이지만 현 시점에서도 요금을 차등화할 필요성이 없는지, 차등화한다면 어느 정도가 적정 수준인지, 그리고 평일 할인을 포함한 다양한 할인제도에 문제는 없는지, 할인율은 적정 수준인지 등 KTX 요금체계 전반에 대해 체계적으로 조사하여 개선방안을 모색해보자.

〈철-1028-2010. 11. 8.〉

이후 경과

이상의 지적에 대해 코레일이 KTX 운임체계 개편을 검토하기로 하였다. 코레일(사장 허준영)은 경부고속철도 2단계 구간 개통 이후 KTX 열차에 따라 도착지까지 소요시간이 차이가 나는데도 운임이 동일한 것은 불합리하다는 지적이 제기됨에 따라 합리적인 운임체계 마련에 착수했다고 11월 4일 밝혔다(철-1028-2010.11.8 참조).

코레일은 이를 위해 2011년 1월 시행을 목표로 내외부 전문가로 T/F를 구성해 시간가치를 고려한 운임체계 등을 전반적으로 검토할 계획이다. 운임체계는 소요시간, 정차역, 운행시간대, 계절, 수요 및 일반선 고속화 등 다양한 변수를 모두 고려해 검토할 예정이라고 밝혔다.

코레일은 11월 1일 경부고속철도 2단계 개통의 효과에 대해 "경부고속철도 2단계 개통 이전에는 서울~부산 간 최소 2시간 40분에서 최대 3시간 5분이 소요되었으나, 1일부터 최소 2시간 18분에서 최대 2시간 39분까지 소요돼 열차당 평균 21분 37초가 단축되었다"고 밝혔다.

또 2시간 18분 소요되는 KTX가 주중 4회(주말 5회)만 운행된다는 지적에 대해선 "2단계 개통 이후 KTX 신설역이 늘어났고 해당 지역자치단체가 정차를 요구하기 때문에 불가피하게 그런 측면이 있다"며 "이 부분에 대해서도 증편 운행을 검토하겠다"고 설명했다.

현재 KTX 운임체계 및 특징은 아래와 같다. KTX의 임률은 km당 고속선은 158.09원, 일반선 100.35원이며, KTX 운임은 고속선과 일반선의 임률이 달라 고속선 이용이 많을수록 운임이 높게 책정된다. 여기서 고속선은 KTX가 300km/h 이상 속력으로 운행할 수 있는 선로를 말하고 일반선은 일반열차가 최대 속력 150km/h까지 운행할 수 있는 선로를 지칭한다.

요일차별제를 시행하여 주말에는 기본운임을 적용하고, 월~목요일 운임은 할인금액을 적용하고 있다. KTX 운임체계에 따르면 2010년 11월 1일 개통된 서울~부산 간 정상운임은 59,600원이나, 금~일요일ㆍ공휴일은 7% 할인한 55,500원, 월~목요일은 13%를 할인한 51,800원을 적용하고 있다.

〈철-1029-2010. 11. 15.〉

● 철도서비스
코레일 정보공개, 우선순위에 따라 체계화한다

코레일을 위시한 우리 공공기관의 정보공개 수준은 세계적인 수준이다. 알리오(alio.go.kr, 기획재정부)와 기관 홈페이지에서 제공하는 정보는 어느 외국 공공기관도 따라오지 못할 만큼 방대하고 상세하다. 정보공개는 공공기관 혁신작업의 하나로 2005년 12월부터 시작되었고 현 수준의 정보공개는 2006년 12월부터 시행되고 있다. 공공기관으로 하여금 주인인 국민에게 설명책임을 이행토록 함으로써 기관에 대한 외부감시 강화가 기대되고 있다. 하지만 이 조치가 공공기관의 민영화와 경영성과 개선으로 이어질지 명확하지 않다. 정보제공방식에 문제가 있고 정보공개제도에 대한 국민의 인식도가 높지 않기 때문이다.

26년 전에 시작한 공공기관 정부경영평가가 코레일과 철도시설공단에 적용된지 5, 6년째 되지만 아직도 공공기관은 국민들 사이에 두툼한 복지후생제도와 정년이 있는 너그러운 직장으로 인식되고 있다. 국회와 감사원의 감사, 기재부 주도 정부경영평가가 시행되면서 일부 바뀌었지만 크게 바뀐 것은 많지 않다.

정보 공개항목은 대부분 경영평가 관련 사항으로 노경간 단체협약과 임금협약, 임직원 보수, 국회·감사원·경영평가단의 지적사항, 경영실적 평가결과, 고객만족도 조사결과, 임원의 해외출장 정보, 이사회 회의록과 이에 대한 자체 감사결과 등을 포함한다. 공개정보를 이용하면 코레일의 경영평가 성적이 좋아져 상여금이 2005년 이후 지속적으로 늘어 2008년(결산기준)에는 1인 평균 1,026만 원으로 보수(6,054만 원) 대비 17% 수준에 달함을 알 수 있다.

중요한 것은 정보공개가 민영화, 지분매각, 경영성과 개선 등의 선진화로 이어져야 한다는 점이다. 주지하듯 코레일은 장기적으로 민영화가 예정되어 있지만 우선은 영업수지 적자 감축 등 기업가치 제고가 급선무이다. 그런데 필자가 보기에 지금의 정보공개방식을 바꾸지 않고는 기업가치 제고에 큰 효과를 기대하기 힘들 것같다. 공개된 정보는 코레일 등 공공기관의 문제점과 관련 대책을 중요도와 우선순위에 따라 체계적으로 정리하기보다 나열적이고 단편적이어서 정보를 접한 수요자들이 실태를 제대로 이해하기 어렵게 하고 있기 때문이다.

"우린 이 정도까지 정보를 공개하고 있다. 그럼 된 것 아니냐"는 식이어선 곤란하다. 엄청난 정보를 담은 경영실적보고서(e-book), 국제보고서작성기준(GRI)을 반영한 지속가능성보고서, 그리고 알리오와 홈페이지의 요약정보가 있지만 필자 조차 코레일의 실태와 중장기 미래 모습을 **빠른** 시간에 정확히 파악하기 힘들다. 우선 2009년의 영업수지 적자(6,861억 원)와 당기순이익(6,486억 원)이 어떻게 연계되는지 알기 힘들다. '결산개황'을 보고 난 다음에야 영업외이익(2조 4,791억 원) 때문이라는 것을 알 수 있지만 영업외이익이 향후 어떻게 될지 관련 서술이 없어 코레일의 중장기 수익전망이 힘들다.

끝으로 이들 공개된 보고서와 정보의 어느 곳에도 코레일과 적합한 비교 대상인 주요국 철도회사나 국내 (고속)버스, 항공회사와의 경영성과, 생산성, 교통수단 점유율, 혁신사례 비교 정보가 없다. 국가적 요구가 큰 정보를 수요자인 국민의 눈높이에 맞춰 제공할 때 코레일에 대한 이해가 도모되고 선진화와 중장기 발전에 도움이 되는 의견과 반응을 기대할 수 있다. 코레일은 쉽게 쓴 연차보고서(재무보고서 포함)를 간행하고 기재부(공공정책국)는 알리오에 전문가가 풀어 쓴 해설 코너를 신설해야 할 것이다.

〈철-1002-2010. 4. 12.〉

● *철도서비스*
당정역 개통시 부각된 코레일 측 편향사고를 바꾼다

2010년 1월 21일 경부선 전철에 당정역이 개통됐다. 군포역 남쪽의 1.2㎞ 떨어진 곳에 신설됐는데 기왕의 군포~의왕 구간(4.2㎞)이 길어 이전부터 역사 개설 요구가 강했다. 군포역과 가까운 점이 문제점으로 지적될 수 있겠지만 역사 신설로 인근의 주민 6만여 명과 생산시설 근로자, 한세대 학생 등이 큰 편익을 받게 됐다. 건설비 300억 원은 군포시와 경기도가 부담했지만 연간 5천만 원 이상의 적자가 예상된다. 군포역과 의왕역의 수입감소까지 고려하면 당정역은 코레일에게 향후 수년간 애물단지로 작용할 가능성이 없지 않다.

거주지역 인근에의 전철이나 지하철 역사 개설은 도시민의 꿈이다. 막대한 건설비와 운영비 부담 때문에 목소리를 높이지 못할 뿐이다. 하지만 경비를 조달할 수 있고 로비력이 있는 인사나 기관이 있는 지역이라면 사정이 다르다. 짐작컨대 당정역 건설에도 한세대와 지역출신 정치가 등의 강한 로비와 유무형의 압력이 작용하여 코레일과 철도시설공단이 2006년 역사 신설에 합의해주었을 것이다.

역사가 신설되면 인근의 주민과 학생, 이용객이 큰 편익을 얻지만 훨씬 많은 이들이 불편과 손해를 감수해야 한다. 당정역 개통으로 급행을 제외한 모든 전동열차가 정차함으로써 천안, 병점, 수원 등지에서 서울로 이동하는 근로자와 학생 등은 지금보다 1분 이상의 시간 지연을 감수해야 한다. 경부 전철은 열차의 90% 이상이 보통 열차라 이 같은 불편을 피해갈 방법이 없다.

과문한 탓인지 모르지만 당정역 개설과 관련하여 코레일이 고객의 양해를 구하는 포스터나 차내방송을 접한 기억이 없다. 역사 신설이 고객 모두에게 반가운 일이지 않을 수 있다는 평범한 사실을 코레일이 알고 있는지 모르겠다. 박춘선 광역철도본부장도 편익만을 강조하지 고객이 겪을 불편에 대해서는 언급하지 않고 있다.[15] "에이, 역이 또 하나 생겼네. 누구 마음대로 역사를 만드는 거야. 그동안 제대로 된 예고도 양해방송 한 번 없었는데"라는 고객의 투덜거림을 잠재울 균형된 사고가 아쉽다.

당정역 개설로 경부 전철의 급행시스템 정비가 시급하다는 사실이 다시 한 번 확인되고 있다. 천안까지 연장된 것이 2005년 1월이니 벌써 5년이 흘렀다. 2시간 이상이 걸리는 구간에 급행이 1일 편도 12편 정도이고 러시아워인 오전 7~8시와 오후 7시 대에 급행이 없는 절름발이 시스템이다. 경인선은 급행이 1일 편도 87회로 경부선의 7배 이상이다(신도림역 하행 기준).

경부 전철구간은 운행거리가 경인선의 3배 정도로 정차역이 많지만 이용객이 적은 역도 상당히 있는데 대부분의 열차가 모든 역에 꼬박꼬박 정차하는 후진국형 시스템이다. 이같은 상황에 대한 타개책 모색 대신 정차역을 늘리고 이를 축하하는 데 열중하는 것은 수많은 경부 전철 고객을 모독하는 것이나 진배없다.

지금 곧 경부 전철을 복복선으로 만들지 않고선 제대로 된 급행시스템을 구축할 수 없는 것인지, 4호선 전철과 교차하는 금정역에 급행을 정차시킬 방법이 없는지 컨설팅을 받아보자. 국내 인력의 지혜로 힘들다면 외국 기업의 지혜를 빌려보자. 경부 전철의 운행개시가 1974년이므로 무려 36년이 경과하고 있는데 아직껏 제대로 된 급행시스템이 없다는 것은 철도인 모두의 수치다. 예부터 "뜻있는 곳에 길이 있다"고 했다. 당정역을 개설하려는 오랜 뜻이 있었기에 마침내 개설됐듯이 경부 전철 급행시스템 구상도 뜻을 가진 자가 많은 한 머지않아 실현될 것이다.

〈철-994-2010. 2. 8.〉

● 철도서비스
지적사항 시정은 기강 등 돈 안 드는 분야부터 착수한다

조직생활을 하다 보면 감독기관, 상사, 고객의 지적을 피하기 어렵다. 문제점을 지적한 이들도 돌아서면 또다른 지적과 감시·감독의 굴레 속에서 생활한다. 지금의 사회생활은 서로 감시, 감독하고 지적하면서 돌아간다. 따라서 지적받았다고 낙담해 할 것도 의기소침해 할 것도 없다. 하지만 동일 사안에 대한 지적이 반복되고 다른 사안에까지 중첩되어 영향을 미치면 문제는 단순하지 않다.

근자에 철도공사와 철도시설공단에 대한 국감이 있었고 철도시설공단에 대한 감사원 재무감사 결과가 발표되었다. 이들 감사에서 지적된 사안을 고치거나 적절히 대응하기 위해서는 돈이 들거나 손발을 자르는 아픔이 수반되어야 한다. 국감에서 지적된 급곡선구간의 가드레일 및 가속방지장치 설치, 터널 내 전원함 등의 불연재 사용과 CCTV 설치 등 방재시스템 강화는 대응에 예산이 든다.

공사의 큰 문제점으로 지적된 저조한 경영성과, 가령 76%의 인건비 비율(민간평균 10.4 %)과 6,700만 원의 1인당 매출액(민간평균 7억 원, 공기업 평균 8억 원), 이로 인한 대규모 적자(한 해 1조원 이상)와 채무누적(2010, 20조 원) 문제를 해결하려면 인력감축 등 구조조정을 피해갈 수 없다. 공사 직원의 30% 정도가 수익과 관계가 낮은 유지 · 보수 업무 종사자라는 사실에서 직원감축과 외부용역 확대의 필요성이 지적되기도 하였다. 이들 지적사항은 2004년에도 지적되었던 것으로 공사의 인사 및 업무체계의 근본은 쉽게 바뀌지 않고 있다.

적자를 가중시킨 자회사 문제는 향후 간부인력 조정시 유념해야 할 점을 암시해준다. 10개가 넘는 자회사에서 2004년에 59억 원의 적자가 났는데 자회사 임원의 70% 이상이 공사(철도청 포함) 출신 간부였다. 경영마인드가 있는 민간 인력을 채용했더라면 경영수지는 달라졌을지 모른다. 이같은 형태의 인력 조정은 구조조정 효과를 반감시키거나 역효과를 가져오는 사례라고 할 것이다.

하지만 고객이 지적하는 문제의 상당 부분은 접객과 객실 서비스 관련 사안으로 돈이 들지 않고 구조조정의 아픔도 수반하지 않는다. 직원들의 정신기강과 근무규율 확립, 접객태도 개선으로 해결될 수 있기 때문이다. 객실 내 정숙도 제고와 정시율 제고를 통한 고객유치가 대표적이다. 지금의 철도에서는 고속철, 일반열차, 전철을 불문하고 휴대폰 통화음, 고객들의 큰 소리 대화, 어린이 소음으로 쾌적한 여행을 즐길 수 없다. 장거리 승객은 소음 때문에 철도를 기피하고 싶을 정도라고 토로한다.

그리고 정시에 발착하지 못하는 열차가 많아 시간약속을 지키지 못하는 고객도 적지 않다. 인프라 정비 부족을 탓하기 전에 운행관계자들이 근무기강과 규율을 재정립하려고 하면 지금의 주어진 인프라에서도 정시발착율을 상당 부분 높일 수 있는 여지가 있는 게 아닐까.

철도와 관련하여 지금 이 시각에도 여기저기서 지적과 주문이 나오고 있다. 말할 것도 없이 공사와 공단이 우선 대응해야 할 사안은 돈을 안 들이고 처리할 수 있는 것이라야 한다. 이후에 예산이 드는 사안을 정리, 고객만족도를 높이고 집객효과가 두드러지며 경영성과 개선으로 이어질 것부터 우선순위를 부여, 단계적으로 추진하면 된다. 하지만 당연해 보이는 우선순위가 현실에서 잘 지켜지지 않는 것은 기강확립과 근무자세 쇄신보다 돈을 투입하는 것이 훨씬 수월하기 때문일 것이다. 국감과 감사원 감사결과를 지켜보면서 선진국으로의 발돋음이 용이치 않음을 실감하게 된다.

〈철-789-2005. 10. 14.〉

● 철도서비스
'디지털' 민원이 서비스 향상시킨다

우리 철도는 서비스와 정시율 등에서 철도선진국에 뒤져 있고 수송분담률도 낮다.(이후 정시율은 빠르게 높아져 2010년 기준으로는 일본, 스페인 등과 더불어 세계 최고 수준 국가 중 하나가 되었다) 그렇지만 국가조직이던 철도청 시절부터 세계 최고 서비스를 제공해오고 있는 분야가 있다. 민원처리분야가 그 중 하나다. 우리처럼 손쉽게 철도이용시의 불편과 애로사항을 호소할 수 있고 그 민원내용과 처리결과를 국민 모두가 접근해 열람할 수 있는 나라는 없다. 철도선진국인 일본, 프랑스, 영국은 물론 곧 고속철도를 개통할 대만에서도 어림없는 얘기다. 답변에 불만인 민원인이 아직은 많지만 이같은 디지털 인프라의 지속적 제공 자체가 대단한 일이다.

코레일 홈페이지에는 온라인 민원이 2001년 11월 이후 3년 8개월째 고스란히 보관되어 있다. 이곳을 두드리면 우리 철도의 문제가 금세 드러난다. 그간의 민원은 공개 분만으로 5만5,380건(7월 13일 기준)이며 하루 41건 꼴이다. 한 사람이 같은 사안으로 수 차례 올린 경우를 감안하더라도 하루 40명 정도가 운임·요금·수수료, 결제·환불, 예매·발권, 접객서비스, 열차운행·역사관리, 차량·쾌적여행·승차감, 철로주변 민원, 정보문의, 안전 등의 문제로 민원을 제기한다. 별도로 비공개 온라인 민원과 전화, 편지 형식의 오프라인 민원도 있다.

솔직히 상당수 민원인은 공사 측의 답변에 납득하지 않는다. 2005년 4월 1일부터 시행한 홈티켓 제도도 그 중 하나다. 프랑스, 스위스에 이어 세 번째라는데 이용객은 철도이용객의 1% 남짓한 수준이다. 사전지식 부족, 프린터, 네트워크 상의 문제로 많은 고객이 애만 먹다가 이용을 포기하고 있다. 고객 불만사항인 대납결제제(뒤에 도입), 요금할인, 승차권사항만 인쇄, 변경시 수수료부담 등 예상 민원을 시험기간 중 파악하여 사전에 대응했더라면 이용률이 높아졌을지 모른다.

직원의 답변자세도 문제다. 자신있게 시작한 이 서비스가 오로지 고객에만 득이 될 뿐 공사에 도움이 되지 않아 할인제 대상이 될 수 없다고 딱 잘라버린다. 향후 홈티켓 이용자가 30~50%에 달해 발매창구인원이 대폭 줄 때도 고객의 이득만을 주장할 것인가. 디지털 공간 고객의 지적 수준이 직원보다 위에 있음을 암시하는 대목이다.

두 고객의 지적이 정곡을 찌른다. "너무나 편리한 기능이고 좋은 아이디어인데 고객이 꼭 주의해야 할 점을 강조하지 않아 얼마나 많은 사람들이 저처럼 홈티켓을 만든 공사에 감사하는커녕 화를 내고 피해를 보고 있을까요"(W씨, 5월 29일). "우리들은 목적지까지 그냥 가려고 기차를 타는 게 아닙니다. 서비스를 받으면서 편히 가고 싶어 철도를 이용하지요. 버스보다 비싼 요금을 내고 말입니다"(Y씨 7월 7일).

지금부터라도 일선에서 보고되는 다양한 경험과 정보를 거르고 검토하여 달라진 서비스로 일선에 피드백시키자. 디지털 공간 등 민원현장에서 제공되는 다양한 경험과 정보를 소수 내부자 아닌 조직 전체로 확산·침투시키자. 민원의 '처리율' 대신 처리과정에서 얻어지는 소중한 학습내용을 접객서비스 향상으로 접목시키자.

직원 한 사람 한 사람이 '고객의소리' 공간을 업무 상시개선을 위한 디지털 전령傳令으로 간주할 때 서비스가 환골탈태하고 뜸하던 고객의 발길이 다시 찾아질 것이다.

〈철-777-2005. 7. 15.〉

● 철도서비스
역사 내 보행이 우왕좌왕하고 있다

2009년 10월 초부터 지하철, 전철 역사 내에서 보행자 우측보행이 시행되고 있다. 이로 인해 많은 이들이 고통을 겪고 있다. 전보다 역내 보행시 걸리는 게 많아졌기 때문이다. 그동안은 별 생각없이 사람들의 흐름을 따라 걸어다니는 이들이 대부분이었다. 딱히 "좌측으로 가야지" 하면서 걷는 이는 많지 않았다. 헌데 요즘엔 머리속으로 "우측으로 걸어야지" 하고 되뇌면서 걷는데 앞쪽에서 오는 사람 때문에 요리조리 피해야 한다. "거참, 안 지키네" 하는 푸념이 절로 나온다. 하지만 따지고 보면 앞에서 오는 사람을 탓할 수도 없다. 갑작스럽게 바뀌었기 때문이다.

여기서 왜 오랫동안 익숙해 있던 좌측보행을 바꾸었느냐고 따질 생각은 없다. 좌측보행이든 우측보통이든 장단점이 있기 때문이다. 다만 국토해양부와 서울시 등이 방침을 정했다면 시간을 갖고 좀 더 체계적으로 계도하고 유도해 보행자 불편을 줄이지 못할까 하는 아쉬움은 크다. 파란색 글씨의 우측보행 표지가 계단이나 통로 곳곳에 붙어 있지만 바탕의 우중충한 색깔과 섞여 또렷하게 보이지 않는다.

사실 좌측보행이 널리 인식되고 있던 시절에도 특별한 표지가 없으면 이를 지키지 않는 이들이 많았다. 다만 지하철, 공항, 학교 등의 공공기관 계단이나 통로, 횡단보도 등에서 화살표 등의 표지로 좌측으로 유도하면 많은 이들이 따라주었다. 그간의 좌측보행도 강행법규가 있었던 것은 아니다. 유일한 법조항인 도로교통법(1961) 제8조 제2항은 "보행자는 보도와 차도가 구분되지 아니한 도로에서는 도로의 좌측 또는 길 가장자리 구역으로 통행해야 한다"고 규정하고 있을 뿐이다. 따라서 보도와 차도가 구분된 나머지 도로나 통로에서는 시민들이 자연스럽게 보행할 수 있었다. 좌측보행은 통행의 효율성을 위한 지침이나 안내사항 정도였다고 보는 것이 옳을 것이다.

그렇지 않아도 혼잡스러운 지하철, 전철역이다. 통로 여건에 따라서는 좌측보행이 편리한 곳도 없지 않다. 이러한 곳까지 우측보행으로 바꾸고 이를 전면시행하는 과정에서 적지 않은 부작용이 발생하고 있다. 시간이 좀 더 지나면 강제화하겠다는 얘기도 들린다. 개인적으로는 우측보행으로 바꾸더라도 시행은 시간을 갖고 신축적으로 대응하는 것이 낫지 않을까 하고 생각한

다. 꼭 필요한 곳에서 부터 단계적으로 시행하는게 낫겠다는 얘기다. 당장
에는 보행자의 습성과 통로 여건 등을 잘 파악해 유도방향을 그때그때 명확
히 제시하는 것이 중요할 것이다.

우측보행이 정착될 때까지 많은 시일이 소요되고 당분간은 보행자들의
고통이 수반되며 이런저런 트러블이 발생할 수도 있다. 돌이켜보면 지하철
당국이 2008년 초부터 에스컬레이터 두 줄 타기를 유도하고 있지만 2년여
가 경과하는 지금도 현장에서 제대로 지켜지지 않고 있다. 에스컬레이터 부
근에는 수많은 스티커가 붙어 있고 방송이 나오는 등 지속적인 홍보가 이뤄
지고 있다. 하지만 혼잡스러운 시간대를 제외하면 이용객들은 여전히 오른
편에 서 있고 왼편을 비워두고 있다. 서둘러 계단을 빠져나가려는 고객들이
있기 때문이다. 그래서 두 줄 타기를 무리한 시도라고 비판하는 이들이 적
지 않다.

우측보행도 마찬가지다. 사람들은 오른쪽 왼쪽을 의식하지 않고 편리한
대로 걸으려고 한다. 이러한 습성이 남아 있는 한 우측보행 강제는 절반의
성공에 그치거나 혼란만 야기시킬 수 있다. 보행자 우측보행, 시행에 따른
편익이 큰 곳을 골라 표지를 늘리고 방송 등을 통해 고객의 자발적 협조를
유도하는 것이 요망된다.

〈철-980-2009. 10. 23.〉

● 철도서비스
국민의 눈높이 모르는 철도시설공단, 돈 아까운 TV프로

2009년 2월 4일 오전 0시 30분부터 50여 분간 '신철도기행'이 MBC에서 방
송되었다. 초저녁부터 광고가 나와 관심을 가지고 시청하였다. 철도시설공

단이 자금을 지원하고 민간 프로덕션이 제작한 것으로 우리나라와 독일, 일본의 철도를 소개하는 내용이었다. 특이하게도 기행물인데 사이사이에 비판적 시각에서 우리 철도의 문제점을 지적하는 내용이 나왔다. 그 바람에 낭만이 물씬 담긴 기행 프로를 기대했던 이들은 적잖게 실망했을 것이고 철도 혁신에 관심이 있는 이들이었다면 문제점을 가볍게 터치하고 넘어가는 데 섭섭함을 느꼈을 것이다. 아무튼 성격이 모호한 프로였다는 점에 이견은 없을 것이다.

주지하듯이 철도시설공단은 철도시설의 건설과 보수유지가 주된 업무로 소요 예산의 대부분을 국가기관을 통해 지원받는다. 이러한 기관성격을 고려하면 공단이 자금을 지원해야 할 프로는 낭만을 추구하는 '철도기행'보다 독일, 일본 등 철도선진국의 철도 시설과 운영 측면의 앞선 점을 속속들이 파헤쳐 소개하고 이를 토대로 우리 철도가 나아갈 길과 과제를 소개하는 '철도혁신' 프로라야 했다. 이러한 점에서 이번 프로를 코레일이 자금지원했다면 조금은 납득이 갔을 것이다.

필자를 더욱 황당하게 만든 것은 프로의 제목과 내용보다 방송시간대였다. 심야시간대 방송이니 시청률은 애당초 기대하기 힘들었을 것이다. 그나마 지상파에서 방송해준다고 하니 다행이라고 하기에는 프로그램에 담긴 메시지가 너무 무겁다. 지금이 어느 때인가. 고유가와 환경 문제로 철도에 대한 국가적 관심이 고조되어 예산도 다른 사업에 비해 크게 늘려 편성되고 있다. 일본 등 외국이 우리 같은 사정이었다면 아마도 방송국이 '○○○스페셜' 등의 기획프로로 제작하여 프라임시간대에 방송함으로써 국민과 당국의 관심을 환기시켰을 것이다.

이번 프로는 기행이라고 하지만 누구의 기행인지 명확하지 않다. 주된 등장인물이 없어 편집자의 기행으로 인식될 수밖에 없고 그로 인해 호소력이 약했다. 시청자 입장에서는 특정인을 통해 전달되는 느낌과 주장이 아니다 보니 방송이 끝나면 머릿속에서 금방 지워지고 만다. 인터뷰에 나오는 이들도 철도전문가보다는 승객이나 역사, 박물관 등 철도관계자가 더 많아 보인다. 제작진이 공단 등 전문기관의 자문을 받아 프로를 구성했을 터인데 등장하는 전문가는 소수다. 자연스럽게 다큐멘터리나 고발 프로로서의 설득력이 떨어진다.

이처럼 제작진의 의도와 대응이 모호하다 보니 현 시점에서 우리 철도에 필요한 철도개혁이나 철도비전 등의 얘기는 꺼내지도 못했다. 우리 철도를 큰 그림 하에 업그레이드시켜야 할 이때에 능력 있는 이들이 부담스럽다고 코레일 수장후보에 지망하지 않고 있다. 당장은 우수한 코레일 수장을 선임하여 코레일을 바꾸는 것이 급하지만 못지않게 중요한 작업이 철도 아니 전체 교통체계의 큰 그림을 그리고 이를 실현시킬 그랜드 디자이너를 찾아내고 만드는 것이다. 그랜드 디자이너라면 지역특성을 감안하여 집에서 목적지까지 철도와 자전거, 전기(마을)버스 등 환경친화적 교통수단으로 이동할 수 있는 교통체계를 저비용으로 설계할 수 있을 터이다.

솔직히 말해 지금의 우리 국민들은 '철도기행'을 통한 낭만을 즐기는 것보다 '철도혁신'을 통한 개선된 교통편익과 삶의 질을 즐기기를 원한다. 철도당국과 방송국은 이러한 국민의 눈높이에 맞는 대책과 프로그램을 내놓아야 한다. 천성산 고속철 터널과 지율 스님의 끈질긴 저항 그리고 공단 관계자의 호소가 프라임시간대에 수차 방송된 사례가 이를 웅변적으로 말해준다.

〈철-948-2009. 2. 16.〉

● 철도서비스
2006년의 코레일, 승무업무보다 급한 과제 많다

전 KTX승무원이었던 이들의 1인 시위가 곳곳에서 행해지고 있다. 청와대, 정부종합청사, 국회 등 국가 주요시설의 입구에서 "지명수배 이철", "노무현, 당신이 나서라"는 선정적 글귀가 적힌 피켓을 든 시위꾼을 확인할 수 있다. 최초 파업 후 9개월이 경과하면서 일부 승무원은 업무에 복귀하거나 새 직장으로 옮겼다. 크게 줄어든 시위대는 내친 김에 이력이 붙은(?) 노동운동의 길을 좀 더 걸어보자고 마음먹었는지 모른다.

2006년 5월 이후 6개월간에 비하면 근간에는 이들에 대한 보도가 뜸해졌다. 따라서 국민들의 관심도 낮아졌을 것 같은데 여론조사 결과는 반대다. SBS 라디오가 전문기관에 의뢰하여 2006년 11월 2일 조사한 바에 따르면 국민 다수(62.5%)가 KTX 승무원의 정규직 고용에 긍정적인 것으로 나타나고 있다. 대전·충청 지역 응답자, 남성, 30대층에서 지지자가 많다. 공사 입장인 외주위탁제 지지자는 21.2%에 머물렀다.

이러한 상황에서 이철 사장은 2006년 11월 1일의 노동부 국감에 증인으로 출석해 "KTX 승무원의 직접고용은 비용이나 재정의 문제, 경영효율성 문제와 무관한 원칙의 문제로 절대 받아들일 수 없다"고, 또 공사 국감시에는 "승무업무 자체를 폐지할 수도 있다"고 답했다고 한다. 승무원 문제로 9개월 이상 시달려 오면서 일관되게 유지해온 자신의 철학을 다시 한 번 천명한 것으로 판단된다.

강하게 나온 이철 사장이 못마땅했는지 근래 교수노조 교수 등이 중심이 된 'KTX 승무원 직접고용 촉구 교수모임'이 발족되어 2006년 10월 25일 서울역에서 승무원들과 함께 기자회견을 열렸고, 11월 7일에는 이 사장에게 공개질의서를 보내 이 사장의 발언과 대응전략을 비난하였다.

그간 공사와 이 사장은 "승무원 문제가 공사 차원의 문제가 아닌 비정규직과 여성근로 문제로 확대되었다"는 인식 하에 일관된 대응자세를 보여줬고, 그 결과 승무원 문제를 상당 부분 해결할 수 있었다. 교수모임의 비난과 비판에 대해서도 공사는 그간의 대응자세를 견지하는 것으로 판단된다. 필자는 이같은 일관된 대응이 국내 비정규직 노동운동의 상징적 과제로 모습이 바뀐 승무원 문제의 타결을 위해 필요했다는 점은 인정한다. 다만 교수모임의 지적사항 중 심각히 받아들여 해결책을 모색해야 할 분야가 없지 않아 보인다.

"외주위탁 외 현실적으로 가능한 다양한 대안을 모색해야 한다…. (거의) 동일한 일을 하는 승무원에게 열차팀장 임금의 1/4~1/5 정도를 지급하는 것은 '정당한 노동의 대가' 지급이라고 말할 수 없다"는 대목이다.

솔직히 말해 승무원 수를 줄이는 대신 이들을 점진적으로 정규직화하는 방안은 고려할 수 있을 것이다. 필자는 817호(5.12) 칼럼에서 "승무원들은 신규 위탁업체에 들어가 본업에 복귀하고 공사는 이들이 공사 정규직 입사시험 응시시 재직경험자로 간주하여 일정한 우대조건을 붙여 일반 응시자와 경쟁, 입사할 수 있는 길을 터주자"고 제안한 바 있다. 이러한 절차를 거쳐 외주위탁이라는 이름으로 행해지는 사실상의 임금착취를 점진적으로 줄이는 작업을 공사가 하지 않으면 어느 기관이 할 수 있겠는가.

2006년 중에도 KTX를 수차례 이용해보았지만 개인적으로 승무원의 빈자리는 커 보이지 않았다. 이 사장의 승무업무 폐지 가능 발언도 비슷한 인식에서 나왔을지 모른다. 공사에는 승무원 문제보다 급하고 중요한 일이 많다. 업무와 조직체계 개편, 경영효율화를 통한 적자축소, KTX 안전확보, 광역철도 확충과 수익성 개선 등이 그것이다. 정부와 시민사회는 발족 초기인 현재 지엽적인 문제로 공사경영진의 발목을 잡기보다 자율경영을 최대한 허용하고 결과의 책임을 엄히 물어야 할 것이다.

〈철-841-2006. 11. 17.〉

● 철도서비스
KTX 승무원, 한발 물러나 본업 복귀 준비한다

개통 후 2년이 경과한 KTX는 큰 사고 없이 운행되고 있다. 1년 전 만해도 텅빈 객실이 부각되면서 동네북으로 전락, 대표적 '실패작'으로 거론되기도 하였지만 지금은 승객도 늘어 그러한 시각이 사라지고 있다. 근래에는 유가 급등으로 경제적 이동수단으로 주목받아 많은 국민들이 이용하는 등, 속칭 잘 나가고 있다.

이러한 KTX가 석달 째 다른 일로 세간의 이목을 끌고 있다. 여승무원(이하 승무원) 파업 때문이다. 필자의 탑승경험에 의하면 승무원의 존재감은 그렇게 크지 않다. 서울~부산 이동시 특실에서는 너댓 차례 지나가고 일반실에서는 더 줄어든다. 그렇지만 KTX 안전운행의 키맨들인 기관사, 열차팀장, 관제요원, 정비사 등보다 보조인력인 이들의 존재감이 부각되는 요즘이다.

'안전요원'이라고 자칭하는 이들의 80여 일에 걸친 파업에도 불구하고 KTX는 별다른 안전사고 없이 운행되고 있다. 그렇다 보니 이들의 빈 자리가 크지 않다는 것이 입증되고 파업 자체와 요구사항이 공사는 물론 국민 일반의 공감을 사지 못하고 있다. 상황이 이쯤되면 그간 단호한 입장을 보여온 이철 사장과 해외순방에 앞서 승무원들의 불법시위를 엄단하라고 지시한 노 대통령을 탓할 처지는 아니라고 본다. 11일 저녁, 경찰이 법원의 퇴거명령 불응을 이유로 공사 서울지역본부에서 농성중이던 85명을 강제연행함으로써 사태는 새로운 국면을 맞고 있다.

정리해고 예정일인 5월 15일까지 새로운 위탁업체로 이적하지 않고 투쟁을 계속하면 문제 해결이 법정으로 넘어갈 가능성이 크다. 하지만 계약과 법질서를 중시하는 법정이 이들의 손을 들어줄 가능성은 높아 보이지 않는다. 따라서 지금 상황에서는 국면을 슬기롭게 타개하려는 승무원 측 지도부의 사려 깊은 대응이 요구된다. 지금까지처럼 민주노총과 지대위 등 대형 지원조직에 기대어 문제를 확산시키기보다 자신들의 문제로 의제를 좁혀 현실적인 타개책을 모색하려는 자세가 필요하다는 것이다.

이들이 주장하는 정규직 전환을 알기 쉽게 말하면 지금보다 자신들에게 공사가 1인당 2억 원씩, 승무원 전체로 7백억 원 정도를 추가 지출하라는 것이다. 정규직이 되면 장기근속자가 늘고 연봉이 높아지면서 이 정도의 비용이 추가로 들 전망이다. 한편 공사는 승무인력의 성격상 이같은 비용을 부담하기 힘드니 정규직화를 받아들일 수 없다고 버틴다. 대안으로 내놓은 자회사 정규직안도 지금보다 1인당 1억 원 정도의 추가지출이 소요될 전망이다(수치는 필자 추정치).

필자가 생각하는 복귀 시나리오는 이렇다. 공사는 이들이 공사 정규직 입사시험 응시시 재직경험자로 간주하여 일정한 우대조건을 붙여 일반 응시자와 경쟁, 입사할 수 있는 길을 터주고, 승무원들은 신규 위탁업체에 들어가 본업에 복귀하는 것이다. 성이 차지 않은 제안일지 모르지만 한 발씩 양보하고 이후의 파장까지를 고려한 타협안이라면 이같은 방향으로 귀결되지 않을까 싶다. 최선이 힘들면 차선의 해법을 모색하는 것이 순리다. 그간의 장기파업과 과격투쟁은 근무지인 KTX와 코레일의 이미지를 해쳤을 뿐 아니라 서비스직 종사자인 본인들의 향후 입지까지 좁혔다. 이제 한발 물러나 자성하면서 본업 복귀를 준비해야 할 때이다.

공사는 당초 이들의 반발을 가볍게 대응했다가 큰 코를 다쳤다고 생각할지 모르지만 양보는 가진 자가 베풀 수 있는 미덕이다. 승무원은 붉은 띠를 두르고 투쟁하기 보다 캡을 쓰고 다소곳이 인사하며 봉사하는 것이 본분일 것이다. 승무원의 '조용한' 복귀가 요즘 잘 나가는 KTX에 금상첨화로 작용할 수 있기를 기대한다.

〈철-817-2006. 5. 12.〉

역사, 고객이 접근하기 편한 곳에 자리잡는다

● 역사
용산 메가스테이션의 성공 열쇠는 이것이다

용산의 변화가 대단하다. 일 년이 다르게 스카이라인이 바뀌고 있다. 2008년 9월 발생한 용산참사 사건과 이후의 세계적 금융위기 여파로 잠시 잠잠한 듯하지만 수면 하의 개발 동력은 여전히 거세다. 돌이켜보면 1990년대 중반만 해도 용산은 서울시내 치고는 허름한 곳이었다. 당시 이 지역에는 국제빌딩을 제외하면 빌딩다운 빌딩 하나 없었다. 그 무렵 필자는 국제빌딩에서 열리는 연구 모임에 참석차 용산을 곧잘 찾았고 그때마다 1호선 용산역이나 4호선 신용산역을 이용했다.

역앞 광장과 신용산역 출구 부근에는 노점상과 허름한 가게가 자리잡고 있었고 사람의 왕래도 많지 않았다. 통행객 중에는 지금은 없어진 비둘기호나 통일호 열차 승객이 많았고, 따라서 새벽과 밤늦은 시각의 거리 모습은 시골 역앞을 연상케 할 정도였다. 게다가 용산역에서 국제빌딩 가는 길목의 오른쪽에는 유곽이 늘어서 하얀 옷으로 단장한 아가씨나 호객꾼이 길가는 손님을 유혹하기도 하였다.

근간 국방부 회의 참석차 용산역을 이용하는데 역앞 도로교통 사정이 좋지 않다. 1km 정도 떨어진 삼각지 인근의 국방부까지 택시로 15분 정도 걸린

다. 역앞 도로에서 전자상가 지하차도 출차 차량과 합류해야 하고 이후 좌회
전 신호대기 시간이 길기 때문이다. 개발 초기인 지금도 이러한데 2020년경
개발이 완료되면 어떻게 될지, 서울시와 용산구가 해법을 찾겠지만 뾰족한
대책이 나올지 걱정이다.

도로교통으로 해법을 찾기 힘들다는 판단 때문일까 용산역 일대를 메가
스테이션으로 만들려는 구상이 잇달아 발표되고 있다. 기존 철도망과 공표
된 계획에 따르면 용산역 일대에는 지하철 1, 4호선과 KTX 경부선 외에 문
산~용산(2012), 인천공항철도(2012), 송파~용산(2013), 강남~용산(2015) 등
2020년까지 12개 노선의 철도망이 구축될 예정이다. 우려되는 점은 이들 건
설구상이 사령탑의 감시 · 감독 하에 종합적으로 계획되기보다 시행자별로
디자인되고 있는 점이다.

완공 후 국내 최초의 메가스테이션으로 자리잡게 될 용산역이 이용객들

에게 편리한 교통편익을 제공하기 위해서는 계획단계에서 간편한 환승 등이 고려돼 구축되어야 함은 말할 필요도 없을 것이다. 하지만 이같이 당연한 것처럼 보이는 것들이 현실에서는 종종 지켜지지 않는다. 4호선의 신용산역과 1호선 용산역이 통로로 연결되지 않은 것도 그렇다. 구상 당시 사령탑을 통해 관계자 간 소통이 이루어졌더라면 두 역사 간 연결이 실현되었을 터이다. 지금도 200m 정도 떨어져 있으니 계획단계라면 100m 이내로 줄여 환승이 가능토록 설계할 수 있었을 것이다.

용산 일대에 들어설 철도의 운영기관은 코레일과 서울시, 민간사업자 등으로 다기화할 전망이다. 이러한 상황에서 철도사업 계획을 심사·승인하는 국토해양부와 서울시 등이 연락채널을 가동해 메가스테이션 구상의 사령탑 기능을 수행하지 않으면 당연할 것 같은 일들이 앞으로도 이뤄지지 않을 수 있다. 철도에 대한 노하우가 상대적으로 덜 축적된 우리다. 사령탑 없이 계획하고 건설하다 보니 1호선 급행전철이 4호선과 교차하는 금정(환승)역에 정차하지 못하는 웃기는 일이 지금껏 지속되고 있다.

용산역 일대의 도로교통 개선이 앞으로도 크게 기대하기 힘들다면 메가스테이션 구상을 통한 교통량 해소는 절대절명의 과제이며 핵심은 효율적인 노선간 환승망 구축이다. 사령탑 기능이 조기에 발동되지 않으면 2020년 이후 수많은 승객이 용산역 일대에서 턱없이 발품을 팔고 시간을 허비해야 할 지 모른다. 노파심에서 하는 얘기다.

〈철-984·2009. 11. 25.〉

'동탄'을 KTX 경기남부 거점역으로 한다

경부고속철도에 '수도권고속철도'라는 이름의 지선이 새롭게 건설될 모양이다. 확정되지는 않았지만 신新경기운동중앙회 주최 토론회에서 제기된 대로 평택에서 갈라져 동탄신도시를 거쳐 강남의 수서, 삼성을 거쳐 서울역(혹은 용산역)에 이르는 노선이 2010년대에 건설될 듯하다. 노선이 완공되면 인구밀집지역인 노선 일대 주민의 교통편익이 크게 증진되고, 코레일의 수익이 늘며, 도로교통 이용이 크게 감소하여 환경에도 좋은 영향이 미칠 것으로 기대된다.

돌이켜보면 경부고속철 지선계획은 내용이 약간 다르긴 하지만 전에도 있었다. 국토해양부는 2003년 7월 경부철 지선계획을 호남고속철도라는 이름으로 공표한 바 있다. 당시의 호남철은 강남의 수서에서 출발하여 화성시 향남에서 경부철 본선에 합쳐지고, 오송에서 분기하여 광주로 이어지는 노선이었다. 그런데 2004년 4월의 경부철 개통 후 이용객이 생각만큼 많지 않자 2005년 12월 국토연구원 공청회를 통해 수서~향남 지선 계획을 폐기한다고 밝혔다.

이렇게 보면 지선계획이 4년여 만에 다시 수면 위로 부상한 셈이다. 국토해양부는 수도권 철도망 개선방안 연구용역(2006.10) 등을 통해 지선계획에 대해 내부적으로 대안을 검토해왔지만 공표하지 못하고 있었는데 김문수 경기지사의 수도권 대심도철도, 즉 GTX 구상이 발표되고 평판이 좋아지자 낯뜨겁긴 하지만 이때다 싶어 GTX 구상과 연계한 경부철 지선 계획을 내놓고 교통개발연구원에 용역을 주어 검토토록 하였다.

GTX 구상은 2007년 7월의 '경기 남부지역 광역교통망 구상 연구용역'에서 제시된 동탄~강남 간 대심도 급행철도 건설구상을 확대하여 수도권 교통

문제 해결방안으로 제시된 것으로, 경기도가 주도하고 서울시, 인천시, 국토해양부 등이 참여하였다고 한다. 경기도는 이 사업을 민간투자사업으로 추진할 예정이지만 노선 중 상당 부분이 KTX 지선과 중복되므로 국가예산도 적지 않게 투입될 전망이다.

고양~동탄을 포함한 3개 노선으로 구성된 GTX 구상 중 국토해양부가 관심을 갖고 검토하고 있는 것은 고양~동탄 노선으로, 연구원 용역을 통해 노선 및 정차역 수와 위치 등에 대한 세부적 사항을 잠정 결정할 계획이다. 연구결과가 공표되면 치열한 논의와 로비가 예상된다. 노선이 통과하고 정차역이 들어서는 곳과 그렇지 않은 곳의 명암이 크게 엇갈리기 때문이다. 하지만 분명한 것은 동탄신도시에 큰 거점역이 들어설 것이라는 사실이다.

동탄이 거점 정차역 후보지로서 지니는 강점은 명백하다. 수원, 화성, 오산, 용인 등 경기 남부 대부분의 지역에서 30분 전후에 접근이 가능하고, 남부권 일대 개발이 끝나는 2020년이면 역세권 인구가 400만을 넘어선다. 여기에 신도시 건설과 함께 사전계획에 따라 역사 건립이 가능하므로 저비용 고효율의 사업추진이 가능하다. 무엇보다 강남과 20분 이내에 연계되므로 강남 대체도시 기능을 수행할 수 있어 강남주택에 대한 초과수요를 소화하거나 분산시킬 수 있다.

한 가지 추가적으로 유념해야 할 점은 동탄에 KTX, GTX 역사를 건립하더라도 일반철도가 들어오지 않으면 환승역의 기능을 제대로 발휘할 수 없다는 점이다. 이 약점을 해결하는 방안의 하나가 강남~판교~정자로 이어지는 신분당선을 구갈~상갈~동탄~오산으로 연장하여 경부선과 이어지도록 하는 것이다. 이 안은 일부 전문가들이 2년 전부터 주장해온 것으로, 기왕의 분당선과 신분당선 노선을 활용하면서 적은 예산으로 일반철도를 동탄으로 끌어오는 방안이다. 이렇게 하여 기존 철도와 동탄이 철도망으로 이어지면 동탄역은 급행철도와 고속철도는 물론 일반철도까지 환승이 가능한 역사로 자리매김 되어 경기 남부의 최대 거점역으로 기능할 것이다.

끝으로 인구가 급격히 늘지 않는 작금의 상황에서 역사는 인구밀집지역에 건설해야 제 기능을 발휘하지 벌판 등지에 역사를 세워 인구를 모아 신도시를 형성해가겠다고 하면 낭패로 이어질 수 있다. 광명역과 천안아산역이 웅변적으로 말해준다. 이러한 점에 비추어 신도시로 건설되어 일대의 유동인구가 100만을 넘어설 것으로 기대되는 동탄은 이에 합당한 곳이라고 할 수 있다. 덧붙여 동탄역 건설로도 빠르게 증가하는 수도권 서부 및 서남부 일대의 교통수요에 제대로 대응하지 못할 것으로 판단되면 화성시 매송이나 향남 등 경부철 본선에 또 다른 경기 남부역을 추가로 건설하는 데 주저하지 말아야 할 것이다.

〈중부일보 2009. 7. 3. 동서남북〉

이후 경과

수도권고속철도의 경우, 건설계획이 확정되어 2011년 6월 28일 기흥에서 기공식이 열렸고 2014년 말 완공을 목표로 건설공사가 진행중이다.

● 역사
수도권 정차역 늘려 KTX 승객을 증대시킨다

* MBC 라디오 '차미연의 손에 잡히는 경제'(2010. 9. 18) 인터뷰 내용의 발췌본임.

요즘 코레일의 매출액이 제자리 걸음을 하고 있다. 2006년 3조 5,302억 원, 2007년 3조 5,703억 원, 2008년 3조 6,314억 원으로 늘다가 2009년에는 3조 5,288억 원으로 전년보다 줄었다. 철도가 여객과 화물을 통해 얻고 있는 수입이 줄거나 현상유지되고 있는 대신 인건비 등 매출원가가 중심이 된 지출액은 매년 꾸준히 늘고 있다. 그래서 영업수지 적자 폭이 7천억 원 수준에서 줄지 않고 있다.

여객 수입에서 가장 중요한 것이 KTX 수입이다. 그런데 KTX 승객이 2007년 이후 하루 10만 명 수준에서 크게 늘지 않고 있다. 하루 평균으로 보면 2005년이 87,956명, 2006년 98,676명, 2007년 100,572명, 2008년 102,232명, 2009년 102,676명 수준의 추세를 보이고 있다. 이러한 현상이 코레일 영업수입이 적자를 보이는 근본적인 원인의 하나라고 말할 수 있다.

KTX 이용객이 늘지 않는 주 원인은 KTX가 손님이 많은 역에 정차하지 못하는 데 있다. 지금 손님이 가장 많은 곳은 서울역, 동대구역, 부산역이지만 KTX 개통 전에는 새마을과 무궁화호 이용객이 가장 많았던 곳이 서울역, 수원역, 영등포역이다. 그런데 과거 영등포와 수원역을 이용하던 고객 중 상당수가 지금도 KTX로 넘어가지 않고 새마을과 무궁화호를 이용하거나 고속버스와 자가용을 이용하고 있는 것으로 판단된다. 이들은 서울역, 용산역, 광명역에 가서 KTX를 이용하는 것보다 시간과 비용, 이동에 따른 불편 등을 종합적으로 고려할 때 지금 방식이 더 편리하거나 유리하다고 보기 때문이다.

결국 수도권 거주자 2,300만 명 중 절반 이상이 KTX를 외면하고 있는 것으로 볼 수 있다. 코레일도 이러한 정황을 잘 알고 있다. 그래서 이철 전임 사장도 2005년 9월 이후 영등포에 정차하려고 꽤 애를 쓴 적도 있었지만 광명지구 사람들의 반대가 심해 뜻을 이루지 못했다.

한편 일각에선 KTX 정차역이 늘고 매 역에 선다면 고속철도가 아니지 않느냐는 목소리가 있다. 하지만 우리가 곧잘 착각하는 게 이 점이다. 고속철도가 한 역에서 더 정차한다고 해 운행시간이 많이 늘지 않는다. 3~4분 정도다. 그리고 열차별로 정차역을 달리하여 서면 모든 정차역에 설 필요도 없다. 영등포 정차 열차가 광명역에 서지 않도록 하고 수원 정차 열차가 천안 아산역에 정차하지 않도록 하면 지금보다 운행시간이 크게 늘어나지 않도록 하면서 많은 손님을 KTX로 끌어들일 수 있는 것이다.

앞으로 생각을 바꿔 기존의 이용객에 큰 불편을 주지 않으면서 KTX 이용객을 늘릴 수 있는 방안을 모색하는 것이 요구된다. 필요하다면 다시 광명역 지역 일대 주민에 대한 설득작업에 나서 영등포나 구로 일대에 정차할 수 있도록 하거나 수원(엄밀히는 화성시 매송면 등) 일대에 간이역 등 정차역을 만들어 이 지역 일대 주민이 KTX를 이용할 수 있도록 하는 것을 서둘러야 한다. 수원 인근에 거주하는 주민이 300만 명이다. 인천시 인구에 버금가는 사람들이 살고 있는 지역이 KTX 이용권에서 사실상 배제되고 있는 상황이 6년 이상 지속되고 있다. 지금도 이 지역 일대 주민 다수는 새마을이나 무궁화 혹은 고속버스와 자가용을 이용하고 있다.

〈철-1025-2010. 10. 11.〉

● 역사
고속철 정차역을 더 늘린다

경부고속철 1단계 공사가 완공 직전이다. 9월이면 서울~대구 신설구간에서 시험운행에 들어가고 2004년 4월이면 상업운전에 나선다. 프랑스와 스페인 등 유럽 각지를 누비던 테제베(TGV) 차량이 서울~부산을 2시간 40분에 주파한다. 요금이 새마을보다 35% 정도 비싸지만 차량이 좋아져 안락하고 시간도 많이 줄어들기 때문에 이 정도는 감내할 수 있을 것이다. 터널이 많아 여행 맛이 떨어지는 것이 실망스럽다고 할까.

문제는 고속철 개통으로 기존 고객의 4할 정도가 철도교통이 더 불편해졌다고 느낄지 모른다는 사실이다. 열차, 전철, 시외버스 등을 바꿔타야 고속철을 이용할 수 있는 시민들은 정차역까지 가는데 시간과 돈을 들이고 수고하는 품도 팔아야 한다. 새마을호와 무궁화호를 이용해 한 번에 가던 곳을 두 세 번 바꿔타야 갈 수 있고 도중에 한참 기다리기도 해야 한다. 이에 비해 고속철이 서는 서울, 천안아산, 대전, 대구, 경주, 부산에 살거나 그곳으로 여행하는 사람들은 고속철 개통을 고마워할 것이다. 고속철 개통에 따른 첫 번째 문제는 바로 지역 간 교통편익분배의 악화다.

필자가 2000년도 경부선 새마을호 무궁화호 이용고객(5,411만 명)의 역 간 이동 자료를 토대로 조사해보니 47% 정도가 좋아지지 않는 것으로 나타난다. 고속철이 서는 지역 이용자의 73%는 교통이 개선되고 서지 않는 10개 지역 이용자는 18%만이 개선된다. '교통개선' 잣대는 목적지까지 가는 데 철도를 두 번 이상 바꿔타지 않고 단축시간이 1시간 이상이라는 조건이었다. 전체 이용객의 21%를 점하는 영등포, 수원, 평택, 조치원 고객 중 상당수는 서울, 용산, 광명, 천안아산역에 가기 위해 무궁화호와 전철 등을 두 번 정도 바꿔타야 하고 시간단축 효과도 적기 때문에 일부는 철도이용을 기피할 것으로 전망된다.

상황이 이러한데도 정차역 추가개설의 키를 쥐고 있는 '사회간접자본건설추진위원회(위원장 기획재정부장관)'는 기본계획 변경을 미루고 있다. 6월 말 예정이 9월 말로 미뤄졌다. 들리는 바에 의하면 오송(조치원), 김천, 울산 지역이 유력하다고 한다. 필자는 세 곳 외에 수도권 새마을호 무궁화호 이용객의 50%를 점하는 영등포와 수원에 역을 추가로 개설하고 격역隔驛정차 시스템을 도입하면 운행시간 연장을 최소화하면서 많은 고객을 유인할 수 있다고 생각한다.

두 번째는 고속철역 추가개설을 미룰수록 국민부담이 가중된다는 점이다. 총사업비 18조 4천억 원의 45%인 8조 4천억 원을 정부가 부담하지만 고객을 대량으로 유치해야 조기에 흑자를 낼 수 있다. 그렇지 못하면 빚이 눈덩이처럼 불어날 것이다. 역 개설을 미룰 경우 고객의 고속철 외면이 표면화하고 채산성은 악화돼갈 것이다. 고속철 채무는 2010년의 사업종료시점에 12조 원 규모로 예상되는데 채산성을 맞추지 못하면 관리기구인 코레일이나 철도시설관리공단이 재정파탄에 빠질 수도 있다. 그렇게 되면 부담은 결국 국민 몫으로 돌아온다.

세 번째는 개통 후 정차 지역과 무정차 지역 간의 경제력 격차 확대다. 고속철로 지역 간 교통체계가 재배분되면서 교통이 좋아진 지역 인근으로 정부부처와 공공기관, 기업체, 단체 조직 등의 업무, 생산 시설이 이동할 것이다. 그렇게 되면 IMF 관리체제 이행 후 확대되어온 지역 간 계층 간 소득격차가 고속철 개통으로 더욱 확대될 수 있다.

지역 간 격차해소 측면에서 호남고속철도 구상이 추진되어 2003년 7월 4일 과천공청회에서 그 윤곽이 발표되었다. 공청회 자체는 일부 지역 주민들의 반대로 무산되었지만 윤곽은 보고서를 통해 드러났다. 서울 수서지역에 시발역을 만들고 분기역은 천안과 대전이 유력하며 익산~목포 구간은 개통 후 수요를 봐가면서 신설 여부를 정하자는 것이다. 행정수도 입지와의 연계를 고려해야 하므로 이 구상은 2004년 하반기 이후에나 최종 확정될 전망이다.

강조하고 싶은 것은 호남고속철도 건설을 미룰수록 영호남 격차가 확대된다는 점, 분기점을 대전 아닌 천안 등으로 정하면 충청(대전)·전라권이 지난 1백년 아니 2천년에 걸쳐 형성해온 지역간 유대를 고속철이 인위적으로 단절하는 결과를 초래할 수 있다는 점이다. 노선결정시 '시간과 수요'라는 전통적 잣대 외에 '지역 간 유대'라는 또다른 요인을 배제해선 안 될 것이다.

〈국민-2003. 7. 8.〉

● 역사
코레일 발족, 고속철운영은 사업논리 따른다

새해부터 철도청은 한국철도공사(코레일)로 거듭난다. 철도 운영주체가 106년 만에 관조직에서 비즈니스 조직으로 탈바꿈하는 것이다. 그동안 공사 전환을 뒷받침하기 위한 여러 가지 작업이 이뤄졌다. 철도안전법, 철도사업법, 철도건설법 제정을 통한 법제의 정비, 신분의 민간인 전환에 따른 직제와 직급 개편, 근무형태, 급여, 연금, 인력 증원 등 내부 문제에 대한 노사정협의, 철도청 채무의 분담액과 연도별 재정지원 규모 등에 대한 정책협의가 그것이다.

발족 작업도 그러했지만, 경영정상화 작업은 당초 계획과 너무 달라져 솔직히 발족 후 경영이 걱정이다. 2004년 4월 개통한 고속철도(KTX) 수입이 예상액의 절반에 머무르고 경부선을 포함한 전 노선이 적자화하면서 개통 첫해의 적자는 1조 5천억 원 수준에 이를 전망이다(2003년 9,400억원). 그 결과 철도는 총운영비의 40% 이상을 세금으로 메워야 한다. 그런데도 철도에 대한 정치적 외압은 이전과 달라지지 않고 있다. 수원화성보다 집객集客 능력이 크게 떨어지는 평택지역을 미군기지 이전과 관련시켜 고속철역으로 밀어붙이더니 코레일 자구책 성격의 영등포역 정차 시도를 포기하라고 압력을 넣고 있다.

신설 공사라고 하지만 전력공사나 수자원공사 등의 대형 공사 다수가 혹자기업인 상황에서 코레일이 경영정상화에 실패할 경우 '문제' 조직으로 주목받아 민영화 등 구조조정 압력이 조기에 가시화할 수도 있다. 상황이 이러한데도 일부 정치가와 주민들은 코레일의 경영 따위에는 관심없다는 듯 기득권 유지와 이권 확보에 여념이 없다. KTX의 영등포역 정차는 간부직 축소, 아웃소싱에 의한 인건비 절감, 요금 현실화, 역사와 유휴부동산 활용 등과 더불어 코레일의 유력한 수익증대 카드로 기대되고 있다.

분명 영등포역 정차는 철도를 외면하거나 다른 교통수단을 이용하는 잠재고객을 끌어들일 수 있다. 철도수입이 늘고 국민 다수의 교통편익도 크게 증대될 것이다. KTX 이용객이 10% 안팎 더 늘지 모른다. 안타까운 점은, 공사 발족 직전에 외압이 기승을 부리고 있다는 사실이다. 근자에 경기도 7개 단체장 등 지역대표들이 연대하여 서명부를 작성, 요로에 제출함으로써 영등포역 정차 시도에 쐐기를 박으려 했다.

하지만 정작 문제는 KTX가 영등포에 서지 않는다고 해도 광명역이 정상화되지 않는다는 데 있다. 광명역 정상화는 신안산선(여의도~광명, 2011년 이후)과 경전철(1호선 관악역~광명역~7호선 철산역, 2009년 이후) 등 접근 교통망의 정비 이후에 가능하므로 현 상황에서의 영등포역정차반대운동은 공사의 합법적 경영개선 시도를 가로막는 억지로 인식될 수 있다. 필요하다면 접근교통망 정비 후 영등포역 정차 문제를 재검토하면 되지 않겠는가? 더구나 영등포역 정차에 큰 투자가 소요되는 것이 아니라면.

지금으로서는 광명역 정상화에 7년 안팎의 시간이 필요하고 신안산선과 경전철이 완공되더라도 KTX 시발역만큼의 효과는 기대하기 힘들 것이다. 필자는 이전부터 광명역을 'KTX서울남부선(광명~사당~선릉~수서)'의 거점역으로 활용하자고 주장해왔다. 이 노선은 수서~향남 간 호남고속철 지선안을 대체하는 수도권 특급용으로 구상이 실현되면 부산, 목포행(발) 승객이 사당·선릉·수서 등 강남 지하철역에서 승(하)차할 수 있다. 그 결과 환경파괴와 지상 교통혼잡이 완화되고 고객의 시간이 절약되며 KTX 승객이 크게 늘 것이다. 10여년 후 광명역은 사당·선릉·수서와 10분, 15분 안에 연결되는 남서울 거점역이 된다.

이제 철도는 비즈니스다. 외압은 많은 경우에 세금만 늘어나게 할 뿐이다. 당국은 코레일이 외압에서 벗어나 비즈니스 조직으로 환골탈태한 모습을 보일 수 있도록 지원해야 할 것이다.

〈문화-2004. 12. 28.〉

객실, 쾌적하고 조용하며 안락감을 준다

● *객실서비스*
조용한 철도로 '철도품격' 높인다

KTX 개통 후 많이 나아졌다고 하지만 국민들이 갖는 철도 이미지는 아직
도 꽤 어둡다. 역사에는 노숙자와 취객이 빈둥거리고 객실은 시끄럽고 화장
실에선 악취가 풍긴다는 생각을 갖고 있다. 서울, 부산, 대구 등지의 역사는
면모를 일신하였지만 여전히 노숙자와 취객의 안마당이다. 노숙자들은 역
사 내 화장실을 독차지하여 세수하고 머리까지 감아 어쩌다 철도를 이용하
는 이들을 놀라게 한다.

이렇게 철도여행은 시작부터 스타일을 구긴다. 승차하면 앞뒤 좌석에서
틈틈이 들려오는 휴대폰 벨소리와 통화소리에 시달린다. 이러한 상황에서
조용한 여행을 꿈꾸는 것은 사치일지 모른다. 주위에 어린이 동반고객이라
도 있으면 상황은 심각해진다. 시끄럽기는 전철이 한 수 위다. 언제부터인
지 전철 안에서 주위 사람을 의식하지 않고 친구와 떠들고 휴대폰으로 큰 소
리로 통화하는 것이 관행화되었다. 미안하듯 마이크에 손대고 속삭이듯 얘
기하는 이를 보면 기특하기까지 한다. 문제는 매너 없는 고객들이 하루가 다
르게 늘고 있다는 점이다.

길어도 3시간 전후인 여행을 마친 고객 중 일부는 여행 중의 객실소음으

로 꽤 피곤함을 느낄 것이다. 이들을 리피터 고객으로 확보하는 것은 쉽지 않을 것이다. '조용하고 안락한' 여행의 보장 없이 항공기, 고속버스, 승용차 고객을 철도로 끌어오는 것은 난제다. 그런데 노숙자와 객실소음 등 철도의 낮은 품격을 꼬집는 고객의 지적에 공사는 의외로 소극적이다. "철도공안에 순찰 강화토록 요청했지만 노숙자 단속(역 구내에서 내보내기 등)은 인권 문제와 맞물려 어렵다", "철도법이 폐지되고 철도안전법이 도입되어 상습 잡 상인 대응이 힘들어졌다"면서 "고객이 참을 수밖에 없다"고 한다. '고객감동' 과 '고객우선'은 철도에서는 사어死語인 셈이다.

필자는 공사가 대학생 등을 '鐵도우미'로 채용하여 러시아워 이외 시간대 에 역사와 객실의 질서유지 및 정숙도 제고 계도啓導요원으로 활용할 것을 제안한다. 이들이 계도활동에 나서면 객실방송을 늘려 힘도 실어주자. 시간 이 지나면서 도우미의 역할이 고객들에게 각인되고 철도와 철도여행의 품 격이 차츰 높아질 것이다. "인건비 지출에 비해 효과를 기대하기 힘들다"는 비판이 터져 나올 법한데 시도도 안 하고 비판부터 하는 것도 문제다. 지금 상태가 문제라고 생각한다면 대책의 하나로 도우미 제도 도입을 고려하자 는 것이다. 고객의 시민의식 성숙과 여행 매너 정착까지는 긴 세월이 걸릴 것이다. 청년 실업률이 높은 지금이 적기다. 가능하면 노동당국의 예산지원 도 받자.

철도를 이용하면 정확하고 안전한 여행은 물론 '조용하고 안락한' 여행까 지 즐길 수 있다는 입소문이 확산되면 지금보다 10% 이상, 고객이 늘 수 있 다. 이렇게 되면 도우미 운영에 들어가는 지출을 넘는 수입이 기대되는바, 이것이 바로 원원 전략으로 환경개선과 교통체증 완화, 노숙자 지원까지도 기대할 수 있다.

세계 5위권의 수도권 지하철, 전철망을 운영하고 세계에서 다섯 번째로 고속철도를 개통한 우리이지만 객실 안은 가장 시끄럽다. 휴대폰이 보급되면서 그렇게 되었다. 정숙도 유지에 형식적으로 접근한 공사 측의 안이한 자세도 한몫 했다. 하지만 지금이라도 늦지 않다. 차분히 계획을 세워 계도활동을 단계적으로 강화하여 차내 정숙도를 높이고 역사와 화장실을 고객에게 돌려주자. 품격은 스스로 높이는 것이지 남이 높여주지 않는다. 품격제고 없이 철도 르네상스를 거론하지 말자.

〈철-863-2007. 5. 4.〉

● *객실서비스*
역사와 열차 내 소음으로 쾌적한 여행 즐기기 힘들다

우리는 철도 이용시 다양한 소리를 접하게 된다. 역사와 플랫폼에서는 열차의 발착을 알리는 안내방송이 흘러나오고 객실에는 차륜이 레일 위를 미끄러지면서 내는 마찰과 충격음train noise이 들려온다. 느리게 달리던 시절 '덜컹덜컹'하는 표현이 널리 사용되었는데 속도가 빨라지고 장대 레일이 보급된 요즘에는 '쏴악쏴악'이라는 말이 더 적합할지 모르겠다. 전보다 뜸하게 또 은은히 들려오는 이 충격음은 철도를 상징하는 소리 중 하나이다.

추억의 기적소리에서 북적거리는 역사 내 소음으로 철도를 상징하는 또 다른 소리는 오랫동안 증기기관차의 기적소리였다.[16] 지금이야 접하기 힘들어졌지만 40년 전까지 우리 철도의 주역이었던 증기기관차가 박력있게 배출하는 증기소리 '칙칙폭폭'은 동요가 되었고 '빼엑~' 하는 기적소리는 흉내내기 힘든 음향으로 기억되고 있다.[17] 차륜과 대차臺車, bogie를 통해 좌석에 전달되어 오는 소리와 진동은 자신이 살아 움직이는 동력기관이 이끄는 열차에 탑승하고 있음을 실감케 해주었다. 맨 뒤칸에서 열차의 출발을 알리는 차장의 호루라기 소리 역시 추억 속 음향이다. 철도이용이 많지 않던 시절, 이들 소리는 듣기 좋고 정감을 느끼게 해주었다.

하지만 디젤기관차 다시 전기기관차로 바뀌면서 속도가 빨라지자 철도소리는 점차 소음으로 바뀌었다. 이를 고려해 늦게 도입된 KTX와 전기기관차는 엔진소리가 작아졌고 레일과 대차 기술의 발전으로 객실차량 소음도 줄었다. 또 전자 안내판의 보급으로 서울역과 용산역 등 큰 역사 내 안내방송도 빈도가 줄었다.

그런데 근래에 소음이 증가하는 곳이 있다. 규모가 큰 지하철, 전철 역에는 내부 통로공간이나 플랫폼에 가게들이 자리잡고 있는데 이들이 호객 차원에서 음악을 틀거나 판매구호를 외치고 있다. 이로 인해 승객들로 북적거리는 공간이 한층 어수선해진다. 그뿐만 아니라 역사 내 TV는 쉼없이 소리가 흘러나온다. 요즘들어 이용객이 많은 역사에 스크린도어가 설치되어 열차 진입시의 열차풍이 차단되고 승객의 전락사고가 방지되며 역사 내 공기질이 좋아졌다. 하지만 곳곳에 TV가 증설되어 운행정보와 관련 없는 요란한 방송이 흘러나와 플랫폼 대기 승객의 주의를 산만하게 하고 있다. 승하차시의 안전사고 유발이 걱정될 정도다.

객실과 열차 소음으로 인한 스트레스 증대 및 사고율 증가

객실 소음도 전보다 커지면 커졌지 작아지지는 않았다. 지하철과 전철의 객실은 차량의 제조원가가 낮아 상대적으로 소음이 크다. 차륜 소음이 여과 없이 전달되고 출입문 개폐시의 압축공기 배출 소리도 요란하다. '기아바이'라고 불리우는 잡상인의 판매행위도 줄지 않고 근자에는 일부 상업방송 멘트까지 들려온다.

KTX와 새마을호 객실 소음은 이들보다 작지만 이곳에서도 반복되는 객실 판매원의 카트 끄는 소리와 판매멘트, 그리고 아기 울음소리와 어린이 떠드는 소리는 여전하다. 여기에 수년 전부터 강력한 소음원이 더해졌다. 분별없이 들려오는 휴대폰 벨과 통화 소리다. 이같은 객실 소음을 이겨내고 2, 3시간의 이동시간 중 독서에 몰두하거나 숙면을 취할 수 있는 이는 많지 않을 것이다. 일본, 프랑스, 영국 등 선진국 철도에서도 휴대폰 소리 등 일정 수준의 소음이 발생하고 있지만 우리만큼 정도가 심하지는 않다.

돌이켜보면 철도의 소리는 철도 발명 이후 지속되어온 과제일지 모른다. 초기에는 소리가 주는 불쾌감보다 마차보다 빠른 교통수단으로서의 이점이 높이 평가되고 철도이용도 많지 않아 크게 문제되지 않았다. 그런데 발명 후 200년 이상이 지나면서 철도이용이 늘자 차륜 마찰음, 기관차 엔진음, 바람 가르는 소리, 터널 입출시 굉음 같은 전통적인 철도의 소리가 소음으로 간주되고 있다. 열차 소음은 이명 등의 청각장애, 스트레스 증대, 수면과 학습 방해, 사고율 증가, 반사회적 행위를 유발할 수 있다고 한다.

소음 규제와 억제를 위한 다양한 개선정책 필요

소음 규제 움직임은 증기기관차가 모습을 감추기 시작하는 1960년대 초부터 나타났다. 당시 항공기와 자동차 이용이 확대되면서 공항과 고속도로 주변 소음 규제 요구가 강해졌다. 그 결과 미국에서 국가환경정책법(NEPA, 1969)과 소음공해완화법(NCA, 1972)이 제정되고 1981년에는 관련업무가 연방에서 지방으로 넘겨져 실효성이 추구되었다. 영국과 일본이 미국보다 빠른 1960년과 1967년에 소음통제법을 제정하였지만 실효성은 크지 않았다. 이후 3국을 포함한 선진 각국은 소음 억제를 위해 다양한 정책을 추구하고 있다.

이러한 움직임과 달리 국내에서는 철도 소음이 증가하고 있다. 국민열차로 부상한 KTX에서 조차 승객들이 편히 여행할 수 없는 사례도 늘고 있다. 그간의 고객을 리피터 고객으로 확보하지 못하고 항공기, 고속버스, 승용차 고객을 철도로 끌어오지 못하면 코레일의 수지개선은 물론 환경개선도 힘들어진다. 철도가 정확하고 안전하며 '조용하고 안락한' 여행까지 제공해줄 수 있어야 KTX가 확실한 국민열차로 자리매김될 수 있을 것이다.

철도에 일정 수준의 상업성 도입이 불가피하다고 하더라도 역사 내 공간과 플랫폼에서 소음발생 행위를 허용하거나 방치하는 것은 안전사고 발생을 묵인하는 것과 진배없다. 휴대폰 소음이 승객들의 매너와 배려심 부족에 기인한다면 이들 공간의 소음은 코레일의 안전의식 결핍과 관계가 깊다. 사고는 운전자와 신호나 차량 정비사들의 부주의에 의해서만 발생하는 게 아니라 코레일의 안이한 대처와 그로 인한 승객의 주의력 저하에 의해서도 촉발될 수 있음을 잊어선 안 될 것이다.

〈TS for You 2008. 12. 1. 레일따라〉

● 객실서비스
휴대폰 때문에 사고 위험 높고 객실 분위기 흐트러진다

소음에 무감각한 우리에 비해 유럽인과 일본인은 소음에 민감하다. 아니 일본을 제외한 아시아 전체가 '소음대국'인지 모른다. 중국과 동남아 등지에서는 자동차 클랙션 소리가 요란하다. 앞서가는 차가 서행하거나 운전이 서투르면 여지 없이 클랙션을 눌러댄다. 근자에는 주된 소음원에 휴대폰이 추가되었다. 사무실과 길거리, 지하철 안은 물론 강의실에서도 휴대폰 소리를 피할 수 없다. 지하철, 전철을 40~50분 정도 타고 가면 본의 아니게 옆자리나 앞자리 손님의 시시콜콜한 사생활과 비즈니스 얘기까지 들어야 하는 경우가 적지 않다. 아마도 서로가 폐를 끼치고 사는 지금의 상태가 좋다고 생각하는 사람은 많지 않을 것이다.

2008년 9월 12일 오후 4시 30분경, 미국에서 휴대폰이 원인이 된 대형 철도사고가 발생했다. 승객 220명을 태우고 LA 유니언역을 떠난 통근열차가 LA 북서부 50㎞지점인 채스워드에서 유니온 퍼시픽사의 화물열차와 정면충돌하였다. 이 사고로 25명이 죽고 130명 이상이 부상당했다. 사고를 조사한 연방교통안전위원회(NTSB)는 열차와 신호는 정상가동되고 있었는데 기관사(로버트 산체스, 사망)가 브레이크를 잡지 않아 사고가 났다고 결론내렸다. 그는 사고 직전 휴대폰 문자메시지를 보낸 것으로 드러났으며 이 사고로 캘리포니아 철도 규제당국은 모든 철도 운전자에게 근무 중의 휴대폰 사용을 금지하는 긴급명령을 내렸다. 위반자는 건당 최고 2만 달러의 벌금이나 자격정지처분을 받는다.

사실 휴대폰 때문에 발생하는 사고가 어디 철도뿐이겠는가. 훨씬 많은 게 자동차와 보행자 사고일 것이다. 우리도 경찰이 2007년 11월부터 운전 중의 휴대폰 통화를 본격 단속하기 시작했지만 좀처럼 개선되지 않고 있다. 우선 편리하고 필요하다 보니 하면 안 되는 줄 알면서도 휴대폰을 이용하게 된다. 이용시 쉽게 적발되어 벌금 등을 물게 되면 자제할 터인데 적발되지 않는 경우가 많다 보니 위법인 줄 알면서도 휴대폰에 손이 간다. 단속하는 경찰도 휴대폰 현장을 잡기가 쉽지 않다. 통화가 금방 끝날 수도 있고 사진에 담기도 힘들기 때문이다.

이처럼 각종 교통사고의 원인이 되고 지하철, 전철 승객의 민원대상이 되고 있는 휴대폰 사용을 공공장소에서 규제하려는 움직임이 세계적으로 확산되고 있다. 프랑스의 고속열차 TGV가 근간 열차 내 일정 부분을 휴대폰을 사용하지 못하는 젠존zen zone, 禪城을 만들어 이 곳에 앉는 승객은 휴대폰을 끄고 조용한 분위기에서 여행할 수 있게 하였다. 덴마크, 독일, 핀란드에도 비슷한 조치가 있다.

미 뉴저지주 경찰은 2008년 3월부터 주행 중 통화하거나 문자를 보내는 운전자에게 100달러의 벌금을 부과하고 있다. 미국 내 21개 주가 유사한 제도를 운영 중이다. 한편 4월 중순부터 빈에서 남쪽으로 120마일 떨어진 오스트리아 제2의 도시인 그라츠Graz시가 모든 대중교통이용자들에게 휴대폰을 매너모드로 바꾸도록 요청하고 있다. 오스트리아인 3명 중 2명이 공공장소에서의 휴대폰 사용 통제를 지지한다는 조사결과를 토대로 제3의 도시인 린츠시도 대중교통의 휴대폰 사용금지를 검토하고 있다. 사실 일본은 오래 전부터 지하철, 전철 안에서의 휴대폰 통화를 철저히 금지해오고 있다.

하지만 이같은 제재조치를 포기하는 곳도 나타나고 있다. 스웨덴의 스톡홀름 교통당국은 10개월간 시행해오던 지하철, 버스, 통근열차 내의 휴대폰 사용금지조치를 2007년 5월에 해제했다. "너무 많은 승객들이 업무관련 전화를 받기를 원했고 일부는 휴대폰을 들고 있어야 편안하다고 느끼고 있었다"는 것이 해제이유다. "지금의 이같은 소란사태를 도무지 이해할 수 없어요. 30분 정도 휴대폰을 사용하지 못한다고 해서 소중한 누가 그 무엇이 크게 달라지나요. 모든 게 언제 어디서나 손닿을 데 있어야 하나요"라고 생각하는 이들이 있는가 하면 그렇지 않은 이들도 적지 않다는 얘기다.

우리와 비교하면 일본인과 일본 사회는 소음에 민감하다. 여기에 철도이용자가 많은 현실을 감안해서인지 몰라도 지하철과 전철 안에서의 휴대폰 사용 규제는 세계 최고 수준이다. 하지만 이러한 일본도 유럽의 관점에서 보면 시끄러운가 보다. 수제 바이올린 제작의 명인인 사사키 아키라 씨는 "독일에 살면서 가장 먼저 느낀 것이 '조용함'이다. 유럽에 살면 금방 이같은 '조용함'에 익숙해져 그러한 생활이 보통이 된다. 그런데 일본에만 오면 나리타

공항에서부터 시끄럽다. 에스컬레이터 탑승시의 지루한 멘트가 그렇고 역 플랫폼에서 들리는 열차 발착시의 벨차임 소리가 그렇다. 커피점에서 흘러나오는 배경음악과 각 상점의 마이크 호객소리는 또 어떠한가. 정말로 필요없는 배려"라고 지적한다.

일본이 소음에 둔감하다고 느끼는 아키라 씨가 우리나라에 오면 뭐라고 할까. 입이 떡 벌어져 아무런 말도 못하는 것은 아닐까. 휴대폰, 인류의 역사에서 최고의 발명품이라는 찬사까지 듣는 이 문명의 이기利器가 정적을 깨뜨려 우리를 피곤하고 짜증나게 하고 있다. 게다가 대형 철도사고의 원인으로까지 지적되면서 새삼 휴대폰 사용규제에 대한 관심이 세계 각지에서 고조되고 있다. 일본의 철도처럼 너무 규제해도 그렇겠지만 우리나 홍콩, 중국처럼 (사실상) 방관하는 것이 해법은 아닐 것이다. 지혜를 짜내 모두에게 득이 되는 방법을 모색해야 할 때가 한 발 한 발 다가오고 있다.

〈TS for You 2008. 11. 1. 레일따라〉

4장

고객이 안심하고 탈 수 있는 철도를 만든다

'빨리빨리', '괜찮겠지' 문화가 철도안전의 최대 적

● 후진적 안전문화
하루 2건 발생하는 KTX 사고, 감사원이 나선다

"허 사장에 대한 반감이 일선 정비 기술인력들의 손끝을 무디게 해"

▷ 이석우(사회자) : 고속철 KTX가 요즘 너무 자주 멈춰서고 있는데요. 지난 일요일(2011년 7월 17일)에는 김천 터널에서 KTX 열차가 고장으로 멈춰서 승객들이 1시간 이상 갇혀 있었습니다. 올 들어 발생한 사고를 합하면 36건, 이달 들어서만 벌써 4건입니다. 감사원은 급기야 코레일에 대한 특별 감사에 착수하기로 했습니다. 오늘 이 시간에는 '고속철 시민모임' 대표인 한신대 배준호 교수와 연결해서 잦은 사고의 원인이 무엇이고 어떻게 해결해야 하는지, 견해 들어보겠습니다. 배 교수님 안녕하십니까?

▶ 배: 네, 안녕하세요.

▷ 이: 2011년에 들어와 발생한 KTX 사고가 36건, 7월 들어서만 벌써 4건입니다. 어떤 사고들이 주로 발생하고 있습니까?

▶ 배: 다양합니다. 그동안 가장 사고가 많았던게 주동력장치인 모터블록, 제동장치와 관련 부품, 열차자동제어와 관련된 신호시스템, 거기에 2011년 들어서는 안전운행을 담보하는 핵심설비인 선로전환기 등의 장비와 시설들이 크고 작은 고장을 발생시키고 있습니다.

▷ 이: 지난 6월까지 발생한 고장·사고 중 큰 것은 우리 기술로 제작한 KTX 산천에서 주로 발생했습니다. 그런데 7월 17일 김천 인근의 황학터널에서 멈춰선 열차는 도입한 지 10년이 된 프랑스제 열차(KTX1)입니다. 이처럼 잦은 KTX 고장과 사고, 그 원인이 어디에 있다고 보십니까?

▶ 배: 복합적이라고 할 수 있겠습니다. 주목할 점은 적어도 2010년 3월에 국산 KTX가 투입되기 전까지, 즉 2004년 4월의 고속철 개통 이후 6년간은 정시율이 높아지고 사고발생건수가 줄어들면서 안정화 단계에 접어드는 듯한 모습을 보였다는 점입니다. 그러다가 사고가 다발하기 시작한 것이 국산 KTX가 도입되고 나서부터입니다.

그러니까 두 가지 측면에서 접근할 수 있는데요. 프랑스에서 수입한 고속철도는 부품제작 연도(1997~1998년 무렵)로 부터 계산하면 12~13년째에 이른다는 점에서 어느 정도 노후화가 진행되고 있고 이로 인해 고장과 사고가 발생하는 것일 수 있습니다.

이에 비해 KTX 산천의 경우에는 운행 개시 후 1년 5개월밖에 되지 않았는데 고장·사고가 많습니다. 배경에는 산천이 완벽한 기술로 설계·제작하고 충분한 시운전을 거치지 못한 상태에서 투입되었고, 이후 성급하게 상업운전에 나서면서 크고 작은 사고로 이어지고 있다고 봅니다.

▷ 이: 우리의 고속철은 비용절감을 위해서 시험운행을 외국보다 훨씬 적게 했다는 지적도 있던데요. 실태가 어떻습니까?

▶ 배: KTX 산천의 경우 초기 시험차량을 대상으로 수년간의 개량과 시운전 기간을 거쳐 현대로템 창원공장에서 완성차량이 만들어진 것이 2008년 10월경입니다. 이후 시운전 등을 거쳐 코레일에 인수된 것이 2009년 2월경입니다. 코레일을 해당 차량을 대상으로 1년 1개월에 걸친 시운전 등의 과정을 거쳐 2010년 3월 산천을 상업운전에 투입한 것입니다. 보기에 따라

선 시운전 등 준비기간이 다소 짧다고 볼 수도 있겠습니다만 중요한 것은 현대로템이 차량을 시험제작하는 과정에서 국제적 기준인 10만km 시험주행을 탈없이 마무리했다는 점입니다.

문제는 시험운전 중이던 기간 동안에는 큰 사고가 나지 않았다 하더라도 19편성을 양산하는 과정에서 이들 차량들이 모두 그러한 시운전 과정을 거친건 아니고, 또 승객을 태운 상태에서 시운전한 것도 아니라는 점입니다. 그런 측면에서 지금 운행되고 있는 19편성의 열차가 충분한 시운전기간을 거치지 못한 것이 아니냐 하는 지적에 대해서는 개인적으로 일부 공감하고 있습니다.

▷ 이: KTX 산천의 설계에 문제가 있는 것은 아닐까요?

▶ 배: 근자에 들어 이런저런 고장 · 사고가 잦다 보니 코레일, 철도시설공단, 현대로템이 책임을 떠미는 모습들이 연출되고 있습니다. 설계와 제작한 현대로템 측 잘못이다, 현실에 맞지 않은 설비를 시공한 철도시설공단 잘못이다, 아니다 무리하게 운행하고 정비를 제대로 하지 않은 코레일 측 잘못이다 등 서로에게 책임을 전가하는 양상입니다. 좋은 모습은 아닌 듯합니다. 사실 어느 쪽이 맞느냐 하는 문제는 정밀한 감사나 조사를 통해서 밝혀야 될 문제라고 할 수 있겠지요.

다만 지금 발생하고 있는 일련의 고장 · 사고의 이면에는 고도의 또 복잡한 기술적 문제가 얽혀 있기 때문에 감사나 조사를 통해서도 어느 정도까지 밝힐 수 있을지 다소 의문이 들기도 합니다. 분명한 것은 우리 기술진들이 고속철 국산화를 시도하는 과정에서 관련 기술을 충분히 자기 것으로 소화하지 못한 상태에서 모방 설계, 모방 제작에 나섰다는 점입니다. 물론 이 과정에서 전직 프랑스 알스톰 기술자나 유럽 기술진을 높은 보수를 주고 자문요원으로 초빙하여 기술지도를 받기는 했습니다.

하지만 프랑스와 유럽 측 원천기술을 따라잡는 데 일정 수준 한계가 있었을 것입니다. 알스톰 측이 이런저런 이유를 들어 실질적인 기술이전을 기피하고 있던 당시로써는 불가피하게 이렇게밖에 할 수 없었을 것입니다. 이렇듯 문제점이 없지 않았던 국산화 과정에서 내재되었던 문제들이 제품화되고 상업운전에 투입된 지금에 와서 조금씩 또 서서히 나타나고 있지 않나 하는 생각이 듭니다.

▷ 이: 차량 결함이라든지 이런 부분과 함께 철도장비의 부실정비 문제, 정비관리인력 부족 문제 이런 부분도 이야기가 되고 있거든요. 이런 부분은 어떻게 보십니까?

▶ 배: 코레일 경영진과 철도노조가 하는 얘기가 늘 상충하는 부분인데요. 제가 명확히 국민들에게 말씀드리고 싶은 것은 고양과 부산에 있는 KTX 정비인력은 허준영 사장이 취임한 2009년 3월 이후 전혀 줄지 않았습니다. 2009년에 841명이던 인력이 2010년에 960명으로 119명이 더 늘었습니다. 물론 그 배경에는 KTX 산천 19편성 투입이라는 차량 증가가 있지요. 지난 6년의 정비 노하우 축적과 숙련기술인력의 양성, 여기에 인력 증원 등을 고려하면 고장과 사고가 2010년보다 더 많이 발생하는 것을 설명하기 힘듭니다.

관련하여 여러 가지 진단이 나올 수 있겠습니다만 개인적으로는 허준영 체제가 출범한 지난 2년 4개월 사이에 경영성과에 영향을 미치는 영업부문 중시가 표면화하였고, 이와 더불어 코레일 내부에서 기술직·기능직에 대한 상대적 경시풍조가 확산되었다고 봅니다. 그 결과 기술, 기능 인력을 중심으로 조직에 대한 충성도가 떨어지고 비협조적 분위기 또한 확산되지 않았나 싶습니다. 통상적으로 얘기하는 '기강해이'다, '기합이 빠졌다'는 점들이 이러한 고장·사고의 이면에 자리잡고 있다고 보고 있습니다.

▷ 이: 감사원이 이달 중으로 코레일에 대한 특별감사에 들어갈 방침입니

다. 아무래도 이런 부분까지 고려해서 집중적으로 감사를 해야 되겠군요.

▶ 배: 그렇지요. 이번 감사에서는 정말 일선의 보수유지 현장에서 어떤 일들이 벌어지고 있었는지, 해당 정비조직 구성원 간에 문제는 없는지, 정비조직과 관리조직 간의 갈등은 없었는지, 갈등이 있었다면 그러한 것들이 어떠한 형태로 일선 업무에 영향을 주었는지 등 정책감사와는 다른 차원의 엄밀한 업무감사가 이루어지고, 가능하다면 기술적인 측면에 대해서도 관계분야 전문가 등의 도움을 받아 제대로 감사가 이루어져 시시비비가 가려졌으면 하는 것이 개인적인 바람입니다.

▷ 이: 어떻습니까, 코레일을 민영화하면 더 효율적 인력운용이 가능해질 것이라는 주장도 있습니다.

▶ 배: 고속철의 고장·사고의 다발과 민영화 문제는 별도 문제라고 봅니다. 지금 민영화하지 않은 공기업 형태로 운영되면서 상대적으로 많은 인력이 달라붙어 KTX를 운행·정비하고 있습니다. 민영화 하면 아무래도 지금보다 적은 운행인력, 정비인력으로 해당 업무를 맡기려 할 것입니다. 이익을 내야 하니까요. 주지하듯 지금의 코레일은 이익추구를 최우선 목표로 운영되는 조직이 아닙니다. 따라서 "고장·사고가 민영화가 되지 않았기 때문에 많이 발생하고 있다. 민영화하면 직원들의 눈빛이 또 손끝이 달라질 것이다"는 것은 논리 비약이 아닐까라고 생각합니다. KTX의 안전운행과 코레일의 민영화 문제는 별도로 접근해야 된다고 봅니다.

▷ 이: 허 사장의 경영 방향이라든지 조직운용, 어떤 문제점을 갖고 있다고 보십니까?

▶ 배: 허준영 사장도 뒤늦게 문제의 본질을 깨닫고 반성하여 부임 초기와 전혀 다른 방식으로 경영에 나서고 있다고 봅니다. 어떻게 보면 임기 2년을 경과한 상태에서 뒷북치고 있는 형국인데요. 허 사장의 임기 또한 8개월

정도 밖에 남지 않았습니다.

돌이켜보면 허 사장이 2009년 3월에 취임한 이후 민영화를 염두에 둔 조직의 사장처럼 경영을 하였습니다. 당시만 해도 코레일 경영진은 정부경영평가단 등으로부터 "2010년까지 적자를 반감하지 못하면 민영화를 검토하겠다"(2008년 10월 제3차 공공기관선진화계획)는 압력을 받고 있었던 것입니다. 그래서 조직인원을 '정원' 중심으로 대폭 감소시켰습니다. 물론 '현원'은 정원만큼 빠르게 줄지 않고 있습니다만.

이러한 허 사장의 부임과 이후 행동이 코레일 직원들에게 상당한 심리적 부담감을 주었을 것이고, 일부에서는 정서적 불안감에 빠지는 이들도 없지 않았을 것으로 짐작됩니다. 이 무렵 집중적 구조조정의 타깃이 된 보수유지 분야의 기술·기능직 직원의 사기가 크게 떨어졌을 것입니다. 이들은 마음속으로 "철도회사가 기술·기능인력 중심으로 움직이는 곳이지 행정·사무·관리·영업 인력 중심으로 운행되는 조직이냐"고 반발했을 것입니다.

2010년 하반기부터 KTX에서 사고가 다발하면서 허사장도 그간의 경영방침을 허겁지겁 바꾸었고, 기술·기능직을 후대하는 모습을 보이기 시작했습니다. 물론 청와대나 국무총리실, 국토해양부 등으로 부터의 압력도 거셌을 것입니다. 문제는 이같은 자세전환과 잇다른 안전강화 조치에도 불구하고 고장과 사고가 줄지 않고 있는 점입니다.

사실 허 사장의 조직장악력에 대해서는 그동안 나름대로 평가가 나쁘지 않았습니다. 노조관계라든가 대외관계 등의 측면에서 일정 부분 점수를 땄다고 할 수 있지요. 하지만 조직장악력과 일선현장 기술진의 손끝 사이에는 별다른 상관이 없는 듯합니다. 그의 언행에 대해 평소 신뢰감을 갖지 못한 코레일 내부의 기술·기능직 들은 눈에 띄지 않는 게으름으로 그에게 화살을 날린 게 아닌가 합니다. 안타깝게도 기술직과 거리감이 있는 코레일 경영진이 버티고 있는 지난 2년 4개월 사이에, 본인의 명시적 의사와 관계없이 960명 KTX 정비인력들의 손끝이 조금씩 무뎌지지 않았나 싶습니다. 저는 이렇게 보고 있습니다.

〈평화방송 열린세상 오늘 인터뷰 2011. 7. 19.〉

● 후진적 안전문화
2011년 6월, 철도안전을 다지고 다져도 부족하다

언제 대형 사고가 터질까 싶어 요즘 철도관계자들의 마음이 좌불안석이다. 2011년 6월 6일 새벽에는 의왕역 횡단 지하차도 공사장에서 대형 파일 천공기(무게 60톤, 길이 21m)가 전복되면서 가선을 절단하고 선로까지 덮쳤다. 이로 인해 출근시각대를 포함하여 경부선 선로의 75%가 5시간여 불통되었다.

같은 달 7일에는 2010년 11월 개통한 경부고속철 2단계 구간에 설치된 선로전환기(46대)에서 7개월 사이에 크고 작은 장애가 4백여 건이나 발생했다는 갑작스런(?) 소식이 전해졌다. 선로전환기는 2011년 2월 11일 광명역 인근 터널내 KTX 산천 탈선사고의 원인이 된 설비다.

KTX를 위시한 철도 전반에서 고장과 사고가 빈발하자 코레일은 같은해 5월 25일, 20여 명의 외부인으로 구성된 철도안전위원회를 발족시켜 그간의 안전대책과 안전시스템의 점검 평가에 나섰다. 하지만 근래 발생하는 고장과 사고의 특성을 살펴보면 근본적이고 중장기적 시각에서의 대처가 필요한 사안이 대부분이다. 현장에 밝지 못한 학자 중심의 그것도 단기간의 위원회 활동으로 수습될 수 있는 사안은 많지 않아 보인다.

근자의 사고는 2단계 구간의 선로전환기 고장 외에 2010년 3월에 투입된

KTX 산천 차량의 주요 부품 고장, 신호체계 및 열차자동운전 시스템의 불안정, 중국산 불량 코일 스프링클립(선로고정 체결구) 시공, 승객이 가장 많은 (연 5,612만 명) 무궁화호의 잦은 고장 등과 같이 원인이 근원적이고 복합적인 사안이 대부분이다.

KTX 산천이 운행되기 시작한 2010년 3월 이전까지만 해도 고속철도를 포함한 철도 전반은 수년째 고장과 사고율이 낮아지면서 이용객이 꾸준히 증가해왔다. 경부선 2단계 구간 개통 직후인 2010년 12월에는 전국의 KTX 1일 평균 승객이 13만 명을 넘어섰다. 그런데 요즘처럼 고장이 빈발하면 국민들의 불안감이 커져 이같은 승객수준을 유지하기 힘들지 모른다.

중요한 것은 그간 KTX의 고장·사고와 관련하여 거론되지 않던 철도시설공단이 부각되고 공단의 고속철 부실시공이 문제시되는 점이다. 주지하듯 KTX 산천의 부품 결함이나 신호체계시스템, 선로전환기의 고장과 장애는 운영 주체인 코레일의 보수·유지 기술인력으로 해결할 수 없다. 설계, 제작, 시공 등과 관련한 원천기술과 노하우가 결부되어 있기 때문이다. 근래에 들어와 철도시설공단의 고속철도 부실시공 사례가 하나 둘 드러나고 있는데 부실시공은 사고발생률을 높이고 보수·유지에 막대한 비용지출을 초래한다. 현안이 된 2단계 구간의 선로전환기가 그같은 사례의 하나라고 할수 있다.

상황이 이렇게 전개되고 있는 2011년 6월 중순의 지금은 철도관련자 모두에게 매우 중요한 시점이다. 철도안전이라는 목표를 위해 국토해양부를 필두로 코레일, 철도시설공단, 철도기술연구원, 현대로템과 관련 중소기업 등 관련자 모두가 긴장감을 갖고 해법 모색에 매진해야 한다. 철도안전위원회같은 임시조직의 진단과 평가, 처방 차원을 넘어선 근본적인 해법을 찾아야 한다. 그래야 대형 사고를 예방할 수 있다.

현안인 2단계 구간의 선로전환기 문제도 비용이 들더라도 땜질 차원이 아닌 전면 재시공 등의 방식으로 안전성을 확보하자. KTX 선로 등 주요 선로 주변 공사장에는 방호공防護工 설치와 감시자 배치를 의무화하고 이들의 기능이 제대로 수행되도록 감리·감독체계를 재정비·강화하여 어처구니 없는 안전사고가 재발하지 않도록 하자. 지금은 모두가 나서 철도안전을 다지고 다져도 부족할 때다.

〈철-1053-2011. 6. 13.〉

● 후진적 안전문화
KTX, 국민의 불안 싣고 위험한 질주 계속한다

KTX 사고 빈발, 정비 부실과 때늦은 대응이 초래한 '인재'…
근본적인 안전 대책 시급

요즘 KTX 승객의 마음이 불안하다. "목적지까지 제 시간에 갈 수 있을까", "사고 때문에 약속을 못 지키는 것은 아닐까" 하고 걱정한다. KTX만이 아니다. 수도권 전철과 새마을호, 무궁화호 열차에서도 크고 작은 사고가 발생하고 있다. 해마다 수천억 원의 세금이 투입되는 코레일이 승객들에게 안심과 안전을 보장하지 못하고 있다.

2004년 4월에 상업운전을 시작한 KTX 1, 49편성이 도입된 이후 시간이 지나면서 안정화 단계에 접어들었다. 운행 개시 후 8년차라는 점도 있지만 KTX의 원 모형인 TGV가 프랑스에서 개발되어 20년 이상이 지나면서 정보가 많이 축적되었기 때문이다. 실제로 프랑스, 스페인, 한국 등 TGV 모형이 운행되는 곳에서 인명 피해를 수반하는 대형 철도 사고는 발생하지 않았다.

그런데 2010년 3월 2일 국산인 KTX 산천이 상업운전에 나선 후 사고가 빈발하고 있다. 국산 KTX는 19편성이 운행 중인데 1년 2개월 사이에 40차례가 넘는 트러블을 일으켰다. 신호장치, 공기배관, 고압회로, 모터블록, 견인전동기, 승강문, 공조장치 등에서 문제가 많았다. 가장 큰 사고는 2월 11일에 일어난 광명역 인근 일직터널 내 탈선이었다. 이날의 사고는 항공철도사고조사위원회의 조사 결과 정비 직원과 관제센터 직원 등의 실수와 소통 부재가 원인으로 지적되었다. 이후 직원 두 명이 파면·해임되고 12명이 정직이나 감봉 등의 처분을 받았다.

결국 모든 국산 KTX 차량 정밀 재점검

주목할 점은 5월 7일 새벽 고양의 수도권차량관리단 검수작업에서 KTX 산천의 모터 감속기 고정대가 균열되어 탈락 직전에 있었다는 사실이 확인되었다는 것이다. 모터 감속기는 KTX의 엔진 격인 모터블록의 동력을 제어하는 구성장치로 무게가 0.5톤에 달한다. 고속주행을 할 때 이 장치가 선로에 떨어지면 탈선 등 대형 사고로 이어질 수 있다. 코레일은 상황이 심각하다고 판단해 현대로템(이하 로템)에 인수 후 처음으로 국산 KTX 차량 전체의 정밀 재점검을 요구했다. 지금까지의 사고가 주로 부품 고장과 시스템 오작동, 기관사, 정비사 실수 등으로 발생한 것에 비해 모터 감속기의 고정대 균열은 차량의 설계와 제작 오류로까지 발전할 수 있다는 점에서 문제의 심각성을 알 수 있다.

로템은 IMF 외환위기를 거치면서 1999년 7월 현대정공, 대우중공업, 한진중공업의 국내 철도차량부문 세 곳이 통합되어 발족한 회사이다. 이후 한국형 고속철 개발 사업을 준비해오다가 정부의 전폭적 지원을 받아 2005년 12월의 국제 입찰에서 알스톰을 제치고 우선협상대상자로 선정되어 KTX 산천을 코레일에 납품했다.

KTX 1이 투입된 2004년 4월 이전, 우리 철도는 새마을호 속도인 150㎞ 시대에 있었다. 그런데 어느 날 갑자기 300㎞ 시대로 뛰어올랐다. 1990년대 후반부터 기술자와 기관사 등이 프랑스에서 교육받아 KTX 1의 정비와 운행에 투입되고, 기술자들이 KTX 산천을 개발해 300㎞ 시대를 이끌고 있지만 지금 비약에 따른 성장통을 앓고 있다. 고속철 기술을 완전한 우리 것으로 만들지 못했기 때문이다. 이것이 우리 철도의 현주소이다.

이러한 상황에서 코레일은 모터 감속기의 고정대 균열을 확인한 정비사를 특별 승진시켰다. 잘한 일이다. 하지만 아쉬움이 없지 않다. 육안으로 확인될 정도의 큰 균열이 발견될 때까지 고양과 부산 기지창 정비사들은 무엇을 했느냐는 의문이 들기 때문이다. 구조물의 균열이라고 하는 것이 하루아침에 커지는 것은 아니지 않은가.

정비 부실과 때늦은 대응은 이밖에도 많다. 5월 8일 오후 2시 20분쯤 부산에서 서울로 가던 KTX 130호가 천안아산역 인근에서 긴급 정차했다. 18호 객차 밑에서 연기가 나고 소음과 진동이 심했기 때문이다. 다음날 코레일은 열차 추진의 핵심 장치인 견인 전동기 베어링 등이 노후화해 녹아내렸다고 발표했다.

그런데 이 부품은 전부터 고장이 많아 전면교체해야 할 대상이었다. 사고 차량의 주행 거리는 310만㎞로, 규정이 정한 250만㎞를 넘었는데 견인 전동기가 교체되지 않았다. 점검에서 이상 없는 부품은 계속 사용할 수 있다고 한다. 그렇다면 이번 사고는 점검작업이 제대로 수행되지 않았거나 노후화 아닌 다른 원인에 따른 파손일 가능성을 암시한다. 발표대로 노후화 때문이라면 부품을 제때 교체하지 못한 정비진의 책임은 작지 않다. 고속열차에서는 작은 부품 하나로 대형 사고가 유발되므로 뒤늦은 대응이 아닌 선제적 예방 조치가 중요하다.

분산된 국내 철도 기술력도 한데 모아야

프랑스산 고속철을 운행한 지 8년째, 국산 고속철을 투입한 지 1년 2개월째인 KTX 성적표는 5단계 등급으로 평가하면 '양', '가'의 중간쯤일까. 프랑스산 차량으로만 운행했더라면 '미' 이상일지 모른다. 국산화 욕심 때문에 평가가 낮아졌을 수 있으므로 이 점에 대해서는 일정한 유보가 필요하다. 그렇더라도 정부와 제작업체가 불완전한 차량으로 국민을 상대로 실험하고 있다는 얘기가 나와서는 곤란하다. 일련의 부품과 신호 체계, 열차 자동 운전 시스템의 국산화 과정에 문제가 없었는지, 설계와 제작 단계에서 간과한 것은 없었는지 밑바탕에서부터 꼼꼼히 따져보아야 할 시점이다.

철도관리체계도 문제이다. 2004년과 2005년에 철도시설공단과 코레일이 분리해 발족하면서 철도 기술인력이 두 기관으로 분산되었고, 이후 코레일은 경영수지를 개선하는 차원에서 보수·유지 인력과 관련 예산의 절감을 시도했다. 코레일은 보수·유지 예산의 70%를 선로 사용료로 철도시설공단에 지불하므로 이를 줄이면 경영수지가 개선될 수 있다. 이같은 정책이 코레일 기술인력의 사기를 떨어뜨려 기술력 저하와 기강해이로 이어져 근간 발생하는 많은 사고와 직·간접으로 연관되어 있는지 모른다.

선로 사용료 문제 외에 허준영 사장의 기술직 박대와 원칙 없는 간부 인력 관리도 문제이다. 코레일 이사 14명 중 엔지니어 출신이나 기술 마인드를 지닌 사람은 네 명(4월까지는 세 명)에 불과하며 수송안전분야 자문위원 아홉 명 중 안전 전문가는 세 명뿐이다. 기술본부장에 기술직 인사가 배치된 것도 근래이며(주 : 이전의 기술본부장도 군 기술장교 출신으로 외형상 기술직 인사로 구분할 수 있으나 오랜 관료생활과 코레일 내의 관리직 보직으로 제대로 된 기술직 인사로 보기 힘듦) 2011년 2월 선임된 두 명의 비상임 이사는 철도와 무관한 70대 전후의 전직 관료와 서울시의원 출신이다.

　사고에 대비하는 차원에서 국토해양부와 코레일이 조직을 개편하고 예산을 늘려 KTX 정비 점검을 강화하는 데에 나섰지만 효과가 지속될지 의문이다. 관련 기술력을 충분히 갖추어야 장기적으로 안심과 안전이 확보될 터인데 지금의 대책은 아무래도 미봉책이다.

　우려되는 대형 사고를 예방하고 승객의 안심과 안전을 확보하려면 어떻게 해야 할까. 먼저 코레일 사장 등 주요 자리에 300km 시대에 걸맞은 기술 마인드가 있는 인사를 앉히자. 그래야 철도 기술인력의 사기가 진작되고 기술력이 배양될 수 있다. 다음으로 KTX 산천이 안정화될 때까지 코레일의 보수 · 유지 인력과 관련 예산을 확충하고, 코레일과 로템과의 협조 체제를 대폭 강화해야 한다.

　로템도 상업운전 과정에서 드러난 각종 문제점에 대한 코레일 측 지적을 겸허히 받아들여 책임감 있게 해법을 모색해야 한다. 필요하다면 정부 재정 지원도 고려하자. 정부는 2005년 말의 국제 입찰에서 로템을 지원한 후 고속철 국산화라는 국가 프로젝트를 로템과 코레일에 떠맡기고 할 일을 하지 않고 있다. 끝으로 중기적으로는 코레일과 철도시설공단을 통합해 분산된 국내 철도 기술력을 집결하는 것도 적극 검토해야 한다.

〈시사저널-1126-2011. 5. 18.〉

● 후진적 안전문화
KTX 사고, 2011년 들어 3월까지 9번째

'사고철' 오명 벗을 수 있을까?
KTX 운행중단은 정비인력 감축 탓 코레일.
KTX · 일반열차 환승시간 단축 서울행 KTX 터널 속 서 멈춰… 1시간 지연 .
KTX, 2011년 2월 15일, 24일, 27일에도 고장.

■ 이슈 집중분석-대담자 : 배준호 고속철시민모임 대표(한신대 교수)

2004년 4월부터 운행을 시작한 KTX가 2011년 들어 3월까지 잇따라 9번의 사고와 고장을 내고 있다. 원인으로는 국내 기술진이 고속철 기술을 완전습득하지 못해 발생한 기술적 요인이 가장 컸다고 본다. 그외 도덕불감증도 원인으로 들 수 있다.

2011년 2월의 광명역 탈선 사고, 담당자 기강해이로 인해 발생
KTX사고 중에서 특히 2월의 광명역 탈선 사고는 아직도 그 원인에 대해 가시지 않은 의문점이 많은 상황이다. 이는 기술적인 문제로 발생하는 통상의 KTX 사고와 달랐다. 선로전환기 보수를 맡은 코레일 정비담당자와 관제

센터 담당이 일으킨 초보적 실수 때문에 일어난 사고였기 때문이다. 즉, 기강해이로 발생한 사고라고 할 수 있다. '선로전환기'는 고도의 기술이 집적된 KTX와 무관한 차량의 선로를 변경해주는 지극히 단순한 기계장치로 200년 전 철도 초창기 때부터 사용되는 시설이다.

KTX 산천 출범 이후 사고 잦아져… 기술 국산화에 따른 성장통

프랑스의 고속철을 들여온 1990년 후반기에 철도시설공단 직원들은 직접 프랑스로 가 연수도 받고 시운전도 해봤다. 하지만 현재 그때 기술을 배웠던 사람의 상당수는 퇴직하거나 이직한 상황이다. 또한 초기에 도입한 KTX1은 국내에서 운행된지 10년이 넘어 중고차가 되었다. 게다가 부품의 경우 고장이 나면 이것을 한국에서 생산할 수 없어 수리하는 데 어려움도 겪고 있다.

2004년 이후 철도의 최고 속도는 시속 130km에서 300km로 발전했다. 하지만 이는 자체 기술 습득에 의한 것이 아닌 외국으로부터 들여온 기술에 의해서 가능하게 된 것이다. 2010년 3월에 코레일은 국내 기술로 개발한 KTX 산천을 상업운행에 투입하였는데 이때부터 사고가 잦아지기 시작했다. 즉, 철도의 국산화 비율을 높이면서 사고율이 높아진 것이다. 이에 지금의 상황은 남의 것을 우리 것으로 들여오는 데 따른 성장통成長痛이라고 볼 수 도 있겠다.

기술직 박대… 인재로 이어져

KTX의 잦은 사고는 어떤 면에서 인재人災라고 볼 수도 있다. 코레일이 발족한 지 만 7년이 지나는 동안 코레일은 실적을 높이지 않으면 민영화하겠다는 압박을 많이 받았다. 이런 과정에서 코레일 내에서는 기술자들이 냉대를 받고, 사업성과 수익성이 중시되는 분야의 사람들이 우대받았다. 이에 기술자의 기술이전 노력이 제대로 이루어지지 못했고 기강해이가 발생했다. 이는 KTX 산천을 만든 현대로템 측에서도 마찬가지였다.

고속철 발전 위해서는 기술직 우대해야

앞으로 이런 잦은 사고를 방지하고 국산 기술을 정착시키기 위해 코레일은 남아 있는 기술자들을 우대하고 철도시설공단에 남아 있는 기술자들을 모아와야 한다고 본다. 현대로템 역시 기술자를 우대하며 고속철을 한국의 주력 수출상품으로 키우기 위해 노력해야 할 것이다. 만약 민간 차원의 노력이 힘들다면 정부 차원의 지원도 필요하다고 본다. 그렇지 않으면 국민들은 고속철을 안심하고 탈 수 없을 것이다.

〈SBS CNBC 2011. 3. 23.〉

● 후진적 안전문화
SBS 한수진의 오늘(2011. 2. 25.) 인터뷰

"탈선사고 난 지 얼마나 됐다고… KTX 또 멈춰서"

진행을 맡은 한수진입니다(이하 한). 경기도 광명역 KTX 열차 탈선 사고가 발생한지 꼭 2주일 만에 오늘 또다시 KTX 열차가 멈춰서는 사고가 발생했습니다. 코레일 측은 일시적인 멈춤이다, 열차 고장은 아니었다, 이렇게 설명했지만 열차가 철로 위에 서 있는 40여 분 동안 승객들이 불안감을 감추지 못했습니다. 코레일의 안전불감증이 심각하다는 지적도 나오고 있는데요. 〈고속철시민모임〉의 대표이신 한신대 배준호 교수님(이하 배)과 말씀 나눠보겠습니다.

▷ 한: 교수님, 안녕하세요?

▶ 배: 네. 안녕하세요?

▷ 한: 본론으로 들어가기 전에 잠시 여쭤볼게요. 대표로 계시는 고속철 시민의 모임, 궁금한데요. 어떤 단체인가요?

▶ 배: 웹상에서 활동하는 단체로, 2004년 4월에 고속철 KTX가 개통한 이후 고속철 관련 문제에 대해서 문제를 분석하고 건설적인 의견 특히 개선방안을 제시하는 단체라고 할 수 있습니다.

▷ 한: 그렇군요. 오늘 사고 얘기 좀 해봐야겠어요. 다행히 인명피해는 없었는데 주행 중에 열차가 멈춰섰다는 건데요. 오늘 사고 정리를 좀 해주신다면요?

▶ 배: 이 열차는 아침 6시에 부산에서 서울로 가는 KTX로 서울역에 8시 39분 도착 예정이었습니다. 그런데 광명역에 이르기 전인 경기도 화성시 매송면이라는 곳에서 열차가 갑자기 40여 분 정도 정차하였습니다. 나중에 확인해보니까 열차의 내외부와 연관된 열감지장치에 이상이 감지되어 기관사가 열차를 정지한 것으로 판명됐습니다.

▷ 한: 열감지장치에 이상이 있었다. 이런 경우가 흔한 건가요?

▶ 배: 아마 열차 선로가 과열이 되어 이것이 열차로 전달되어 차량의 급정거로 이어졌다고 하는데요. 지금까지 거의 보도되지 않았던 현상으로 알고 있습니다.

▷ 한: 이런 경우는 처음인가요?

▶ 배: 처음인지는 모르겠지만 제가 보도를 접한 것은 이번이 처음입니다.

▷ 한: 그렇군요. 40여 분 만에 운행이 재개됐다고는 하는데, 승객들이 느꼈을 불안감은 엄청났겠어요?

▶ 배: 그렇죠. 불안감도 불안감이지만 당장은 8시 40분이라는 아침 출근

시간에 맞춰서 서울로 오려고 했던 고객들의 개인적인 일정이 틀어지면서 느꼈을 조바심, 이런 것이 컸을 것 같고요. 그리고 불과 2주 전에 탈선 사고가 있었기 때문에 승객들이 느꼈을 불안감, 코레일 측에 대한 불만감도 상당했을 것으로 추측됩니다.

▷ 한: 2월의 탈선 사고는 선로전환기 너트가 화근이었던 걸로 정리가 된 거죠?

▶ 배: 바로 오늘 열차가 멈춰선 곳에서 조금 더 서울방면으로 오면 일직터널이라는 곳이 있는데요. 그 일직터널 안에서 2010년부터 운행을 개시한 KTX 산천이 탈선한 사고입니다. 그때는 열차 선로전환기라고 하는 것이 문제를 일으켰는데 선로전환기라는 것은 열차의 운행방향을 바꿔주는 지극히 기본적인 철도안전장치라고 할 수 있죠. 그런데 이게 고장이 나서 KTX 산천이라는 최신형 고속열차가 탈선했다는 것은 어처구니없는 사고이고요. 더구나 나중에 그게 너트 하나 때문이었다, 이렇게 판명이 돼서 국민들에게 굉장히 실망감을 안겨주었죠.

▷ 한: 그런데 지금 KTX 산천 말인데요. 2010년에 개통됐는데 운행 첫 단계에서부터 '사고철'이란 비난이 계속 나오고 있네요?

▶ 배: 다음달이면 상업운행에 들어간 지 거의 1년이 되는데요. 그동안 공식적으로 보도된 사건이 15건 정도 있었습니다. 근데 이 중에 절반 정도가 신호제어시스템 상의 문제이었고요. 나머지 중 5건이 모터블록이라는 동력장치 이상이었습니다. 아무튼 KTX 산천 차량 자체의 문제도 그렇지만 열차의 안전운행을 담보해주는 신호제어 시스템이 안정되지 못했다는 것이 가장 큰 문제라고 할 수 있습니다.

▷ 한: 지금 KTX 산천 같은 경우는 해외시장 진출도 꾀하고 있다면서요?

▶ 배: 우리가 상당한 꿈을 가지고 개발한 국산 고속열차인데요. 적어도

이 열차가 지금 현재는 19편성이 상업운전에 투입돼 있습니다만 앞으로 국내에도 20편성 이상 더 투입될 예정입니다. 이같은 국내 운행실적을 토대로 브라질이나 미국의 플로리다 등의 해외로 수출하려고 준비하고 있는 차종이지요. 그런 점에서 광명역 탈선 사고는 굉장히 뼈아픈 사고라고 할 수 있죠.

▷ 한: 그렇죠. 그런데 지금 국산이라고 말씀하셨는데요. 국산이라고 한다면 부품의 약 몇 퍼센트 정도가 자체 기술로 만든 건가요?

▶ 배: KTX 산천이 나올 때, 홍보자료 차원이라고 생각합니다만 국산화율이 87%다, 90%다 하는 얘기를 했습니다만. 현대로템이 중심이 되어 만든 차량인데요. 국산화라고 하지만 많은 제품이 알스톰사나 유럽 부품사들의 제품을 모방한 것이 많고요. 그래서 가격으로 보면 이같은 비율이 나오지 못하죠. 고가의 핵심 부품은 아직도 수입품이 월등히 많습니다. 국산화율이 이름에 걸맞은 87%, 90% 수준에 이르려면 조금 더 시간이 걸릴 것 같고요. 그런 점에선 KTX 산천 주요 부품의 완전국산화, 품질제고, 이러한 방향의 노력은 앞으로 과제로 남아 있다고 할 수 있겠습니다.

▷ 한: 그렇군요. 근데 교수님, 일반열차까지 합친다면 해마다 발생하는 열차 사고 건수가 어느 정도나 될까요?

▶ 배: 철도사고를 크게 교통사고, 안전사고 두 개로 나누는데요. 교통사고라고 하는 것은 열차 사고나 건널목 사고, 이런 것을 가리키고요. 안전사고라는 것은 화재발생, 시설파손 등의 사고를 말합니다. 이 둘을 합쳐서 2010년에 290건이 발생했습니다. 그러니까 사흘에 두 건 이상 발생한 셈이죠. 크고 작은 사건 다 합친 것이긴 합니다만.

▷ 한: 사고가 많은 편이죠?

▶ 배: KTX 사고는 국민들의 관심도 매우 높고 우리가 수출을 목표로 개발하고 있는 차종이기 때문에 보도되지만 조그마한 사고들은 보도가 잘

안 되죠.

▷ 한: 그럼 이렇게 사고가 많은 원인을 어디에서 찾아야 될까요?

▶ 배: 그동안 코레일의 이런저런 자료를 보면 교통사고율은 줄어들고 있어요. 그리고 외국에 비해서도 그렇게 높은 편은 아닌 것으로 나타나고 있습니다. 이탈리아 정도가 우리보다 사고율이 낮고 그밖의 많은 비교대상 국가들은 우리보다 사고율이 높은 것으로 나타나고 있습니다. 그런데 사고라고 하는 것이 차량 자체의 문제일 수도 있고 또는 차량을 둘러싼, 아까 말씀드린 신호제어시스템과 이들 신호제어시스템을 다루는 사람들의 잘못된 조작으로 발생할 수도 있지요. 여러 가지 이유가 거론될 수 있습니다. 한 가지 주목할 점은 근간 발생하는 사고들이 차량 자체의 문제 이상으로 차량을 관리하고 정비하거나 신호제어시스템을 다루는 이들의 규율과 근무자세 이완과 관계가 깊어 보인다는 사실입니다.

▷ 한: 그래서 자꾸만 인재라는 이야기가 나오는 거죠.

▶ 배: 그렇죠. 2월 11일에 발생한 광명역 터널 내 탈선 사고는 완전히 인재라고 할 수 있습니다.

▷ 한: 한편에서는 코레일이 너무 무리하게 구조조정을 해서 그것도 열차 사고발생과 연관이 있는게 아닌가, 그런 지적도 있던데요?

▶ 배: 연관이 전혀 없다고는 말씀드릴 수 없겠습니다. 코레일이 지금 과감한 인력 구조조정작업을 진행 중인데요. 인력 구조조정작업의 핵심파트가 보수 · 정비 분야 인력들입니다. 유념할 점은 이 사람들을 구조조정한다고 해서 그동안 정비업무에 참여하던 사람들이 일순간에 참여하지 않고 다른 인력이 투입되는 것은 아닙니다. 외주를 주더라도 그동안 업무를 수행해오던 코레일 직원들이 신분만 바꾸어 민간 기업체 직원으로서 5년이나 10년 등과 같이 계약기간에 따라 코레일의 안전 · 보수 · 유지 업무를 담당하죠.

그러면서 이들 인력이 차츰 새롭게 채용되는 민간 인력으로 대체되어나갑니다. 따라서 근간의 사고가 코레일이 진행 중인 인력 구조조정 때문이라고 말을 할 수 없겠지만 적어도 이러한 작업이 진행되는 과정에서 보수·유지 분야 기술계 직원들의 사기저하, 근무자세 변화 등이 영향을 미쳤을 가능성은 있다고 봅니다.

▷ 한: 그렇군요. 오늘 말씀 여기까지 듣겠습니다. 고맙습니다. 〈고속철시민모임〉의 대표 배준호 교수님과 말씀 나눠봤습니다.

● 후진적 안전문화
KTX도 안전 대책, 추가해도 부족하다

시스템 운영 전문가 양성 시급

(전략)

KTX 전체 시스템 운영을 꿰뚫어볼 수 있는 전문가 양성계획이 빠진 것도 이번 대책의 문제점으로 지적된다. 고속철시민모임 대표인 배준호 한신대 글로벌비즈니스학부 교수는 "이번 대책이 근간 급증하는 KTX 사고를 개선할 수 있을지는 의문"이라고 지적했다.

그는 "KTX 열차와 선로, 운영 시스템을 전체적으로 조망할 수 있는 전문가들이 있어야 고장 원인을 제대로 짚고 해결책도 제시할 수 있다"면서 "KTX 개발국인 프랑스보다 터널이 월등히 많은 한국 지형에서 어떤 부품이 얼마나 빨리 노후화하는지, 국산 부품이 기존 시스템에서 어떤 문제를 일으킬 수 있는지 등을 알 수 있는 사람이 국내에는 없다"고 말했다.

〈한국-2011. 7. 25.〉

● 후진적 안전문화
사고 나도 20분 내에 '후다닥' 정비한다

10분만 늦어도 부서평가서 감점 당해
장애 원인 찾기보다 열차통과에 급급
시스템 정비 외면 '땜질식 처방' 화禍 자초

KTX '정시 운행률'은 세계 최고 수준이다. 열차가 정해진 시간에 얼마나 정확하게 도착하는지를 나타내는 지표가 정시 운행률이다. 통상 국제적으로 종착역 기준 15분 이하 지연 도착을 따진다.

(중략)

철도 전문가와 종사자들은 "정시율에 대한 집착으로 인해 장애가 발생했을 때 빨리빨리 처리하고 넘어가려 하기 때문"이라고 진단한다. 고속철시민모임 대표인 배준호 한신대 교수는 "신호 장애로 인해 열차가 어느 정도 지연되는 것은 불가피한데, 이를 해결하기 위한 근본적인 신호시스템 정비를 제대로 하지 않고 현장 인력을 압박해 임시 방편으로 처리하는 관행이 문제"라고 지적했다.

(하략)

〈매일경제 2011. 7. 10.〉

● 후진적 안전문화
일반철도용 선로전환기, KTX 고속철도에 깔았다

406건 장애 원인 지목, 2단계 구간 전수 검사, 다 뜯어낼 경우 115억 날려

KTX 2단계 구간(동대구역~부산역)에 설치한 선로전환기는 시속 300㎞

이상에서는 한 번도 사용된 적이 없는 제품인 것으로 밝혀졌다. 이에 따라 철도시설공단이 안전성이 검증되지 않은 핵심 안전장비를 도입해 사용 중단이라는 초유의 사태를 불러왔다는 지적이 일고 있다.

국토해양부는 KTX 2단계 구간의 선로전환기를 7월 말까지 전수 검사한 뒤 부분적인 보수를 할지 전면 재시공할지 결정하겠다는 입장이다.

하지만 고속철도시민의 모임 배준호(한신대 교수) 대표는 "선로전환기의 오작동은 탈선 등 대형 참사를 불러올 수 있다"며 "비용이 들더라도 운행 안전 확보를 위해 문제가 된 선로전환기를 교체하는 것이 바람직하다"고 말했다.

〈중앙-2011. 6. 9.〉

● 후진적 안전문화
고속철도 차량 · 선로 '총체적 부실'이 우려된다

안전사고 우려, 코레일-철도시설공단 책임공방

한국형 고속열차인 'KTX 산천'의 차량 결함에 이어 열차 안전운행과 직결된 선로전환기 등에서 장애 등이 발생해 고속철도 건설에 총체적 부실을 우려하는 목소리가 높다.

2011년 6월 8일자 코레일 보도에 따르면 2010년 11월 개통한 경부고속철도 2단계 구간에 설치된 선로전환기(76대)에서 파손, 전환불량 등 장애가 지속적으로 발생, 6월 3일부터 신설역인 울산역(4대), 신경주역(4대)에서 선로전환기 사용이 중단되었다.

고속철도시민의 모임 배준호(한신대 교수) 대표는 "고속철도 건설과정의 경험 미숙, 선로전환기 납품업체의 선정 착오 등으로 시행착오를 겪고 있는 것"이라며 "일부 비용이 뒤따르겠지만 운행안전 확보를 위해서는 문제가 된 선로전환기를 1단계 구간 등에서 검증된 것으로 교체하는 것이 최선의 방법으로 보인다"고 말했다.

〈연합-2011. 6. 8.〉

● 후진적 안전문화
수익성 강조하면서 기술인력을 냉대한다

철도 전문가들, "프랑스 연수 인력 거의 사라졌는데 국산화 욕심이 화 불러…"
"코레일과 철도시설공단 통합해야."
"수익성만 따지다가…기술은 뒷전."
기술직들은 사기 저하, KTX 운영과 유지보수 기술력 완벽하지 못해.

배준호 한신대 교수(고속철시민모임 대표)는 ▲고속철도 운영과 국산화 욕심 ▲코레일의 수익성 강조 ▲이에 따른 기술직 인력부족 등을 주된 이유로 들었다.

배 교수는 "130~140km 속도체제에서 300km로 올렸지만 기본적으로 그 기술을 우리 것으로 소화하지 못한 모두의 원죄"라고 지적한다. 그는 "성장통을 겪는 과정"이라면서 "욕심을 내 열차를 국산화했지만 기술력이 의욕만큼 뒤따르는 게 아니다"고 말했다.

배 교수는 "기술이 강조되는 공단과 달리 영업을 중시하는 코레일의 기술 분야 직원들은 상대적으로 외면 받아왔다"고 설명했다. 그는 "사장, 부사장이 KTX를 그리 잘 아는 사람이 아니고 기술 쪽 고위직도 없어 사기가 많이 떨어졌다"고 덧붙였다.

전문가들은 기술인력 확보를 위해 코레일과 철도시설공단의 통합을 주장하고 있다. 그런 뒤에 건설부문을 따로 운용하더라도 전문기술인력은 현장중심으로 배치해서 더 이상의 고장·사고가 나지 않게 해야 한다고 주문했다.

〈아시아경제 2011. 3. 23.〉

● 후진적 안전문화
코레일 직원 수준, 시속 120㎞ 때와 다르지 않다

배준호 한신대 교수는 "코레일이 KTX를 시험운행한 기간까지 포함하면 고속철 운용기간은 10년 이상"이라며 "하지만 정비기술이나 조직원들의 수준은 시속 120~130㎞의 열차를 운행할 때와 다르지 않은 것 같다"고 말했다.

〈중앙-2011. 3. 1.〉

● 후진적 안전문화
기관고장·운행중단… 코레일, 주말 하루 2건의 사고

배준호 한신대 교수(고속철시민모임 대표)는 "요즘의 고속철 사고는 차량이나 선로가 노후화되는 시점에 발생하고 있다는 점에 주목해야 한다"며 "최고경영자의 생각이 이렇게 안이해서야 재발 방지대책이 제대로 나오겠느냐"고 지적했다. 배 교수는 "기존 KTX는 더 자주 정비하고 2010년 3월 투입된 산천의 안전성도 더 높여야 한다"고 강조했다.

〈중앙-2011. 2. 28.〉

● 후진적 안전문화
KTX 또 멈춰섰다, 이번엔 열감지장치 작동

배준호 한신대 교수(고속철시민모임 대표)는 "몇 년간 주요 인사에서 기술직 출신이 배제되고, 일반 행정직에게 기관사 교육까지 시키면서 기술직이 홀대받는다는 주장이 나오고 있다"고 전했다. 배 교수는 "광명역 탈선 사고는 그동안 누적된 코레일의 모든 문제점이 복합적으로 작용하면서 발생한 것"이라면서 "수익성도 중요하지만 철도 사고는 파장이 큰 만큼 전문성을 높이는 일도 절대 소홀히 해서는 안 된다"고 강조했다.

〈매일경제-2011. 2. 25.〉

● 후진적 안전문화
수준미달 고속철, 책임 묻는다

상업운행을 시작한 지 열흘 남짓한 고속철도(KTX)가 기로에 서 있다. 3월 말의 열차시각표 개정 후 2주가 지나기 전에 당국은 경부선·호남선에 새마을호·무궁화호를 16편(경부 12, 호남 4) 늘렸다. 고객 불만이 남아 좀 더 늘리다 보면 하루 128편 운행하는 고속철 운영이 힘들지도 모른다. 당국은 달러박스인 KTX를 계획대로 164, 184편으로 늘려가고 싶겠지만 현실은 정반대다. 내놓고 말하진 않지만 좌석점유율이 평균 50%를 밑도는 호남선은 줄이고 싶을 것이다.

개통 이후 잇단 고장과 사상사고로 얼룩진 고속열차지만 잘 들여다보면 기대 이상이다. 97%가 넘는 정시운행률, 80%에 달하는 평균 좌석이용률(경부선, 전체 64%) 등 안정 운행단계에 접어들고 있다. 게다가 고속열차가 철도여객 수입에 70%(전철 포함 60%) 이상 기여할 것으로 추산돼 고속철 운행 40년째인 일본의 신칸센(시내철도, 민영철도 포함, 35%)보다 기여율이 높다. 이 수치는 KTX가 사실상 국민열차임을 암시한다.

그런데 '반신불수', '엉망진창' 고속철이라고 비난받는 이유는 KTX 개통과 함께 시행된 새마을호·무궁화호의 감축 규모가 너무 커(경부 52편, 호남 22편) 서민과 통근·통학 승객의 비용부담과 불편이 가중됐기 때문일 것이다. 여기에 역방향 좌석, 새마을보다 못한 내부 시설, 혼란스러운 발매·예매·환불 시스템이 기름을 부었다. 당국은 2004년 4월 6일 부랴부랴 대책을 발표했고, 같은달 12일부터 열차가 증편 운행되고 있다. 역방향 좌석과 내부 시설 문제 등은 해결에 시간이 소요될 전망이다.

지난 2주간의 소동과 KTX 개통 준비 과정에서 드러난 문제점과 대책을 정리해보자. 첫째, 철도 운용계획에 고객은 없었다. 3월 말의 열차시각 조정과 요금 개정이 상징적이다. 통근·통학 요금이 50%에서 100%씩 오르고 시간은 더 걸리는데도 요금이 오르는 구간이 늘어났다. 환승으로 불편해졌는데 요금이 오른 구간도 많았고 고속열차와 무관한 경춘선·경의선의 일반 열차 운행이 대폭 축소됐다.

둘째, 건교부를 비롯한 당국의 호남선 고속열차 운행 준비가 부족했다. KTX의 호남선 투입이 결정된 1998년 이후 6년간 당국은 전철화, 복선 마무리, 노선직선화 등 시설 공사에 주력했을 뿐 20량 편성 열차 투입이 유발할 문제에 대비하지 못했다. 그 결과가 뜸한 운행 간격, 낮은 좌석점유율, 긴 플랫폼, 불안한 건널목이다. 고속열차 통과노선의 건널목 입체화에도 지자체 부담(25%)을 요구, 지자체의 예산 부족으로 사업이 미뤄지면서 철도청은 예산의 29%를 사고 이월, 불용처리했다(2002년).

셋째, 당국은 빠르지만 쾌적도가 새마을보다 떨어지는 KTX를 고급, 꿈의 열차로 홍보함으로써 국민의 분노를 자초했다. 초기 혼란은 자가당착인 셈이다. 좁은 좌석, 시끄럽고 눈부시게 밝은 차내, 역방향 좌석, 들리지 않는 TV, 앞 손님 하품 모습까지 비치는 천장, 잦은 터널 통과로 여행이 편안하지 못하다. 1~2시간의 절약이 쾌적한 여행을 대체할 수 있다고 믿는 고객은 소수다.

넷째, 많고 긴 터널이 편안하고 안전한 운행에 미칠 영향에 대한 연구와 대비가 소홀했다. 그 결과 터널레일 하부를 슬래브 구조로 깔아 소음을 증폭시켰다. 또, 우리의 고속열차는 테제베와 달리 수시로 터널을 드나들기 때문에 차체가 압력 변화와 진동, 미기압파微氣壓波, 고주파에 노출돼 있는데, 시운전 이후 누적된 피로와 반복되는 자극이 고장과 사고로 비화할 가능성에 대한 연구가 부족하다.

대책으로는, 우선 2005년 초로 예정되어 있는 철도공사로의 이행을 기다리지 말고 철도운영에 민간 아이디어를 대폭 도입, 고객중시 경영체계를 조기에 확립해야 할 것이다. 그리고 서울~대전 구간 등에 통근 무궁화를 4편 정도 추가하는 것이다. 한국형 KTX가 투입될 2007년까지 호남선 고속열차를 감축, 일반열차로 대체하며 남는 고속열차를 경부선으로 돌린다.

또 일반석 요금을 인하, 좌석점유율을 높임으로써 KTX를 명실상부한 국민열차로 자리매김시키자. 검토 중인 터널 소음 대책 외에 다양한 객실 소음 감소책을 마련하고, 1급 전문가를 초빙하여 고속주행 중의 잦은 터널 드나듦과 고장과의 관계를 분석해보자. 끝으로 호남선 고속열차 운행 준비 부족과 조악한 3월 말 열차운용계획 개편 사태에 응분의 책임을 묻자.

〈문화-2004. 4. 13.〉

● 후진적 안전문화
고속철 안전, 아직 구멍 많다

고속철 개통까지 한 달도 남지 않았다. 그런데 당국은 지금도 관련 공사를 진행하고 있고 안전과 관련된 주요 문제점에 대한 보완책을 마련하느라 부산을 떨고 있다. 문제의 낌새를 눈치챘는지 당시의 고건 총리는 2004년 3월 3일의 국정현안정책조정회의에서 고속철도 안전점검을 강화하라고 지시했다.

안타까운 것은 개통시점까지도 사고위험이 높은 평면건널목 110곳과 무단횡단 우려 장소 248곳(88km)이 남아 있다는 사실이다. 단계적으로 입체화하고 울타리를 치기로 했다지만 당분간 안전취약지대로 남을 전망이다. 기존선은 경부노선의 경우 45%지만 호남노선까지 포함하면 67%나 된다. 기존선 구간도 지금보다 50% 이상 빠른 시속 140~150km로 주행하므로 건널목 사고시 재해강도는 훨씬 더 커질 것이다.

그동안의 시운전 중 대형 사고는 없었지만 일부 차량의 엔진이 꺼지거나 기존선~전용선 연결구간의 신호연동시스템 호환 불량으로 열차가 자동 정지하는 등의 트러블이 발생했다. 일부 미디어가 이 문제를 들어 오는 4월 1일 개통이 불확실하다고 보도하자 당국은 해명 자료를 내놓으면서 3월 중순까지 완벽한 대책을 세워 4월 1일 개통에 문제가 없을 것이라고 호언하고 있다. 사안의 성격상 당국의 주장처럼 될지는 미지수다.

같은 차종인 프랑스의 테제베도 2001년 10월 31일 기존선~전용선 구간의 신호연동시스템 기능장애로 기존선에 시속 130km로 과속진입, 레일절손과 탈선을 일으킨 바 있다. 우리는 신호연동시스템의 트러블은 물론 기관사, 종합사령실 종사자 등의 부주의로 인한 연결구간에서의 탈선, 추돌 사고에도 대비해야 한다. 국내 제작 차량 비율이 높고 연결구간이 많기 때문이다. 이같은 구간은 시흥, 대전과 대구 시계 진입 및 이탈구간 등 다섯 군데나 된다.

일본은 1964년 10월 1일의 신칸센 개통시 도쿄~신오사카 간 515㎞를 전용선으로 새로 깔고 대부분의 문제점을 해결한 상태에서 두 달 이상 전구간 시운전을 거쳐 개통한 바 있다. 시운전 기간은 우리도 적지 않았지만 기존선까지를 포함하면 충분한 시간을 가졌다고 자신하기 어렵다.

이밖에 우려되는 고속철의 가장 큰 안전 문제는 터널 안에서의 탈선과 화재 동시 발생에 따른 대형 재해 가능성이다. 터널을 포함한 지하 공간의 화재는 2003년 2월의 대구지하철 참사처럼 대형 재해로 번질 수 있다. 경부고속철도에만 47개의 터널이 있으며 긴 것은 10㎞가 넘는다. 직선 노선을 고집하다 보니 그렇게 될 수밖에 없었다. 그런데 터널 구간의 화재 대비책은 500m마다 설치된 분말소화기(3.3㎏)가 전부고 소화전이나 제연 시설은 없다. 현재의 대비책은 화재 발생시 차량을 터널 밖으로 유도하고 이것이 어려우면 승객을 비상 대피시킨다는 것이다.

당국은 우리와 같은 기종인 프랑스 TGV가 23년의 운행 중 사망 사고가 없었고 관절형 차량 구조를 지녀 탈선시에도 대형 사고로 이어지지 않는다고 주장한다. 그러나 테제베 차량인 유로스타가 2001년 10월 17일 해저 터널에서 화재를 일으켜 승객들이 자욱한 연기 속에 짐을 내팽개친 채 황급히 대피한 사실이 있다. 대응이 조금만 늦었더라면 대형 재해로 이어질 뻔했다. 당시 사고는 차량 아래쪽의 칼단축이 절손돼 선두차에서 화재가 발생한 것으로 판명됐으며 이로 인해 터널이 한시적으로 전면 폐쇄된 바 있다.

현실적으로 긴 터널 안에서 1,000명의 승객을 안전하게 대피시킬 수 있을지도 걱정이다. 유도등과 대피로가 있다고 하지만 긴 터널 안에서 제연과 진화 없는 대피는 불가능에 가깝다. 분말소화기는 초기 진압용일 뿐 소화전,

제연 시설에 비할 바가 되지 못한다. 고속철의 많은 부분이 불연재라고 하지만 여객 소지품은 대부분 가연재다.

끝으로, 안전사고 예방책을 정리해보자. 우선 평면건널목의 입체화와 무단횡단 우려 장소의 울타리 설치 작업을 한시바삐 마치고 연동신호시스템, 전철기轉轍機 등 분기 시스템의 안전도를 높여 연결구간의 위험을 제거하자. 그리고 터널 방재시설을 대폭 보완하여 탈선을 동반한 화재시에도 대피 가능하도록 하고 철도청·철도시설공단·로템 등에 분산돼 있는 안전관리업무를 통합하고 전체 종사자의 안전관리 교육을 대폭 강화하자.

〈문화-2004. 3. 8.〉

철도안전은 철저한 정신자세와 규범준수에서 출발

● *철저하지 못한 규범준수*
2007년 6월, 다시 부각된 철도안전

다시 철도안전이 화두다. 2007년 6월 3일 오후 5시 넘어 발생한 경의선 가좌역 공사장 옹벽 붕괴 사고로 철도운행이 차질을 빚은 바 있다. 그리고 6월 13일 오후 5시경에는 KTX가 경부선 청도역 부근에서 개통 후 가장 큰 차량 사고를 내고 상동역에 긴급정차하였다. 충격완화장치가 파손되면서 굉음이 발생하고, 일부 객실이 연기로 가득찼다. 또한 자갈이 유리창으로 튀어오르고 주행 중인 승용차가 자갈 세례를 받았다. 기관사는 사고발생 사실을 모른 채 5분 정도를 통상 속도로 달렸다고 한다. 이번 KTX 사고는 건설교통부가 6월 11일 '안전관리 특별대책 수립위한 긴급대책회의'를 소집한 지 이틀 만에 발생한 것이어서 충격이 크다.

옹벽 붕괴로 가좌역 선로 노반이 15~30m나 침하하였는데 다행히 인명피해는 없었다. 하지만 사고발생 7분 전에 통근열차가 현장을 지나갔기 때문에 자칫하면 큰 사상 사고로 이어질 뻔했다. 완전복구까지 3주 정도가 소요될 전망으로 KTX 등 주요열차의 운행이 차질을 빚으면서 코레일 측의 영업손실이 우려되고 있다. 아쉽게도 사고로 고객의 불편·불만이 적지 않을 터인데 코레일과 철도시설공단은 홈페이지에 사과 한마디 올려놓지 않고 있다.

사고 조짐은 11일 전부터 있었다. 코레일 측이 5월 23일 사고현장에서 150여m 떨어진 곳에서 지하수 유출 등으로 노반이 내려앉아 선로가 변형된 것을 확인하고, 열차의 안전운행이 심히 우려된다면서 가좌역 지하역사 공사구간의 감리단장과 철도시설공단에 대책을 촉구한 바 있다. 따라서 철도시설공단, 쌍룡건설, 감리단 등도 이 지역 일대의 노반침하 위험을 예감하고 있었을 것이다.

그런데 대비는 지극히 소홀했다. 시공사인 쌍룡건설은 사고 직전 이상을 감지, 공사 장비와 인부를 철수시켰지만 코레일 측에 27분이 지나 통보하고 인근 상가와 지역 주민들에게는 알리지도 않았다. 코레일은 사고 직전까지 열차를 운행시키고도 "우리는 공사장 안전담당관의 보고에 따라 지시한다. 당시 안전담당관은 열차의 서행 등 운행에 주의하라는 정도의 보고를 했다" 면서 자기 책임이 아니라고 둘러댄다.

더 큰 문제는 국내 철도건설의 주 시행사인 철도시설공단이 사건 후에도 "우리는 공사가 원활하게 진행되도록 주변을 정리하는 등의 지원만 할 뿐 공사 감리는 현장에 있는 감리사가 대행한다"면서 뒷짐지고 있는 점이다. 철도건설의 주 책임기관이 매우 소극적인 자세로 대처하고 있다. 시공사와 감리사가 민간기업이므로 공적기관인 철도시설공단은 최종감독 등 총체적 책임을 담보해야 할 기관이라는 점에서 그 책임이 어느 곳보다 무겁다고 할 것이다.

차제에 주요 철도시설의 보수유지와 선로 주변의 철도관련 건설공사에 따른 안전관리 업무와 권한의 통합을 검토하자. 코레일(수송안전실)과 철도시설공단(경영혁신단 외)으로 구분되어 관리되는 안전관리업무를 코레일로 일원화하자. 사고발생에 따른 피해가 코레일에 집중되는 현실에서 사고발생 예방에 따른 업무 및 권한도 코레일 측에 부여하는 것이 사리에 맞을 것이다. 지금의 코레일 측 안전관리 업무에서는 선로 주변의 철도관련 건설공사가 안전관리 대상 밖이다. 이번 사고도 공사장 안전담당관의 말만 믿고 대응했다가 노반붕괴를 방치하였고 자칫 대형 인명 사고를 촉발할 뻔했다.

안전은 말과 캐치프레이즈보다 지루할 정도의 자기 점검과 거듭되는 확인, 명확한 책임소재를 통해 확보할 수 있다. 지금의 분산된 철도안전관리 업무와 권한을 통합하고, KTX 정비 및 부품조달 문제를 근본부터 재점검하여 안전대책을 세우자.

〈철-869-2007. 6. 15.〉

● 철저하지 못한 규범준수
2007년 3월, 우리 철도 안전한가

2007년 3월 6일 철도공사법이 개정되어 공사는 자체적으로 해외사업을 추진할 수 있는 기반을 갖게 되었다. 국내시장이 좁기 때문에 해외로 진출하려는 것을 막을 수야 없지만 그렇다고 해외에서 큰 수익을 거둘 수 있다고 기대하는 것은 금물이다. 앞서 한전 · 수자원공사 · 광진 · 석유공사 등의 선배 공기업이 해외사업에 발을 디뎌 놓았지만 큰 수익을 거둔 사례는 많지 않다. 해외사업에 몰두하다 국내에서 대형 안전사고라도 발생하면 구렁텅이로 빠질 수 있다.

KTX 개통 후 만 3년이 경과하는데 탈선 · 전복 등의 대형 사고가 없어 참으로 다행이다. 이용객이 늘면서 KTX 운행편수도 증가하는데 차령이 오래되면서 고장차량이 늘어 부품조달에 어려움을 겪고 있다. 사고발생 위험도가 높아지고 있다. 국산 부품은 품질이 문제고 수입 부품은 적시조달이 문제다. 당연한 얘기지만 사고가 발생하지 않는 지금이 철도안전을 외치고 실천해야 할 때다.

지금의 철도안전을 담보해온 주된 인력 중 하나가 유지·보수맨이다. 공사는 인건비 절약 등의 이유로 발족 당시 3천 명 수준이던 유지·보수 인력(비정규직 포함)을 2년여에 2천명 수준으로 줄였다. 비정규직이 많아 향후 인력을 더 줄이고 유지·보수 업무 전반의 외주화도 검토하고 있을지 모른다. 유념할 점은 이로 인한 철도안전의 훼손이다. 외주화에 앞선 안전시스템 강화가 필요한 이유가 여기에 있다.

우리보다 과감히 철도를 개혁한 영국에서 철도사고가 빈발하고 있다. 2007년 2월 23일에도 9량 편성의 펜돌리노 틸팅열차가 북서부 컴브리아 지역 호반의 둑방노선을 고속주행하던 중 탈선, 여성 1명이 죽고 22명이 부상하는 사고가 발생했다. 가디언지 보도에 따르면 운영사인 버진사와 선로운영 특별법인인 네트워크레일이 보선상의 문제, 즉 포인트 이상으로 사고가 일어났다고 밝히면서 사과했다고 한다. 철도사고조사국RAIB은 포인트 전철봉 3개 중 1개가 없고 2개는 부러져 있었으며 볼트, 너트, 워셔가 제대로 끼워져 있지 않았다고 지적하고 있다. 포인트는 2002년 5월의 폿터즈바역의 급행열차 탈선 사고(7명 사망, 70명 부상)때도 원인으로 지적된 바 있다.

이번 사고도 공사부문의 분할과 관계가 있는지 모른다. 네트워크레일이 청부업자, 하청업자, 노동자파견회사로 이어지는 공사체계를 제대로 관리하지 못해 사고로 이어졌다는 인식이다.

2005년에 일본에서 발생한 두 건의 대형 탈선 사고는 기관사 교육 부실과 시설투자 소홀 때문이었다. 4월의 후쿠치야마福知山선 통근열차 탈선 사고와 12월의 우에쓰羽越선 특급열차 탈선 사고는 지금도 JR서일본과 JR동일본의 경영과 이미지에 큰 마이너스 영향을 미치고 있다. 그래서 이들은 사건을 잊지 말자고 지금도 홈페이지 첫머리에 큼지막한 코너를 마련, 사과문을 게재하고 사건경과와 처리경과, 안전성향상계획 등 사후대책을 설명하고 있다.

영국과 일본 등 철도선진국의 사고를 거울삼아 우리 철도의 안전을 다시한 번 전면 재점검하자. 2006년 2월에 제시된 안전정책에는 2010년까지 5조 원을 투자하겠다는 장밋빛 계획이 담겨져 있다. 중요한 것은 이같은 수년단위의 일괄 약속을 내놓는 것보다 1년 단위로 꼬박꼬박 실천하고 그 위에과거에 작성한 투자계획을 다시 짜나가는 자세다. 2006년 7월에 발족한 '항공·철도사고 조사위원회'도 내실을 기할 수 있도록 우리 식의 지침을 마련하는 것이 중요하다. 철도는 안전이 최우선이고 사고는 사전예방이 최고다.해외사업 같은 신천지에의 진출도 철도안전 확보라는 진부한 업무 기반 위에 성립한다. KTX 개통 3주기를 앞두고 유지·보수맨 한 사람 한 사람의 엄격한 자기감시와 사실 확인을 당부드린다.

〈철-857-2007. 3. 16.〉

● 철저하지 못한 규범준수
정발산역 17시간 침수, 반복되는 안전불감증 재해

마른장마인가 싶더니 제3호 태풍 '에위니아'와 뒤이은 장마전선의 북상으로 2006년 7월 11일부터 전국에 많은 비가 내렸다. 14일 현재 집계된 피해에따르면 사망·실종자가 11명이고 이재민이 296가구 821명에 이른다. 이번장맛비로 경기도 고양시는 시의 많은 지역이 침수되고 지하철 3호선 정발산역은 17시간 동안이나 침수·불통됐다. 또 경남 고성과 전남 승주에서는 산사태로 고속도로가 부분통제됐고 곳곳에서 산사태나 축대·물막이둑 붕괴사고가 발생하여 가옥이 부서지고 농경지와 양식장 등이 피해를 보았다. 이번 주말부터 이어지는 연휴 기간에 100mm 이상의 비가 집중될 경우 지역에 따라 큰 피해가 발생할 것으로 우려된다.

일산 신도시를 끼고 있는 고양시에서 발생한 물난리와 교통대란은 시사하는 바가 많다. 신도시 중앙로가 침수되는 등 400mm의 호우에 도시기능이 마비된 것은 우리의 도시계획 기술과 방재 시스템에 허점이 있음을 의미한다. 지구촌 이상기후가 거론된 지 오래인 만큼 '기록적인 호우', '예상을 넘는 비'라는 말로 비켜가려 해서는 곤란하다. 솔직히 인재人災임을 인정하고 원인을 분석, 대책을 마련하려는 자세가 아쉽다. 안타까운 것은 정발산역 침수가 우리의 고질적 약점인 '괜찮겠지', '빨리빨리' 문화의 연장선상에 있다는 점이다. 연결지하도 공사를 위해 뚫어놓은 지하철역 벽구멍을 얇은 합판으로 가려놓았던 일이나, 현장 감독자가 문제점으로 지적하지 않았다는 게 그렇다.

재난관리를 책임지고 있는 소방방재청도 적극적이지 못했다. 재난 등 비상상황시 지역 주민에게 전달하는 문자메시지는 너무 늦어 효과를 거두지 못했다. 지하철역 침수 사실이 전해진 것은, 침수시각인 오전 8시 40분에서 1시간 이상이 흐른 오전 9시 54분이었다. 많은 시민이 출근길에 나섰다가 뒤늦게 운행중지를 알게 되는 바람에 교통대란이 가중됐다. 남은 장마와 태풍에 기동력 있게 대비해야 할 소방방재청의 이번 대응은 아쉬웠다. 발족한 지 2년을 넘긴 소방방재청이 제 기능을 다해 연평균 1조 5천억 원에 달하는 재해복구비용을 줄이는 데 기여하기 위해서는 보다 더 적극적인 대처와 예방·연구 활동이 필요하다. 기관의 홈페이지에는 '루사', '매미', 대구지하철 사고 등 대형 재난의 정황을 분석하고 이를 토대로 국민에게 재해 대비를 촉구하거나 홍보하는 코너가 없다.

우리 못지않게 자주 수해가 발생하는 일본은 2000년 9월의 도카이지역 폭우(시간당 114mm, 이틀 강우량 600mm)로 10명이 숨지고 8조 원의 재산 피해가 발생하는 등 1959년 이세완伊勢灣태풍 이후 가장 큰 피해를 봤다. 이를 계기로 도쿄도 등 대도시는 도시형 수해대책을 강화했으며 특히 지하철 등 지하공간의 침수예방책과 침수시 대응책을 재정비했다.

이러한 일본의 움직임과 달리 조달청이 2006년 7월 3일 이후 입찰공고하는 공공공사에 최저가입찰제를 확대시행키로 하여 부실공사 우려가 커지고 있다. 2001년 제도도입 이후 낙찰가는 예정가의 58% 수준에 머무르고 있다. 예산절감 조치는 업체 간 출혈경쟁과 부실공사를 유발하여 대형 사고로 이어질 수도 있다. 조달청은 계약 이행실태 점검을 강화하여 공사의 품질 확보를 기약한다지만 효과는 미지수다.

사실 '빨리빨리'문화는 우리의 장점이자 약점이다. 빨리빨리 문화는 국민의 직성에 맞고 그 덕분에 수익도 늘릴 수 있었다. 하지만 졸속공사로 사후대처비용이 늘어나 총사업비가 증가하고 신뢰도가 떨어진 적도 없지 않았다. 지금부터라도 한발짝씩 '꼼꼼하게' 문화에 다가가자. 길게 보면 터진 일을 빨리 수습하는 것도 좋지만 꼼꼼히 챙겨 사고가 재발하지 않도록 하는 것이 삶의 터전과 가정의 행복을 값싸게 보호하는 길 아니겠는가.

〈문화-2006. 7. 15.〉

● 철저하지 못한 규범준수
잇다른 2005년도 일본 철도사고의 교훈

개통후 20개월째인 2005년 12월, KTX의 하루 이용객이 10만 명을 넘어서고 수입이 28억 원에 달했다고 한다. 초기의 7만 명 수준보다 48%가 늘어났다. 이같은 호조세가 지속하면 2007년쯤 고속철도 경영수지가 흑자로 돌아설지도 모를 상황이다. 그렇지만 새마을, 무궁화 등 일반철도의 경영수지가 악화되고 인건비 부담이 늘어나 철도 전반의 수지는 10년 이내의 흑자전환도 힘든 상황이다. 일본, 영국 등 철도 개혁국의 경험이 시사해주는 것은 단계적인 인력구조조정 외에는 근본적인 수지개선책이 없다는 것이다.

다행히 1993년 3월 28일의 경부선(부산 덕천동) 무궁화호 탈선전복 사고 (사망 78명)와 2003년 8월 8일의 경부선(대구 사월동) 추돌 사고(2명 사망) 이후 큰 열차사고가 발생하지 않고 있다. KTX가 정착하려는 시점에 큰 사고가 발생하면 공들여 유치한 고객이 다시 항공기와 고속버스로 옮겨갈지 모른다. 철도안전이 어느 때보다 강조해야 할 구호이자 기본 업무지침인 셈이다.

때마침(?) 일본에서 열차사고가 빈발하여 주의를 환기시키고 있다. 1996년 이후 거의 발생하지 않던 승객 사망 사고가 2005년 세 건이나 발생, 철도왕국의 체면이 구겨졌다. 지난 수년간 사상 최대의 경영수지 흑자를 기록하여 민영철도로의 변신과 성공을 대내외에 과시하고 있던 JR서일본과 JR동일본이 당사자다. 회장, 사장 등 경영개혁을 선도해온 CEO들이 사고의 책임을 지고 잇달아 조직을 떠날 전망이다.

3월2일, 고치高知현 스구모시 산하 도사土佐 구로시오 철도의 특급열차가 스구모역 구내에 100km의 속도로 진입하다가 기관사가 죽었다. 4월 25일에는 JR서일본 후쿠치야마福知山선의 통근열차가 아마가사키시의 곡선구간을 100km 넘게 달리다가 탈선, 아파트를 들이받아 107명이 사망하였다. 1963년 11월 9일의 국철 도카이도선 쓰루미鶴見 열차다중충돌 사고(161명 사망) 이후 최대 사고였다. 그리고 12월 25일에는 JR동일본의 우에쓰羽越선에서 눈바람 속에 특급열차가 초속 30m를 넘는 돌풍에 휘말려 탈선·전복, 5명이 죽었다.

사고후 일본 당국이 보여준 대처는 주목할 만하다. 4월 사고 후 해당 선은 물론 JR서일본의 다른 선에도 속도조사照査장치가 달린 신형 ATS가 대거 설치되었고 기관사 자질향상검토위원회가 운영되고 있다. 또 사고 다음날 항공·철도사고조사위원회(2001.10 발족) 철도부회 조사관 6명이 현장에 투입되어 사고원인 조사에 착수하였고, 철도국장은 JR서일본 사장에게 경고장을, 지방운수국장들에게 철도안전을 촉구하는 공문을 보냈으며, 사고대책본부는 전국의 철도사업자에게 신형 ATS 설치와 기관사 교육, 열차시각표 관리에 대한 긴급 총점검을 요구하였다. 12월 사고에서도 유사한 조치들이 취해 졌으며 JR동일본은 운행중지 풍속을 19년 만에 초속 30m에서 25m로 낮추었다.

우리의 경우 철도청 시절인 2004년 2월에 철도사고조사위원회(위원 9명)를 발족시켰지만 미국, 영국, 일본의 조사위원회 만큼 독립적이지 못하다. 운행중지 풍속은 초속 30m(고속철도운행안전규정 45조), 25~30m(운전취급규정 434, 435조)로 되어 있다.

철도사고의 조사, 분석과 대비책 수립보다 중요한 것이 사고의 사전예방이다. 철도안전은 철도인 한 사람 한 사람의 엄격한 자기 감시와 사실 확인을 거쳐 확보되는 것이지 오랜 경험과 관행으로 얻어지는 것이 아니다. 고객이 철도를 찾는 가장 큰 이유는 안전하고 정확하기 때문이다.

〈철-800-2006. 1. 13.〉

5장

철도 운영적자 줄여 국민부담 덜어준다

흑자경영, 결코 꿈이 아니다

● 흑자경영
시한부 경영정상화 압력받을 코레일의 뉴 CEO

우리 철도가 다시 갈림길에 직면했다. 본업수지가 개선되지 않는 가운데 시한부 경영정상화 목표를 부여받은 코레일이 산고 끝에 리더십 있는 새 CEO를 맞이할 준비를 하고 있다. 고속철을 포함한 해외사업 진출을 준비하던 철도시설공단은 진행 중인 경부고속철 2단계 구간 공사의 선로침목 균열 사건으로 신뢰도가 떨어져 어려움에 직면해 있다. 보완공사에 따른 추가적인 예산지출과 사건 관계자에 대한 책임추궁이 불가피할 전망이다.

다행인 것은 코레일이 근래 영업외수지에서 특별이익(자산처분이익 등)을 실현하여 경상적자 폭을 줄이고 있고 고속철 개통 후 대형 열차사고가 발생하지 않아 안전한 철도라는 인식이 확산되어 철도이용이 늘면서 국민의 철도에 대한 호감도가 높아지고 있는 점이다. 여기에 고유가와 친환경 의식의 고조로 도로보다 철도투자가 강조되면서 철도건설 예산까지 많이 늘었다.

이같은 철도르네상스 분위기에도 불구하고 우리 철도를 둘러싼 상황은 녹록지 않다. 기획재정부 등 관계기관에서는 공공기관 혁신책의 일환으로 코레일에 대해 2010년까지 영업수지 적자를 반으로 줄이고 2012년에는 흑자로 전환할 것을 요구하면서 외부위탁과 구조조정을 적극 권고하고 있다.[18]

하지만 현실에서는 KTX 승객 증가가 기대보다 더디고 광역철도를 비롯한 각종 철도요금의 인상이 쉽지 않아 영업수지 적자 폭 축소가 힘들다. 구조조정이나 급여인하 등을 통한 인건비 감축이 효과적이라는 것을 알지만 근자의 경제위기 여건에서 이를 실천하기가 말 만큼 쉽지 않다. 상황이 이렇다 보니 유능한 경영자 후보들이 코레일 사장 공모에 응할 엄두를 내지 못했다.

돌이켜보면 코레일은 2002년의 철도민영화법안과 철도사업법안으로 민영화 직전까지 갔다. 노무현 정부가 발족하면서 흐름이 바뀌어 철도공사로 발족하였는데 컬러가 바뀐 새 정부에서도 개혁의 톤이 약해 철도산업의 발전 속도가 기대보다 더디다. 공사(2005.1), 공단(2004.1) 발족 후 공공기관 경영평가단의 평가를 받고 있고 그 결과가 조금씩 개선되거나(공사), 우수한 것으로(공단) 나오고 있지만 이같은 평가결과가 '현 체제로 좋다'는 뜻은 아닐 것이다. 그래서 기획재정부 등이 점진적이긴 하지만 철도 개혁을 강도 높게 요구하는지 모른다.

4월이면 KTX 개통 후 5년이다. 주변의 우려와 비판 속에서도 KTX는 큰 사고 한 번 없이 높은 정시율을 유지해오고 있다. 침목균열 등 부실시공이 문제가 된 경부고속철 2단계 공사도 사고조사와 사후조치를 거쳐 안전하고 신뢰도 높게 마무리하면 2011년 이후 KTX 이용객이 크게 늘 것이다. 코레일과 철도시설공단은 근자에 발생한 일련의 사태를 자성의 계기로 삼아 신뢰도 회복을 위한 획기적인 자정활동 강화에 나서야 한다. 위로 CEO로부터 일선 창구 직원에 이르기까지 부적절한 처신과 부조리 유혹에서 벗어나야 한다.

얼마 전부터 우리 철도는 공익성보다 수익성과 사업성을 강조하고 있다. 그래서 공사(코레일) 체제로 전환하였고 장기적으로 주식회사로의 전환까지 고려하고 있다. 현 체제에서 소기의 수익을 낳고 부조리 등의 문제가 발

생하지 않으면 주식회사로 전환하거나 외부인에게 철도경영을 맡기지 않아도 될 것이다. 하지만 지금 같은 갈림길에서는 역량 있는 외부인사로 하여금 신 지평을 열도록 하는 것이 필요할지 모른다. 새 CEO의 변화된 철도경영을 지켜보고 싶다.

〈철-952- 2009. 3. 13.〉

● 흑자경영
정규직 확대, 바람직하나 경영개선과 양립시킨다

공사는 2007년 중 직접고용 비정규직 중 200명을 정규직으로 특별채용하고 1,392명을 계약직으로 전환하는 등 향후 1,938명을 단계적으로 정규직화할 방침이다. 7월 1일의 비정규직보호법 발효 후, 이랜드 등이 장기파업으로 영업손실을 입고 기관의 이미지가 실추되는 상황에서 공사는 공기업 최대

규모의 비정규직 대책으로 솔선수범하고 있다. 이번 방침으로 공사인력의 6% 상당 인력이 무기계약직으로 바뀌게 된다. 이들은 휴일·휴가 등의 근로조건과 후생복지 측면은 정규직 수준으로 상향조정되지만 별도 직군제와 신 취업규칙 적용으로 임금 등 일부 근로조건에선 차별화될 전망이다.

협상을 거쳐 확정되겠지만 정규직(6급 1호봉) 대비 60% 미만인 임금은 70~80% 수준으로 올라갈 전망이다. 공사는 '고용안정을 우선하고 처우는 단계적으로 개선'한다는 입장인데 노조는 '정원 확대 없는 정규직 전환 방침에 따른 선별적인 무기계약화와 별도 직군 신설 등을 통한 차별 고착화가 문제'라고 반발한다. 그렇지만 현실적으로 우대받아온 정규직 노조원의 양보와 희생 없이 정원확대와 인건비 증대라는 정부, 공사 측의 배려만으로 비정규직 처우를 개선하는 것은 쉽지 않다.

이번에 정규직으로 전환되는 이들 중 65% 정도가 역무와 매표, 안내, 영업 및 사무 보조 인력인데 KTX 여승무원들은 대상 밖이다. 승무원의 경우 공사와 인연을 맺은 첫 고리가 파견형태의 간접고용이었기 때문이다. 2006년 3월 이후 18개월간 거친 목소리와 억센 행동으로 공사와 KTX를 세간의 화젯거리로 만들고 이철 사장을 '몹쓸' CEO로 자리매김시켰던 여승무원들은 공사인력의 1% 남짓 한데 이번에 그보다 다섯 배 이상 많은 인력이 슬그머니 정규직으로 전환하게 된 것이다. 여승무원들은 또 한 번 억장 무너지는 기분을 맛볼지 모르겠다.

주지하듯 근자에 발효한 비정규직 보호법은 우리의 고용일선에서 많은 파장을 일으키고 있다. 상대적으로 재정여력이 있는 공공기관과 은행 등 일부 대기업이 비정규직 보호에 나서고 있지만 훨씬 많은 비정규직 인력이 고용계약기간 단축과 조기 해고로 법시행 전보다 더 불안하게 취업해 있다. 솔직히 비정규직 보호법이 우리 실정에 맞는지 좀 더 지켜봐야 한다. 많은 기업이 창업 초기나 적자지속 등 어려운 여건에 있더라도 법은 개별 사정을 고려하지 않고 일률 적용된다. 그러다보니 무리수를 두는 기업이 나타나고 그 대표적인 사례가 이랜드다.

이 점에서 일본 사례가 시사적이다. 일본의 비정규직 비율은 1990년대 후반부터 증가하다가 경제가 호전된 2006년부터 감소하고 있다. 비정규직 보호법 같은 법제가 없지만 경영이 호전된 기업주가 그간의 고용패턴에 대한 반성과 근로자 우대 차원에서 자발적으로 정규직 채용을 늘리고 있다. 물론 경영이 어려운 기업들은 여전히 비정규직 근로자 의존도가 높다.

공사는 기업이다. 그렇지 않아도 적자규모가 공기업 중 최고 수준인데 이번에 선보인 공기업 최대 규모의 정규직 전환프로그램으로 인건비 지출이 항구적으로 늘어나 점진적인 적자축소와 흑자반전 작업은 한층 어려워질 전망이다. 인건비 억제가 유력한 경영개선책으로 거론되어왔던 상황에서 이번 대책은 경영개선의 기본방향과 역행한다. 끝으로 정부정책 추수로 공사의 책임경영 문제가 해결되지 않는다는 점을 유념하여 고용안정을 경영개선으로 연계, 양자를 양립시킬 수 있는 방안을 찾아야 한다. 이 작업에 경영진과 노조가 따로일 수 없음은 자명하다 할 것이다.

〈철-877-2007. 8. 21.〉

● 흑자경영
공사 경영정상화, 2007년부터 본격화한다?

한 해 내내 KTX 여승무원 문제로 고민해왔던 공사 경영진이 근자에 승무원 대신 목소리를 높이고 나온 수십 명의 교수들 때문에 때아닌 홍역을 치르고 있다. 일일이 찾아다니며 "선생님들 말대로 해주면 공사 사정이 더 어려워진다"고 해명하고 있다. 교수들이 여승무원처럼 오래 끌면서 투쟁하는 일은 없겠지만 예상치 못한 복병을 만난 것은 틀림없어 보인다. 공사 사정이 더 어려워진다는 것은 여승무원을 정규직으로 채용하면 장기적으로 인건비 지출이 는다는 얘기인데 맞는 말이다.

그동안 인건비는 영업비용의 50%를 넘었는데 2004년 이후 40%대로 낮아졌다. 낮아진 이유는 인력이 줄거나 급여인상이 둔화되기보다 이자비용이 늘고 선로사용료가 새로 생겨났기 때문이다. 2005년 기준 공사의 급여 수준은 1인당 4,500만 원으로 근로자 평균임금의 1.7배다. 인건비 부담을 줄여야 할 처지인 공사가 여승무원의 정규직화에 반대하는 것은 나름의 이유가 있어 보인다. 공사는 2007년에 정부로부터 2006년보다 16% 늘어난 1조 600억 원을 지원받을 예정이지만 그래도 8천억 원대의 당기적자가 예상된다.

문제는 어떠한 방법으로 적자를 줄여 흑자기업으로 탈바꿈시킬 것인가 하는 점이다. 건교부, 기예처, 공사 모두가 지대한 관심을 갖고 있는 부분이다. 단기적으로는 철도 부채 일부의 정부 인수와 선로사용료 감면이 검토될 수 있다. 고속철 부채 이자를 지원하기보다 고속철 건설관련 부채의 전액 정부 인수 정도일 것이다. 선로사용료 체계도 재검토하여 인하 가능성을 모색하되 한시적으로 경감요율을 적용하여 5천억 원이 넘는 부담에서 벗어나게 하는 방안을 검토해보자. 2007년도에 18%가 삭감된 PSO 보상액을 인상하는 방안은 공사의 경영개선 노력을 저해할 수 있다는 점에서 우선순위가 뒤진다.

아울러 광역전철의 운임을 올려 경인선과 용산선의 흑자를 늘리고 경수선, 분당선의 흑자전환을 시도하자. 2007년으로 예정된 서울시 지하철 운임인상에 보조를 맞춰 전철 운임을 올려 원가보상률을 100% 이상 수준으로 끌어올리는 방안을 검토할 수 있을 것이다.

중기적으로는 인력 구조조정을 통한 인건비 절감이 고려되어야 한다. 공사는 내부적으로 인건비 절감 전략의 일환으로 지금의 정원 3만 1,480명에서 핵심업무가 아닌 부문의 인력(6,600명)을 장차 외부위탁하는 등의 방법으로 2007년도부터 500명씩 감축하는 안을 검토하고 있다고 한다. 그런데 세 사람 중 한 사람이 급여 외에 연간 1천만 원이 넘는 연금을 받는 상황에서 이 정도의 느슨한 인력감축으로는 경영의 조기정상화를 기대하기 힘들 것이다. 따라서 2025년에 3만 1천 명 수준의 인력보유를 전제로 하는 지금의 인력관리계획을 근본적으로 재검토하여 2만 5천 명 수준을 상정하는 것이 올바른 방향일 것이다.

장기적으로는 2007년 이후 매년 4~5천억원대 투입이 계획되어 있는 광역철도 건설 예산을 확대하고 건설 시기를 앞당겨 광역철도부문의 수익성을 지금보다 더 늘리는 방안을 검토해야 할 것이다. 서울~시흥간 고속철 전용노선의 조기 건설을 통한 선로용량 확충이 대표적 사업으로 완성시기도 2010년 무렵으로 앞당겨야 할 것이다. 이를 통해 경수구간에서 발생하고 있는 만성적인 지연운행과 비정상적인 급행열차 운행을 시정할 수 있다.

근래 KTX의 수익구조 개선 속도가 빨라지면서 2004년부터 적자였던 경부선이 2007년부터 흑자로 돌아서 공사경영의 효자 노릇을 할 가능성이 높다. 경부선과 광역전철의 흑자 규모를 늘리고 기타 노선의 적자를 줄여간다면 공사의 경영정상화 속도가 가속화하여 정규직 비율도 높여나갈 수 있을 것이다.

〈철-845-2006. 12. 15.〉

● 흑자경영
코레일의 적자와 누적채무 감축, 선 자력갱생 후 정부지원

철도공사는 2006년 2월 14일, 국회 건교위에 '2006년 업무현황'을 제출하였다. 이를 통해 공사는 고속철건설부채인 4조 5천억 원을 탕감해달라고 요청했다. 이는 노무현 대통령의 신년 기자회견 이후 국무조정실이 중심이 되어 작업한 결과 얻은 정부 방침인 것으로 추정된다. 공사의 누적채무는 2005년 말 기준 11조 원대로 운영부채 5조 원, 시설부채 6조 원인데 이 중 41% 정도를 정부가 인수, 즉 세금으로 메워달라는 얘기다.

근간 정부지원금을 제외한 공사의 당기손실이 한 해 1조 원을 넘고, 수 년째 이같은 손실이 확대되고 있다. 철도수지는 1980년 이후 적자로 2003년에는 탄탄하다던 경부선마저 적자로 전락, 전 노선이 적자상태다. 명색이 기업인 공사公社로 탈바꿈했으니 발생 적자의 규모를 줄여 여느 공사들처럼 흑자경영을 내다보아야 할 터인데 오히려 뒷걸음질치고 있다. 배경에는 발족초기의 미진한 인력구조조정에 따른 인건비 부담 증가와 고속철(KTX) 운행수지 예측오류가 있다.

문제는 구제조치와 더불어 해마다 발생할 경상적자를 줄여 나갈 구조적 해법을 모색하는 것인데 이 작업이 더디게 진행되고 있다. 적자해소의 왕도는 단계적인 인력구조조정을 통한 인건비 절감과 적자노선 축소에 있다. 인건비가 연 1조 5천억 원을 넘는 상황에서 운임수입 등 경상수입의 증가분을 인건비 증가가 대폭 잠식하고 있다. 또 대규모 적자가 발생하는 노선을 털어내지 못한 마당에 추가로 대규모 적자발생 예상 노선의 건설이 논의중이다.

유력한 적자해소책으로는 우선 아웃소싱을 통한 인력의 재배치 작업 가속화, 적자노선의 매각과 폐선, 역사와 보유 부동산을 활용한 운임외 수입 확대, 자회사 수지개선 등이 고려될 수 있다. 덧붙여 장차 경상적자를 확대시킬 수 있는 신선 건설(호남고속철 등) 사업에 대해 공사 차원에서 엄밀히

분석, 적자 확대를 막을 수 있는 방안(대안 포함)을 제시하고 필요하면 정치가와 국민의 설득작업에 나서야 할 것이다. 이같은 노력으로 공사 스스로가 적자체질을 탈피하려는 모습을 보여야 구조조정 압력이 약해지고 임직원에게 집중될 피해를 사전에 막을 수 있을 것이다.

아웃소싱도 지금보다 활성화해야 한다. 2005년에는 3,800명 904억 원 수준을 보여 2004년보다 활성화되었지만 위탁분야를 좀 더 넓혀야 할 것이다. 장기적으로 창구판매와 열차 내 서비스 등 모든 접객서비스 부문, 역사 관리, 총무, 경리 등의 단순 사무분야로 아웃소싱을 확대해나가자.

참여정부가 약속한 호남고속철이 지금 계획대로 건설될지 솔직히 불확실하다. 그렇지만 언젠가 건설될 게 분명하고 그때 예상되는 영업적자 일부를 공사가 떠맡아야 할지 모른다. 건교부는 2006년 2월 7일의 업무보고에서 상반기 중에 호남고속철 기본계획을 수립하고 전 구간 기본설계에 착수하여 오송~광주 구간은 2015년, 광주~목포 구간은 2017년까지 건설하겠다고 보고하였다. 하지만 재원마련 계획은 어디에서도 찾아볼 수 없다. 정치적 타산으로 건설이 추진되고 있는 호남고속철은 경부고속철 이상으로 공사에 주름살을 안겨줄 수 있다.

끝으로 공사는 탕감조치가 논의되는 마당에 연 1조 원대가 넘는 당기손실을 줄이려는 자체 노력을 강화하고 구체화해야 한다. 이번 요구행위를 도덕적 해이로 보는 이낙연 의원처럼 "탕감이 임직원의 정신자세를 이완시켜 자체 적자축소 노력를 뒷걸음치게 할 수 있다. 탕감은 곤란"하다는 지적이 적지 않다. '자력갱생'을 위한 내부의 노력이 활성화하고 그 뜨거운 기운이 외부인에게 감지될 때 비로소 관계 부처와 국민들도 경영정상화를 위한 특단의 조치를 받아들일 것이다.

〈철-805-2006. 2. 17.〉

철도적자 줄이려면 인력감축 동반한 혁신 필요하다

한국철도는 고속철도(KTX) 개통 후에도 여객수송분담률이 10%에도 미치지 못하고 코레일 직원 1인당 손실은 연 4천만 원에 이르고 있다. 기업다운 조직으로 탈바꿈하려면 직원 모두가 받은 급여를 공사에 내놓아야 할 형편이다. 문제는 손실 규모가 매년 커지고 채무가 누적되는데 공사나 건교부가 뾰족한 대책을 내놓지 않고 있다는 점이다.

그동안 정부투자기관 중에서 석탄공사나 광업진흥공사 등 일부 기관이 사업특성상 수익을 내지 못해 경영평가성적이 하위권을 맴돌아 임직원들이 관리부처의 따가운 눈총을 받아야 했다. 그런데 코레일이라는 거대조직이 한 물에 들어와 평가에서 바닥을 차지해주는 바람에 만년 하위권에서 눈치를 보아야 했던 기업들이 잠시나마 시름을 덜었다고 한다. 다행히(?) 코레일은 이번 순위평가에서는 빠졌다.

1970년대 말까지 그럭저럭 운영해온 한국철도는 1980년 이후 25년째 줄곧 적자다. 2003년에는 경부선마저 적자로 전락, 전 노선이 적자다. 2005년 1월부터 정부조직에서 공사라는 기업조직으로 탈바꿈했지만 2004년 영업적자는 1조 2천억 원 규모의 사상 최고 수준으로 추정된다. 2005년에는 1조 5천억 원으로 확대될 전망이다. 대책 없이 방치하면 매년 2조 원씩, 2020년까지 합계 50조 원이 국민부담으로 귀착될 전망이다. 이는 영업적자 일부를 메꾸기 위해 매년 1조원 넘게(1조 647억 원, 2003) 투입되는 정부지원금 누계 22조 원과 정부지원금으로도 메꾸지 못한 당기손실이 기존채무(13조 원, 2004)에 가산된 누적채무 28조 원의 합계액이다.

지금의 한국 철도는 전 소요예산 중 자체수입이 50% 미만으로 절반 이상인 2조원 상당액을 정부지원이나 차입에 의존하고 있다. 이처럼 낮은 자체

수입비율은 민영화 등 철도구조조정 대상 목표선인 60~70%를 훨씬 밑돈다. 상황이 악화된 것은 공사전환에 따른 인건비와 KTX 운행관련 비용이 크게 증가한 반면 영업수입이 별로 늘지 않았기 때문이다. 결국 국민의 정부, 참여정부로 이어지면서 단행된 철도구조조정이 철도적자를 대폭 확대시켰고 조기 반전이 힘들다는 점에서 KTX에 이어 철도구조조정도 '정책실패' 사례로 거론될 지경이다.

살림살이가 이러한데 코레일이 러시아유전개발 참여를 부추긴 정치브로커의 농간에 속아 60억여 원을 털리는 사건이 2004년 말 드러났다. 현직 간부와 전현직 사장(철도청장 포함)이 구속되면서 공사와 철도인의 이미지가 크게 실추되었다. 우여곡절 끝에 7월 초 정치인 출신 사장을 2대째 사장으로 받아들여 새 출발을 기약하고 있다.

공사발족 후 1년이 채 되지 않은 상황이라 모두들 특별한 잘못이 없으면 당분간은 '감 놔라 팥 놔라' 하지 않고 지켜보자는 입장인 듯하다. 하지만 발족 당시 취한 일련의 대책이 허술하거나 잘못되어 '허니문' 기간 중 손쓸 수 없을 정도로 상황이 악화하지 않을지 걱정이다. 이같은 때 재정당국이 건교부 등의 철도재정지원 조치와 관련, 바른말을 하여 여간 반갑지 않다.

무대는 7월 28일 열린 과학기술관계장관 회의 석상이다. 2008년 이후 경부선과 전라선의 상업운전에 투입할 한국형 고속열차(G7, KTX 산천 초기모형) 2편성의 제작비 800억원 지원 문제를 놓고 부처대표들간에 한바탕 설전이 벌어졌다. 건교부가 전액 국고로 지원하겠다는 안을 내놓자 재경부와 기예처는 예산지원의 타당성을 거론하면서 '적어도 반액은 민간이 부담하라'고 주장, 최종결정이 9월 이후로 미루어졌다.

건교부는 "고속철도는 항공기처럼 높은 안전성이 요구된다. 리스크가 큰 실용화 사업은 국가가 전폭 지원해야 한다"고 주장했다. 하지만 재정당국이 "G7은 개발이 끝나 시험열차가 성공적으로 운행 중인 사업이다. 수요처는 코레일, 제작사는 로템 단일기업으로 정해져 사실상 '땅짚고 헤엄치는' 사업을 전액 국고로 지원하는 것은 부당하다. 절반 정도는 두 기업이 부담하고 남은 예산은 다른 기초·기반기술에 지원해야 한다"고 반박, 논의가 평행선을 그었다.

필자는 재정당국의 입장에 동의한다. 당장의 400억 원 추가부담이 문제가 아니라 향후에도 유사한 사례가 반복될 수 있다는 점에서 재정규율 확보가 중요하기 때문이다. 신 프로젝트 추진시 정부는 파일로트 사업단계의 개발비와 관련 법제 정비, 금융알선 등 프라이밍 작업에 충실하고 사업추진 여부는 민民이 자기 책임 하에 결정, 리스크를 부담하는 방식이 옳다. 성공한 사업으로 알려진 조선, 철강, 자동차, 반도체, 휴대폰(CDMA) 등은 대부분 그같은 구도였다. 재정당국은 1980년대 차세대전투기(KFP) 사업과 관련하여 대규모 예산을 지원했지만 별 효과를 보지 못한 씁쓸한 경험이 있다. 앞으로도 자기부상열차, 위그선, 복합양전자단층촬영기, 광우병 내성우(牛), LPG·연료전지버스 등이 후보군이지만 재정지원으로 재미볼 수 있는 것은 1/3도 되지 않을 것이다.

민과 관의 입장을 정리해보자. 영업을 맡고 있는 코레일은 자체 예산으로 차량을 구입해야 한다면 안전도가 검증된 알스톰사의 최신 TGV 차량을 구입하려 할 것이다. 적자로 얼마 전 대규모 구조조정에 나선 바 있는 로템은 큰 벌이야 안 되겠지만 당장의 일감 확보와 기술축적 등을 고려하여 내심 뛰어들고 싶지만 겉으로는 자제하고 있다. G7을 미래전략산업의 하나로 정해 일정한 성과를 거둔 정부로서는 비용이 들더라도 실용화를 추진하고 싶다. 정리하면 G7 실용화 사업에 매달려야 할 유인은 코레일보다 로템과 정부가 강하다.

그렇지만 G7이 아니더라도 신규 차량을 필요로 하는 코레일이 전액 국고 부담을 주장하는 것은 '무임승차' 행위로 오해받을 수 있다. 코레일이 열차를 거저 넘겨받아 운행하다가 사고라도 발생하면 욕얻어 먹는 쪽은 정부와 로템뿐이다. 이 점에서 "개발 제품의 안전도 등 경쟁력을 높이기 위해서라도 민이 투자해야 한다"는 재정당국의 지적 역시 설득력이 있다. 따라서 해법은 로템은 이익환원 차원의 부담, 코레일은 TGV 차량 구입보다 낮은 부담 수준에서 비용을 분담하는 것이 아닐까 싶다. 두 기업 모두 적자라는 현실을 감안해야 하겠지만.

일본, 독일, 영국 등 철도 개혁 국가의 경험은 '인력감축 없는 철도 혁신은 성공하기 힘들다'는 것을 말해준다. 3만의 공사인력은 장기적으로 2만 수준으로 줄여 나가야 한다. 경영상태가 최악인 공기업에 연금포함 급여가 연 7~8천만 원을 넘는 이들이 차고 넘치는 현상을 어떻게 설명할 것인가. 공무원연금 수급(자격)자가 1만 명을 넘으니 인력 감축과 재배치 등의 작업은 다른 기관보다 용이할 것이다. '철도는 밑빠진 독'이라는 말이 더 이상 나오지 않도록 철도관계자들은 향후 1~2년의 허니문 기간 중 해법을 모색해야 할 것이다. 철도, 요구대로 지원되지 않는 시기가 생각보다 빨리 찾아올지 모른다.

〈재정포럼 2005년 8월 권두칼럼〉

● 흑자경영
철도영업전략, 코레일에 맡기고 개입하지 않는다

코레일에 대한 국정감사가 2005년 9월 29일과 10월 5일의 양일간 이뤄지면서 철도의 구조적 문제가 하나둘씩 불거지고 있다. 원가보상률(수익/비용)이 호남철은 34.1%, 경부철은 81.8%에 불과하여 지금 상태에서는 고속철도(KTX)의 운행빈도가 많아질수록 적자 폭이 커지고 있다. 일반철도 역시 전체 역사의 절반인 300개 역이 적자를 내고 있고 이 중 30개 역사는 하루 평균 이용객이 1명 정도에 머무르고 있다.

공사의 적자 규모는 하루 40억 원꼴이며 이 중 고속철이 8~9억원을 차지하고 있다. 손님 없는 열차, 수많은 적자역, 일감에 비해 많은 직원수 때문이다. 따라서 적자 해결법도 자명하다. 손님을 끌면서 적자 역을 정비하고 직원수를 줄이면 된다. 문제는 이같은 대책을 코레일이 주체적으로 세워, 추진할 수 없다는 데 있다. 감독관청인 건설교통부가 하나부터 열까지 간섭하기 때문이다.

곧잘 문제가 되는 광명역 건만 해도 그렇다. '광명역 실패'의 근저에는 초기 구상을 잘못 짠 건교부 고위공무원과 소수의 교통전문가 그룹이 있다. 그런데 이들이 쏙 빠진 가운데 애꿎게 지금의 철도당국과 코레일이 시달리고 있다. 2005년 9월 13일, 철도영업을 책임지고 있는 이철 사장이 광명역 축소 운영을 검토하겠다고 하자 지역 주민과 지자체, 지역 정치인들이 건교부와 코레일에 거세게 항의했다. 이 사장도 자신의 발언에 따른 파장이 커지자 "와전된 부분이 있다. (폐지 언급은) 사실과 다르다"고 한 발 물러섰다.

필자는 지금도 이 사장이 공사 최고경영책임자로서 당연히 해야 할 말을 했을 뿐이라고 생각한다. 하루 1억 원 이상의 적자 발생 역을 일정기간 축소 운영하고, 기간 중 영등포역에 고속철을 정차시켜 하루 1억 원 이상을 추가로 벌어, 연 1000억 원 상당의 적자를 줄여보겠다는 영업전략을 누가 손가락질하겠는가. 2005년 1월부터 철도가 기업조직으로 변신한 후 국민 다수는 공사가 철도를 기업답게 운영하여 세부담을 줄여주기를 바라고 있다. 연간 1조 원이 넘는 철도 적자의 일부를 줄이겠다는 전략은 두 손 들고 환영할 일이지 비난의 대상이 될 수 없다.

역사 활성화는 공사만의 의무도 아니다. 건교부와 지자체, 지역 주민 모두가 추구해야 할 목표이고 의무이다. 멋지고 큰 역사와 역 공원이 소재하는 광명시는 시설의 유효 활용과 관련하여 누구보다 책임이 크다. 지금같은 대규모 적자 발생시에는 일정한 비용을 분담, 시설의 계속 가동을 지원하는 것이 시의 역할일 것이다. 어려운 시절의 비용분담이 나중의 역사 활성화, 지역경제 활성화, 세수 증대로 피드백될 수 있기 때문이다. 더구나 공사가 광명시 등에 적자 보전과 관련한 비용 분담을 수 차례 요구했고 이것이 묵살됐다면 이 사장의 영업전략은 자위 차원에서 정당화될 수 있다.

건교부도 공사의 영업전략에 대해 개입하지 않는 게 좋다. 정치인들의 로비와 주민의 단체행동 등 외압에 밀려 공사의 영업전략에 대해 감 놓아라 배 놓아라 해서는 곤란하다. 광명역의 조기활성화가 어렵다는 것은 해당 지역 주민과 정치인들이 더 잘 알고 있다. 사장에게 책임경영을 요구하려면 영업전략상의 결정은 공사에 맡기고 건교부는 감독업무에 충실해야 한다. 외압에 방패가 돼야 할 건교부가 메신저처럼 행동하면 곤란하다. 적자 누적과 확대로 구조조정 압력에 시달리는 곳은 공사이지 건교부와 총리실이 아니다.

요컨대 코레일의 적자 해소책의 하나인 광명역 축소 운영과 영등포역 정차라는 영업전략을 최대한 존중하되 이해 관계자들이 광명역의 중장기 활성화 대책을 함께 세워, 광명역의 축소 운영이 항구화하지 않도록 체계적으로 대비해야 할 것이다.

〈문화-2005. 10. 6.〉

● 혹자경영
코레일의 영업전략에 정치권과 국토부는 간섭하지 않는다

민간 철도인은 괴롭다. 공사, 공단, 연구원, 로템의 임직원 모두 힘들게 보내고 있다. 요즘 같아선 봉급받기가 미안할 정도다. 되는 일보다 안 되는 일이 더 많다. 나름대로 일하지만 성과가 좋지 않고 개선 조짐도 없다. 내부 문제도 그렇지만 외부 여건이 참 좋지 않다. 상황이 이러한데 정치권과 자치단체는 소리 높여 호남고속철을 조기에 착공·완성하라고 아우성이다. 선거가 가까웠음을 알려준다. 공사의 경영사정과 나라살림을 생각해가면서 요구하면 좋으련만 작금의 정황은 그렇지 않다.

머지않아 익산~목포 구간의 신설 건설을 약속할지 모르는 정치인들, 공사 영업수익 따위는 아랑곳하지 않고 지역균형발전론을 앞세운다. 수요를 지적하면 "공급이 수요를 창출할 수도 있다"고 하고 누적적자 해법을 물으면 "한동안 세금으로 때울 수 있으니까"라고 넘어간다. 공사·공단을 발족시킨 이유가 뭐냐고 물으면 "공무원조직보다 나을 테니까"라고 가볍게 응수한다.

기업조직으로 바뀌었지만 정치가와 정부의 간섭은 달라진 것 같지 않다. 영등포역에 정차, 수지를 개선하겠다는 공사의 영업전략은 이들에 의해 1년 이상 발이 묶여 있다. 이철 신임사장이 근래 강한 의욕을 보이고 있지만 결과는 장담하기 힘들다. 이번에도 이 사장의 뜻이 꺾인다면 코레일과 한국 철도는 우리 경제에 큰 짐으로 다가올 것이다.

사장에게 책임경영을 요구하려면 정차역 개폐 등의 영업전략은 공사에 일임하는 것이 순리다. 정치적 외압에 떠밀려 건교부가 감 놔라 배 놔라 해서는 안 된다. 솔직히 광명역의 조기활성화가 어렵다는 것은 광명 인근 주민과 정치인들이 더 잘 알고 있다. 분하고 한심스러워 질러본 일갈에 '네 알겠습니다' 하고 움츠러드는 철도당국이 안쓰럽다. 철도가 민영이었다면 어떻게 대응했을까.

영업전략분야는 공사 주도의 자율적인 결정을 존중하고 장래 철도 영업수지에 큰 영향을 미칠 선로신설 등의 정책에도 공사가 초기부터 적극 참여, 발언할 수 있도록 지원해야 할 것이다. 적자확대로 비난과 구조조정 압력에 시달리는 곳은 공사이지 건교부와 총리실이 아니다. 공사·공단은 상황에 따라선 많은 직원을 내보내야 할지 모른다. 정차역 개폐, 호남선 기존 고속열차 편성수와 운행빈도, 호남철 건설방식 및 운행열차 등의 결정에 이들의 주장이 반영될 수 있도록 배려하자.

소요재원 조달에 공사·공단은 물론 해당 자치단체가 동참하는 상황이 전개될 수도 있다. 수익성 보장이 어렵기 때문이다. 당초부터 수익이 예상되었던 경부철과 달리 호남철은 지금도 수익성을 기대하기 힘들다. 따라서 중앙정부 예산과 정부보증 차입으로 재원을 조달하기 힘들지 모른다. 자치단체가 소요재원의 일부를 부담해야 한다면 요구조건은 크게 달라질 것이다. 전 구간 신선 대신 일부 구간 신선과 선로개량 후 틸팅열차 도입 등 건설비용 삭감 논의가 훨씬 진지하게 논의될 것이다. 전액 정부(공사, 공단 포함) 책임 조달을 기정사실화하니 익산~목포 구간의 신선건설, 전 구간 동시착공, 2015년의 호남철 완성같은 무리한 얘기가 거침없이 나온다.

호남철은 먼저 적은 비용의 건설방법을 찾고 나서 착공을 논하는 것이 순서일 것이다. 관련하여 공사·공단은 아마추어에 의해 끌려가지 않도록 내실을 기하면서 주요 정책에 적극 참여, 미래를 대비하는 확실한 목소리를 내야 할 것이다.

〈철도-785-2005. 9. 16.〉

신도림~구로 지상공간, 잘 활용하면 큰 수익 기대된다

경인선 신도림과 구로역 일대의 변화가 눈부시다. 두 역을 잇는 1㎞ 남짓한 지상구간의 양쪽은 아파트로 빼곡하다. 십여 년 전까지만 해도 공장이 옮겨가고 남은 이적지 특유의 을씨년스런 모습이 남아 있던 곳이다. 2007년 말 신도림역 2번 출구 쪽에 40층의 테크노마트와 대형 복합상가 건물이 들어서더니 지금은 경인가도변 1번 출구 일대에 50층 높이에 달하는 고층건물 3동의 건설이 한창이다.

주지하듯이 신도림역과 구로역은 유동인구가 많다. 승하차객으로 보면 신도림이 12만 6천 명(10위), 구로가 5만 2천 명(70위권) 정도지만 환승객까지 고려하면 신도림 44만 명(1위), 구로 13만 명(20위권)으로 크게 늘어난다. 평소 출퇴근시 신도림역을 이용하는데 지하역사는 1호선과 2호선을 바꿔타려는 이들의 동선動線이 엇갈려 여간 혼잡한 게 아니다. 통행인과 부딪히지 않기 위해 신경을 써야 한다. 2007년부터 부분 리모델링 작업에 들어갔다고 하는데 근본적인 해법 모색은 쉽지 않아 보인다.

보는 이에 따라 시점이 다르겠지만 필자는 신도림역 플랫폼과 지하역사, 연락통로는 전면 재구축해야 한다고 본다. 소요예산 마련과 공사기간 중 혼잡이 우려되지만 더 심각해지기 전에 착수하는 것이 선견지명일 것이다. 예산 마련은 (부분) 민자유치 등으로 해결할 수 있겠지만 더 큰 문제는 공사기간 중의 혼잡완화 방안 마련이다. 지하철역 중 환승객이 가장 많은 곳이기 때문이다. 이상의 두 가지 문제에 대한 해법 모색이 가능하다면 신도림역은 서울·용산·영등포역 같은 민자역사로 탈바꿈할 수 있다. 교통이 편리한 서울 남서부 지역의 만남의 장소로 인식될 경우 신도림역은 기왕의 승하차객과 환승객은 물론 신규 고객까지 찾아드는 멋진 소비 공간으로 변신할 것이다.

코레일(감사실)도 노후 전철역사 개량의 유력후보 중 하나로 신도림역을 들고 있다. 물론 이 과정에서 국토해양부, 철도시설공단, 영등포구, 구로구 등과 협의가 필요할 것이다. 필자는 신도림역사 개량 및 일대 역세권 활성화와 관련하여 평소 지닌 생각이 있다. 신도림역에서 구로역에 이르는 폭 40~50m의 1㎞ 남짓한 지상구간을 유효하게 활용하는 꿈이다. 철도관련 법제상의 제약과 안전문제를 극복할 수 있다면 이 구간의 상당 부분을 복개하여 남는 공간을 잘 활용하자는 것이다. 철로변 양쪽은 아파트 숲인데 복개하면 인근 아파트 주민들을 소음공해로부터 해방시킬 수 있고 확보한 지상공간에는 오피스텔, 사무실, 회의장 등을 지어 철도이용빈도가 높은 고객 등에게 임대해줄 수 있을 것이다.

아울러 이 구간에 KTX를 정차시킬 수 있다면 금상첨화다. KTX가 정차하면 이용객이 획기적으로 늘어날 것이다. 지하철 2호선과 연결되면서 수도권 서부지역 주민의 KTX 접근성이 대폭 개선된다. 코레일 입장에서도 영등포역의 비중약화에 따른 수익감소를 만회할 수 있는 유력한 수단으로 신도림, 구로역 일대 개발에 주목해야 하는 게 아닐까.

공사 감사실은 사업개발본부의 철도연변부지 개발 사업이 활발치 못하고 수익성과가 미미하다고 지적하고 있다. 그렇다면 기왕에 구상한 '자산종합개발 로드맵'에 신도림~구로역 지상구간의 유효활용 방안을 추가해보자. 눈여겨보면 아직 잠자는 철도부지와 연변부지가 너무 많다. 지금이라도 눈을 들어 주변의 부동산을 다시 한 번 살펴보자. MB정부에 들어와 '건설족'의 움직임이 활발한데 이들의 힘을 빌려 아이디어를 짜보자. 공사가 상시 흑자기업으로 탈바꿈하는 것이 꿈만은 아닐 듯싶다.

〈철-928-2008. 9. 19.〉

● 흑자경영
광역전철에서 고객과 공사는 윈-윈할 수 있다

철도공사(코레일)를 포함한 14개 정부투자기관의 부채가 2005년에 크게 늘었다. 그런데 늘어난 부채의 40% 정도가 코레일 때문이라고 한다. 공사는 앞으로도 연간 1조 원 이상의 경상적자가 발생하여 채무가 누적될 전망이다. 따라서 매년 철도 지원예산을 놓고 고민해야 하는 재정당국은 잊을 만하면 철도민영화 등 우리 철도의 '대수술' 필요성에 대해 불씨를 지핀다.

분명한 것은 우리 철도가 바뀌고 있다는 점이다. 종사자 1인당 운송수입은 8,100만 원(2005년)으로 2년 전에 비해 57%가 늘었다. KTX 덕분이다. 그동안 제자리 걸음하다가 KTX 개통 이후 년간 3천억 원씩 늘더니 2006년에는 더 늘 전망이다. 그래서 KTX의 운송수입기여 비율은 2006년에 50%를 넘을 것으로 예상된다. 난제인 수지개선의 왕도는 운송수입을 늘리고 인건비 등 비용증가를 억제하는 것인데, 문제는 그 방법이다.

솔직히 말해 공사를 포함한 철도당국과 재정당국은 광역철도에 좀 더 주목해야 한다. 광역철도가 혼잡 완화 등 고객편의 도모 외에 철도수지 개선의 유력 대책일 수 있기 때문이다. 광역철도 수입은 크게 늘지 않다가 2004년부터 년 500억 원씩 늘어나 수입증대의 효자노릇을 하고 있다. 2005년의 수원~천안, 청량리~덕소 구간 개통에 이어 2006년에는 의정부~소요산 구간이 그리고 2008년에는 천안~온양온천, 오리~수원(분당선 연장구간, 이후 사업계획 변경으로 2014년 완공예정) 등 6개 구간이 개통 예정이다.

아쉽게도 이들은 이같은 구간연장, 노선 신설에 비해 기존 구간의 고객편의 도모와 수익성 증대에 대해서는 관심이 약하다. 주지하다시피 1호선의 구로역, 신도림역은 국내에서 가장 많은 고객이 이용하고, 이들과 이어지는 금정역도 환승객(1호선 4호선 환승) 때문에 이용자가 많다. 문제는 이처럼

많은 고객이 이용하는 금정역에 초기부터 급행이 정차하지 않고 있으며 앞으로도 정차계획이 없다는 점이다. 최우선하여 다뤄질 과제가 수년째 검토조차 되지 못하고 있다. 고객들이 내뱉는 불만에 대해서는 경부선 일반열차의 동일선로 이용에 따른 제약 정도로 치부하고 넘어간다.

필자의 과문일지 모르지만 지금의 경수구간의 급행전철은 운행간격, 정류장 등의 측면에서 문제점이 많다. 운행횟수가 30회로 늘어났다지만 다수의 고객이 필요한 때 이용할 수 없다면 편의 도모는 물론 수익증대도 기대할 수 없다. 고객수요에 대응하면서 수익성을 도모하려면 시설투자가 필요하며 이를 위한 중장기계획을 지금부터라도 세워야 한다. 경인구간처럼 복선 신설이 힘들다면 금정 등 주요역에 급행전철이 설 수 있도록 선로와 정차역 개수, 개축 작업 등을 추진하여 급행전철의 기능정상화를 도모해야 할 것이다.

아울러 현행 광역철도 요금을 재검토하자. 우리의 철도요금 수준은 국내 타 교통수단이나 주요국의 그것과 비교하여 꽤 낮다. 필자의 출퇴근 비용을 예로 들면 전철이용시 부담은 승용차 이용시의 20% 수준이다. 요금인상이 학생 등 경제적 약자 부담증대로 이어질 것이 걱정이라면 요금수준은 높이고 약자대상의 할인제도 등을 강화하자. 광역철도를 새로 깔면서 기존 철도시설을 개수 · 개축하고 요금을 현실화하는 것은 고객과 공사 모두가 득보는 게임일 수 있다. 따라서 그동안 철도요금 인상을 필요 이상으로 억제해 왔던 당국은 자세를 바꾸고, 이에 대응하여 공사 노사는 인건비 증가 억제에 솔선수범해야 할 것이다.

〈철-821-2006. 6. 16.〉

호남고속철, 코레일 경영에 부담되지 않도록 한다

● 호남고속철
완공 후 뒷감당은 누가 어떻게 해야 할까?

호남고속철 착공식이 2009년 12월 4일 광주 송정역에서 열렸다. 이 자리에는 이명박 대통령을 비롯하여 관련 자치단체장과 지역 출신 의원 등이 참석하였다. 경부고속철 시험선 구간 착공식이 천안역 예정부지에서 열린 것이 1992년 6월 30일이니 17년 이상 늦은 셈이다.

계획에 따르면 경부철 분기역인 오송에서 광주 송정에 이르는 1단계 (182.3㎞) 구간은 2014년, 그리고 광주 송정에서 목포에 이르는 2단계(48.6㎞) 구간은 2017년에 완공할 예정이다. 2단계 구간은 무안국제공항, 나주역 경유 등을 둘러싸고 이견이 있어 최종 검토 작업이 남아 있다. 1단계 사업이 완료되면 서울(용산)에서 오송, 공주, 익산, 정읍을 거쳐 광주 송정까지 90분이 소요되어 지금보다 1시간 정도 단축됨으로써 지역 주민과 방문객의 교통편익이 크게 개선되고 수송능력이 증대되며 물류비용도 줄어들 것이다.

그동안 호남철 구상은 몇 차례 바뀌었다. 2003년 7월의 기본계획에서는 분기역~익산 구간이 신선이고 나머지 구간은 기존선 개량이었는데 2006년 상반기에 전구간 신선 건설로 기본계획이 바뀌었고 이후에도 노선통과 지역의 지자체 및 이해관계자 등과 협의 · 조정하면서 몇 가지 사항이 달라졌다. 경부철 건설시 경험한 천성산터널 사태 등이 반면교사가 된 것이다.

문제는 11조 3천억 원에 달하는 건설비의 조달과 상환부담이다. 철도건설법은 건설비 분담률을 철도산업위원회 의결사항으로 정하고 있으며(법 20조, 시행령 21조) 이에 따른 국고와 사업시행자(철도시설공단)의 분담률은 각 50%이다. 철도시설공단은 코레일로부터 선로사용료를 징수하여 건설비를 상환하도록 되어 있다. 그런데 코레일은 매년 적자를 보여 국고를 지원받고 있으니 주머니 색깔만 다를 뿐 사실상 국가가 건설비 대부분을 대는 셈이다.

필자는 호남철 전 구간의 신설부설이 결정되고 얼마되지 않을 무렵, 본 칼럼(813호, 2006.4)을 통해 호남철 건설 후 예상되는 막대한 운영적자의 뒷감당을 누가 어떻게 할 것이냐고 물은 바 있다. 하지만 이 문제는 그후 제대로 논의되지 않았다. 완공까지 시간이 남아 있지만 대책 마련을 마냥 미뤄선 곤란하다. 개인적으로는 철도산업위원회가 정하도록 되어 있는 국고분담률을 광역철도 수준(75%)으로 올려 철도시설공단의 부담을 낮추고 그 연장선상에서 코레일의 선로사용료 부담을 낮추는 것이 기본방향이라고 생각한다.

수익성으로 보면 경부철(2단계), 광역철도, 호남철의 순인데 국고분담률은 50%, 75%, 50%로 호남철 분담률이 턱없이 낮다. 이는 투자비 회수기간이 길어 수익성이 떨어지는 호남철의 국고분담률이 지금보다 높아져야 함을 암시한다. 국고부담이 증대되면 보조를 맞춰 지역 주민의 양해를 얻어 호남철의 수익성 증대방안을 모색해야 한다. 기왕의 계획에 반영된 노선과 고객의 접근편이성, 선로지하화 등의 공사방식, 토지보상비, 역의 숫자와 역사의 규모, 역사와 인근부지 활용방안 등이 다시 샅샅이 훑어보아야 할 대상이다.

기왕에 정치적인 판단으로 전선 신선부설로 결정된 호남철이지만 지금은 완공 후 예상되는 운영비 적자와 이에 따른 재정부담의 최소화 방안을 강구해나가야 할 때이다. 이같은 방안의 모색에 실패하면 경영수지 개선을 전제로 한 코레일의 중장기 민영화 등의 발전계획이 호남철 때문에 빛을 보기 힘들어지고, 그 결과 국민들은 앞으로도 주기적으로 철도파업에 직면하고 값싸고 질좋은 철도의 혜택을 받지 못할 수 있다.

〈철-986-2009. 12. 11.〉

● 호남고속철
완공 후 뒷감당을 고려하여 기본계획을 짠다

호남고속철에 공주, 정읍의 두 역이 추가될 모양이다. 2005년 6월 말 오송이 분기역으로 결정될 무렵 4개 역(오송, 익산, 광주, 목포) 건설이 공표되었는데 9개월이 지나지 않아 2개 역 추가가 결정되었다. 5월 말의 지방선거를 앞두고 여당의 정동영 의장 등 정치가들이 지역민원 수용 차원에서 건설교통부 등에 영향력을 행사, 빠른 속도로 처리되고 있다. 한나라당 등도 표심을 의식해 강하게 반발하지 못하고 있다.

그동안 철도전문가들은 호남철구상 과정에서 스타일을 꽤 구겼다. 교통개발연구원이 내놓은 2003년 7월의 기본계획(재용역)에 있던 수서~정남 지선은 거의 없었던 얘기로 치부되고 있고, 분기역~익산 구간에 한정한 신선新線 건설 역시 분기역~목포간 전선 신설로 대체되었다. 이렇게 바뀐 배경에 대해서는 한마디 설명도 없다.

전문가들의 의견을 수렴, 정책을 짜야 할 건교부는 유력 정치가들의 뜻을 받드는 데 여념이 없다. 두 역의 추가를 기정사실화하려고 뜸하게 열리던 SOC건설추진위원회(위원장 기획재정부 장관)를 4월 말 이전에 개최하겠다고 서두른다. 하지만 당국은 아직까지 호남철 건설 기본계획을 세부단계까지 확정·공표하지 않았다. 최종적인 노선과 신선구간이 어떻게 될지 불분명한 상태다.

이처럼 호남철이 지역민원과 정치가 입김으로 갈피를 잡지 못하는 가운데 모두들 이대로 추진해도 문제가 없는지 걱정하면서도 지켜만 보고 있다. 내심 "이러면 안 되는데…" 하면서 말이다. 철도를 건설해야 할 철도시설공단은 물론 완공후 운영해야 할 코레일, 기본계획의 입안 책임을 맡은 국토연구원 관계자까지 수동적으로 움직일 뿐 전면에 나서지 않고 있다.

두 역의 추가 과정도 졸속하기 그지 없다. 공주역은 원래 천안아산역이 분기역이 될 경우 행정중심도시 접근역으로 북공주 지역에 설치하는 수준의 구상이다가 오송역 분기로 한 차례 물건너갔다. 그러다가 2005년 9월 22일의 건교부 국정감사 때 박상돈 의원(열린우리당, 천안을)이 남공주역 신설 구상을 들고나온 후 부상되었다. 추병직 건교부장관은 충남도 등의 오송역 반대운동을 무마하기 위해 박 의원 등의 공주역 구상을 충분한 검토없이 수용한 것이다.

결정 과정의 졸속함을 제외하면 두 역의 추가는 문제가 될 게 없다고 본다. 오송역 분기를 기정사실로 받아들이면 역간 거리, 이용자 분포 등을 고려할 때 추가 여지가 있다고 보기 때문이다. 다만 그같은 결정이 전문가 주도로 진행되지 못한 점은 문제다. 그렇다 보니 근자의 호남철 구상에서는 경제성 여부가 배제된 채 논의된다. 지금도 전 구간을 신선으로 까는 대신 익산 이하 구간을 선로개량으로 대응하고 '틸팅'열차를 도입하면 경제성이 높아져 장기적으로 흑자운행이 가능하다는 전망이 있다. 추가되는 2개 역도 전문가 주도로 계획되었더라면 간이역 수준으로 고려되었을지 모른다.

정리하면 경제성을 도외시한 전구간 신선화와 간이역사 배제 등 작금의 논의는 운행 후 닥칠 엄한 현실을 고려하지 않고 있다. 장차 재정에 큰 주름살을 안겨주고 그 부담의 처리 과정에서 KTX 이용자가 높은 요금을 내고 철도이용자가 아닌 국민 다수의 세부담까지 늘려야 할지 모른다. 호남철이 대형 정책실패 사례로 기록될 수 있다는 것이다.

이를 막기 위해서는 호남철 기본계획과 실시설계안을 확정·추진하는 과정에서 정치가와 주민 의견 이상으로 전문가 소견을 적극 반영, 낭비요인을 줄여 경제성을 높이고 철도건설의 파급효과를 극대화해야 한다. 그래야만 이 사업은 정권이 바뀌어도 당초 계획대로 추진되고 철도이용자와 국민 모두의 기대 하에 완공·운행될 수 있을 것이다.

〈철-813-2006. 4. 14.〉

● 호남고속철
건설비 분담률 재검토하여 호남고속철 지원한다

2006년 8월 23일, 호남철 기본계획이 사회간접자본건설추진위원회(위원장 기예처장관) 심의를 통과하였다. 계획대로라면 2018년에 서울에서 목포까지 전 구간 고속철 전용선을 달리는 호남철이 개통한다. 운행시간은 지금의 3시간여에서 1시간 50분대로 대폭 줄어든다.

문제는 건설비다. 오송~목포(230.9㎞)간을 신선으로 깔고 역사, 차량기지 건설에 10조 5천억 원이 드는데 국고와 철도시설공단이 반씩 부담한다. 공단이 코레일로부터 선로사용료를 징수한다지만 공단은 물론 공사도 매년 국고를 지원받아 운영되니 돈주머니 색깔만 다를 뿐 사실상 국가가 건설비의 대부분을 대는 셈이다. 경부철 착수 이후 국고부담 35% 룰이 유지되어왔는데 2006년 8월 23일의 경부철 2단계 기본계획 변경 심의 때 50%로 상향되었다.

수도권 광역철도도 비용부담이 문제다. 1997년 8월에 제정된 대도시권광역교통관리특별법은 2000년 4월부터 광역철도 사업비 부담을 국고 75%(개정전 58%), 지자체 25%(동 42%)로 규정하고 있다. 서울, 경기, 인천 등 각 지역의 지하철을 통한 수송력 제고에 한계를 느껴 광역철도 건설과 개량에 나선 것이다. 덕분에 수도권 6개 노선과 부산~울산 간 광역철도 건설에 가속도가 붙었다.

2006년 8월 14일, 김포시 여성회관에서는 9호선 김포공항역~김포신도시 간(23㎞) 철도부설 문제를 놓고 전문가들이 한바탕 설전을 벌였다. 일반철도파인 김포시 측과 경전철파인 토지공사·건교부 측이 팽팽하게 대립했다. 일반철도파는 신도시 개발규모가 축소되면서 경전철이 계획되었는데 개발규모가 2배 이상 확대된 마당에 무슨 경전철이냐는 것이다. 경전철파가 일반철도 건설시 예산이 늘어나 김포시 3천억 원, 정부재정 9천억 원이 추가 소요된다고 다그치자 일반철도파는 추가비용은 김포시와 토공이 분담하면 된다고 반론하였다.

이처럼 철도건설비 분담 문제가 곳곳에서 말썽을 일으키자 기예처는 철도건설에 민자를 도입하였다. 공항철도와 신분당선이 대표적이다. 2006년 6월에는 개량사업에도 민자를 도입, 경전선과 전라선의 복선전철화와 관련한 민자사업(BTL, 건설-이전-임대) 기본계획을 고시하였다. 경전선 함안~진주 간 복선전철(20.4km)이 사업비 4,351억 원 규모이고 전라선 익산~신리 간 복선전철(34.1km)이 사업비 6,172억 원 규모다. 이들 사업은 SOC 시설에 처음 BTL 방식을 도입하는 것으로 국고추진사업의 일부 구간을 분리한 것이다.

그동안 철도건설시 국고부담이 인색하다고 비판받아온 우리다. 철도노조는 경부철 건설비의 많은 부분을 코레일에 떠넘겨 공사 적자 규모가 확대되고 있다고 지적한다. 일정 부분 맞는 지적이다. 재정당국은 경부철 정도의 수익성 구간이라면 그 정도 비용분담을 감내할 수 있다고 판단했을 것이다. 사실 오랫동안 경부구간은 코레일 수익발생의 원천이었다. 따라서 근래 경부철 2단계 사업의 국고부담률을 50%로 높여준 것도 큰 양보라고 생각할지 모른다.

문제는 호남철에도 같은 기준을 적용하는 점이다. 이 구간은 경부철과 달리 투자비 회수기간이 길어 국고부담률이 높아야 하는데 투자비 회수기간이 짧을 것으로 예상되는 광역철도(75%)보다 낮다. 숫자가 많고 내부 사정이 상이한 지자체와 달리 상대가 공단(혹은 공사)이라서 부담지우기가 쉬웠을지 모르지만 국고부담률의 역전현상을 납득하기 힘들다.

이번 기회에 현행 철도건설비 분담 룰을 재검토하자. 건설비 분담주체와 분담비율, 투자비 회수 여부와 그 규모, 회수방식 등에 대한 기본 룰을 확립하자. 아울러 선로사용료 체계의 합리성 여부도 검토하여 후대에 호남철이 공사의 경영에 큰 부담을 주지 않고 정책실패의 대표적 사례로 거론되지 않도록 지혜를 짜보자.

〈철-832-2006. 9. 8.〉

● 호남고속철
기본계획, 틸팅 KTX 투입이 대안일 수 있다

호남고속철 연구용역을 수행 중인 전문가들의 고민이 커질 것같다. 대통령과 총리가 조기 착공을 서둘러야 한다고 천명하고 추병직 건설교통부장관이 연말 안에 로드맵을 발표하겠다고 나섰기 때문이다. 오송~목포 구간을 대상으로 연구는 착수한 지 얼마 되지도 않은데 이들 국가경영자들이 서둘러 결과를 내놓으로라고 하니 연구팀 입장이 난처할 것은 뻔한 일이다. 자칫하면 짜여진 각본에 맞추는 형태로 연구결과를 내놓아야 할지 모를 지경이다.

여야 정치가와 호남권 주민들의 염원에도 불구하고 이해찬 총리의 완강한 자세로 호남철 논의는 한동안 수면 아래로 들어간 듯싶었다. 그는 2005년 1월 광주·전남 지역 방문시 건설에 15조 원이 소요되는데 수익성을 기대할 수 없다면서 "호남철 착공은 시기상조, 장기적으로 검토할 문제"라고 강변한 바 있다. 15조 원은 서울수서~경기화성, 오송~목포 구간을 신선으로 건설하는 예산이었다.

국면을 반전시킨 것은 2005년 11월 11일에 공표된 노 대통령의 전남도청 신청사 개청식 축하메시지였다. "호남철 건설은 인구나 경제성 같은 기존의 잣대로만 평가해서는 안 된다"면서 조기착공을 거듭 촉구하였다. 이 총리도 낯뜨거운 일이지만 새만금사업과 S프로젝트, 혁신도시, 행정중심복합도시 등의 사업여건 변화를 들면서 입장을 바꾸었다. 이번 결정이 2006년 5월의 지방선거 등을 고려한 정치적 배려라는 인상이 강하지만 야당이 선거 때 공약으로 들고 나올 가능성이 있는 사안이었기 때문에 뒷북치기보다 선수를 치자는 전략으로 이해할 수도 있다.

호남철은 언젠가는 건설해야 할 철도이다. 사업추진 배경을 논외로 하고 조기착공을 전제로 논의해야 한다면 건설비용을 줄이고 채산성을 확보할 수 있는 방안이 모색되어야 함은 당연하다. 그런데 경부철 방식으로 수서~화성을 제외한 오송~목포에 신설을 건설하면 11조 원 정도가 소요되어 앞으로 코레일이 경영을 아무리 잘해도 호남철 구간의 흑자전환은 불가능해진다.

이러한 점에서 필자는 5조 원 전후 재원으로 오송~익산을 신선으로, 익산~목포 구간을 개량 재래선으로 하여 '틸팅' KTX가 주행가능한 노선을 구축하자는 제안에 동의한다. 이 방식은 국내외 철도전문가 상당수가 지지하는 방식으로 익산~목포(164km)는 지금도 KTX가 78분(송정리역 1회 정차)에 달리는데 틸팅열차라면 서울~목포를 2시간 내(KTX는 2시간 13분)에 달릴 수 있다.

비결은 틸팅 KTX가 개량 재래선에서 최고 30% 이상 빠른 속도로 운행, 익산~목포를 1시간 내에 주파할 수 있는 데 있다. 이탈리아에서는 틸팅열차(펜돌리노)가 곡선구간에서 차량을 최고 8도까지 기울여 승객에게 불쾌감을 주지 않으면서 고속으로 주행하고 있다.

호남철 조기착공은 2006년 선거와 2007년 대선을 앞두고 여야가 공약으로 내세울 가능성이 크며 따라서 조기착공은 현실로 다가왔다. 그렇다면 건설비용을 줄이고 시간단축 효과를 최대화하여 잠재고객을 끌어들임으로써 채산성을 높이는 방안을 모색해야 한다. 이때 경부고속철과의 형평성을 들먹이며 오송~목포 전 구간의 신선 건설을 고집하고, 지역 정치가와 주민 등의 이해관계자가 철도경영수지와 국민 부담을 무시한 건설방식을 지지하며, 토지수용 및 보상에 협조하지 않아 사업비용을 늘리는 행위는 피해야 한다. 그래야 호남철 건설에 따른 혜택을 호남인은 물론 국민 다수가 나눠가질 수 있다.

〈철-793-2005. 11. 18.〉

● 호남고속철
철도구상에서 채산성을 무시할 수 없다

* 이 글은 앞의 글과 거의 같은 내용이다. 기록으로 남긴다는 점에서 수록한 것이다. 독자들의 양해를 구한다.

연말 안에 호남고속철 건설에 관한 개략적인 그림이 나올 모양이다. 추병직 건설교통부장관은 14일 국회 답변에서 로드맵을 연말 안에 발표하겠으며 2006년 기본설계사업에 150억 원을 투입할 계획이라고 답변했다. 한덕수 부총리도 긍정적으로 검토하겠다고 거들고 나섰다. 사실 연구팀이 오송~목포로 구간을 한정하여 연구에 착수한 지 얼마 되지도 않은데 서둘러 답을 내놓으라 하고 큰 방향까지 대통령이 정해준 셈이므로 연구팀의 운신 폭은 그리 커보이지 않는다. 짜인 각본에 맞춘 연구 결과가 나왔다고 비판받아도 할 말이 없게 되었다.

그동안 호남철 논의는 낮은 경제성 때문에 전문가는 물론 정부로부터도 큰 관심을 끌지 못했다. 건설에 15조 원이 소요되는데 도저히 채산을 맞출 수 없다는 것이다. 당시의 안은 서울 수서~경기 화성, 오송~목포 구간의 신선 건설을 전제로 한 것이었다. 국면을 반전시킨 것은 2005년 11월 11일 공표된 노무현 대통령의 전남도청 신청사 개청식 축하 메시지였다. "호남철 건설은 인구나 경제성 같은 기존의 잣대로만 평가해서는 안 된다"고 하여 사실상 조기 착공 방침을 천명하였다. 이는 2006년 5월의 지방선거 등을 고려한 정치적 배려로 판단되며 야당이 선거를 앞두고 공약으로 들고 나와 뒷북치기보다 선수를 치자는 전략으로 이해할 수도 있다.

호남고속철은 언젠가는 건설해야 할 철도 인프라다. 조기 착공을 전제로 논의해야 하더라도 건설비용을 줄이고 채산성을 확보하는 방안의 모색은 불가피하다. 경부철 방식으로 신선을 건설하면 11조 원 정도가 소요되어 코레일이 경영을 잘해도 호남철 구간의 흑자전환은 요원하다. 또 건설시 국가 이상으로 비용을 부담해야 할 코레일(철도시설공단도 있음)은 채무 추가로 매년 1조 원을 훨씬 넘는 적자에서 허덕일 것이다.

따라서 호남철을 건설하되 코레일 등을 기업답게 바꾸려면 건설예산을 줄이고 공사 등의 부담액을 줄여야 한다. 이 점을 고려하여 필자는 5조 원 전후의 재원으로 오송~익산 구간을 신선, 익산~목포 구간을 개량 재래선으로 하여 '틸팅'열차를 도입하는 방안을 제시한다. 이 안은 국내외 철도전문가 상당수가 지지하는 방식으로 익산~목포(164km)는 지금도 KTX가 78분(송정리역 1회 정차)에 달리는데 틸팅 KTX라면 서울~목포를 2시간 내(KTX는 2시간 13분)에 달릴 수 있다.

비결은 틸팅 KTX가 재래선에서 최고 30% 이상 빠른 속도로 운행,익산~목포를 1시간 내에 주파하는 데 있다. 이탈리아에서는 펜돌리노가 곡선 구간에서 차량을 최고 8도까지 기울여 승객에게 불쾌감을 주지 않으면서 고속으로 운행중이다.

이번의 정부 방침 선회로 호남철 조기 착공이 조만간 현실화할 것으로 전망된다. 이같은 상황에서는 건설비용을 줄이고 시간단축 효과를 극대화하여 (잠재)고객을 끌어들임으로써 호남철 구간과 코레일 등의 채산성 악화에 대한 우려를 불식하는 것이 매우 중요하다. 그래야 국민 다수의 이해를 얻을 수 있고 사업 추진에도 동력이 부여된다. 아울러 이번 구상이 유종의 미를 거두기 위해서는 정치가와 지역 주민 등 이해관계자들의 협조와 이해가 절실하다. 경부고속철과의 형평성을 들먹이며 오송~목포 전 구간의 신선 건설을 고집하고, 코레일 등의 수지를 무시한 건설 방식을 지지하며, 토지 수용 및 보상에 비협조적으로 나와 사업비용을 높이는 행위는 피하자. 양보와 타협에 따른 편익은 호남인은 물론 국민 다수에게 배분된다.

끝으로 호남철, KTX 정차역 등의 제반 철도구상은 기업조직인 코레일 등의 경영수지를 중시하여 추진함으로써 국민 부담이 부단히 늘어나는 것을 막아야 할 것이다.

〈국민-2005. 11. 15.〉

● 호남고속철
오송분기역은 영호남 간 거리를 더 멀게 만든다

2004년 9월 9일, 전북과 충남 도당국은 일곱 가지 이유를 들어 호남고속철도 분기점을 천안역으로 해야 한다고 주장했다. 전북일보 등 도내 유력지도 같은 논조의 기사와 사설을 게재하였다. 이유를 요약하면 천안 분기시 최단노선이라 요금이 싸고 시간이 덜 걸리며 공사구간에 문화재가 적고, 신행정수도 예정지 인근까지 통과한다는 것이다.

전북, 충남이 목소리를 높이는 것은 8월 11일의 신행정수도 예정지 확정으로 오송, 대전의 입지가 상대적으로 강화되는 것에 위기감을 느꼈기 때문일 것이다. 도당국은 국익과 고속철도 기능, 이용자 중시를 고려하면 답이 명확하다고 강변한다. 정치적 타협과 소지역 이기주의에 빠져 오송, 대전을 지지하는 이들과 다르다는 것이다.

때마침 강동석 건교부장관은 분기역을 연내에 확정지어 유치전의 과열과 장기화를 막겠다고 발표했다. 호남철에 대한 추가 연구용역이 진행중이지만 분기역은 조기에 정하겠다는 것이다. 광주와 전남이 이전처럼 보조를 맞춰주지 않는 가운데 전북과 충남은 자신들의 주장을 관철할 수 있을까.

필자는 전북 당국이 판단 근거로 삼은 국익, 고속철도기능, 이용자중시라는 기준에 비추어보면 대전 분기가 더 낫다고 본다.

우선 천안 분기시 영호남 간 철도교통이 더 불편해지며, 이용객이 많지 않아 노선의 흑자운영을 기대하기 힘들 것이다. 천안~대전 간 기존 고속철 노선의 고도활용 포기와 신선 개설에 따른 투자비 증대로 철도적자가 가속화할 것이다. 또 노선단축에 따른 시간비용과 요금절약은 대전 무통과로 인한 뜸한 운행과 대기시간 증가, 적자보전을 위한 세부담 증대로 상쇄되고 만다.

천안 분기는 경부축과 구별되는 기호축을 구축할 수 있지만 이것이 호남인과 전 국민에게 바람직한 결과를 가져온다는 보장은 없다. 충청의 중심이자 신행정수도의 배후도시 대전이 경부축으로 자리매김되면서 '호남의 정치적 고립'이 심화될 수 있다. 기호축 구축은 기호 지역 연계를 강화하는 대신 대전~호남이 장기간에 걸쳐 구축해온 경제사회적·인적 유대를 인위적으로 재편, 이를 약화시키고 대전~영남 간 유대를 강화할 것이다. 이는 특정 정치세력에게만 득이 될 뿐 호남은 물론 국가 전체적으로도 바람직한 현상이 아니다.

유의할 것은 기호축에 들어선 서해안고속도로와 호남고속철은 성격이 다르다는 점이다. 서해안고속도로가 활성화, 존립 의미를 높여가고 있는 사실이 비슷한 노선을 따른 고속철도 신설의 필요성을 입증해주는 것은 아니다. 철도는 고속도로 이상으로 노선을 고도 활용하지 못하면 투자효율이 크게 떨어지는 사회간접자본이다. 투자비가 많기 때문이다. 천안 분기는 고속철 신선 거리를 늘려 천안~대전 간 기존 경부철의 고도 활용을 저해한다. 일부에서 우려하는 광명~대전 구간의 과밀은 도쿄~나고야 구간의 신칸센 운행 경험에 비추어볼 때 걱정할 사안이 아니다.

대전 분기에 비해 천안 분기는 서울 가는 시간을 10분 정도 줄여주고 충남 중부지역을 발전시킬 것이다. 하지만 이같은 시간 이득과 낮은 요금, 지역개발효과를 얻기 위해 뜸한 운행간격, 철도재정 악화와 세부담 증대, 호남의 고립 심화, 영호남 연결교통 악화를 감수할 것인가.

요컨대 전북인이 소리 높여 주장하는 천안 분기와 기호축 철도 구축은 장기적으로 이 지역과 국가의 발전을 저해할 가능성이 더 크다. 필자는 이상에서 제기한 장단점을 전북인이 찬찬히 곱씹어보고 지금의 주장을 재검토해 줄 것을 기대한다. 그렇지 않아도 약한 자신들의 정치적 입지를 스스로가 옥죄는 우를 범하는 일이 벌어져서는 곤란하다고 보기 때문이다.

〈전북일보 2004. 9. 18. 전북광장〉

● 호남고속철
분기역은 백년대계를 고려하여 결정한다

2003년 7월 4일에 호남고속철 연구용역단의 연구결과가 발표된 후 광주·전남지역의 불만이 거세다. 지역 출신 정치가와 주민들이 목소리를 높여 익산~목포 구간의 조기착공을 요구하고 나서자 대통령을 비롯한 유력자들이 재검토 필요성을 언급하였고 건교부는 자문회의를 여는 등 대응책 마련에 부심하고 있다.

익산~목포 구간 조기착공의 중요성은 필자도 인정한다. 다만 이것 못지않게 중요한 것이 호남고속철의 분기점 문제인데 이에 대한 주민들의 목소리는 거의 들리지 않고 있다. 조기착공 문제는 빨라야 2010년대 얘기지만 분기점은 늦어도 2004년까지는 확정해야 할 사안이다. 급하기로 치면 분기점 문제가 훨씬 급하다.

의아스러운 것은 광주·전남인들이 분기점 문제를 강건너 불 정도로 간주하는 점이다. 1994년의 1차 조사용역 착수 후 충청지역 분기점 문제가 정치쟁점화하자 광주·전남에서는 겉으로 중립적 입장을 취하고 있지만 지역 출신 정치가와 주민 다수는 내심 천안 분기를 선호하고 있다. 서울 도착시간이 당겨지기 때문이다.

필자는 감히 단언한다. "서울 가는 시간이 줄어든다고 천안 분기를 지지하고, 충청의 뜨거운 감자인 분기점 문제에 휘말리고 싶지 않다고 적극적인 발언을 삼가는 호남인 다수의 인식에 문제가 있다"고 말이다. 그렇다고 이 기회에 공개적으로 천안 분기를 지지하자는 얘기는 아니다. 오히려 반대다. "대전 분기를 지지해야 하는 게 아닌지 신중히 생각해보자"는 것이다.

"주민들이 상식으로 판단하여 천안이 낫다고 보는데 무슨 소리냐"고 할지 모르겠다. 하지만 천안 분기 지지는 '시간단축'이라는 나무만 보았지 '호남의 정치적 고립 심화'라는 숲을 보지 못한 것이다. 천안 분기 고속철이 개통됐다고 생각해보자. 10년, 20년이 경과하면서 호남인의 대전 왕래가 점차 소원해질 것이고 지난 100년 아니 그 이상에 걸쳐 두 지역이 구축해온 경제사회적·인적 유대가 약화될 것이다. 반비례하여 충청과 영남은 시간적 거리가 단축되면서 긴밀한 유대관계를 쌓아나갈 것이다.

지역이 정치세력 형성에 절대적 영향력을 행사하고 있는 우리나라에서 고속철이 긴 시간을 두고 형성되어온 기왕의 지역 간 유대를 인위적으로 재편할 것이 우려된다. 또 그 파급효과가 국내 정치역학 구조상 특정 지역 고립이라는 파국적 상황으로 발전할 수 있는 점도 경계하지 않을 수 없다. 물론 이같은 형태로의 사태 진전은 특정 정치세력에게만 득이 될 뿐 호남은 물론 국가 전체적으로도 바람직한 현상이 아니다.

혹자는 "천안 분기는 서울~광주·전남 간 시간단축 외에 저개발 충남지역을 발전시키는데…" 하고 반문할지 모르겠다. 분명 천안경유는 대전 경유보다 서울 가는 시간을 10분 정도 줄여주고 충남 중부지역을 발전시킬 것이다. 하지만 그같은 시간상 이득과 지역개발이 승객 감소에 따른 뜸한 열차 운행과 철도재정 악화, 호남의 정치적 고립 심화와 사회적 갈등 증폭에 따른 비용보다 크다고 말할 수 있을까.

시간이 많지 않다. 지금은 광주·전남인이 그간의 판단과 행동을 반추해보고 자신들의 입장을 명확히 정리하여 주장을 내세울 때다. 행정수도 이전과 호남고속철분기점 문제를 충청권 자치단체 간 경쟁으로 치부하고 간과해서는 곤란하다. 두 가지가 패키지로 결정될 가능성이 크기 때문에 광주·전남인이 분기점 문제에 대해 대전 분리 지지 의사를 명확히 밝힘으로써 특정 정치세력이 행정수도 이전지 내정을 이유로 천안 분기 노선을 밀고 나오는 것을 사전에 막아야 할 것이다.

호남인에 의한 대전 분기 지지는 난마처럼 얽혀 있는 분기점과 행정수도 이전 문제에 해법을 제시함으로써 지루하게 전개되어온 지역 간 소모적 유치경쟁도 종지부를 찍을 것이다. 호남의 정치적 위상 보전과 분열된 국론의 통일 작업이 호남인의 판단과 행동에 달려 있다.

〈광주일보 2003. 8. 4.〉

● 호남고속철
분기역 구상, 나무만 보지 말고 숲을 본다

*이 글은 앞의 글과 거의 같은 내용이다. 기록으로 남긴다는 점에서 수록한 것이다. 독자들의 양해를 구한다.

2003년 7월 4일 발표된 호남고속철 연구용역 결과는 정차역을 전주가 아닌 익산역으로 정하고 익산 이남 구간의 사업추진을 유보하는 내용이다. 도민 입장에서는 익산보다 전주가 접근성이 더 좋다. 발표 후 전북보다 광주 · 전남 지역에서 익산 이남 구간의 조기착공을 강하게 요구하고 나섰고, 건교부가 대책회의를 여는 등 대응책 마련에 부심하고 있다.

전주역(혹은 대장역) 안이 채택되지 않은 것은 아쉽지만 사업성과 예산 제약 등을 고려하여 전북까지만 고속철을 놓기로 했다면 철도교통의 요충지인 익산역을 우선적으로 고려하지 않을 수 없었을 것이다. 하지만 향후 광주 전남의 대응과 정책당국의 판단에 따라선 광주까지 신선을 놓는 쪽으로 변경될 수도 있는데 이때는 분기점~광주 구간에 익산역 아닌 전주역 개설안 등을 다시 검토할 수 있을 것이다.

의아스러운 것은 고속철 분기점으로 도민 다수가 천안을 지지하는데 그 이유가 "서울 가는 시간이 가장 짧다"는 사실이라는 점이다. 광주 전남도 비

숫하다. 호남인 모두가 내심 천안 분기를 선호하지만 1994년의 1차 조사용
역 착수 후 충청권 자치단체 3곳간 유치경쟁이 과열되자 명시적인 입장표명
을 자제하고 있다.

필자는 감히 단언한다. "서울 도착시간이 줄어든다고 천안 분기를 지지
하고, 충청의 뜨거운 감자인 분기점 문제에 휘말리고 싶지 않다고 적극적 발
언을 삼가는 호남인 다수의 인식에 문제가 있다"고 말이다. 그렇다고 이 기
회에 공개적으로 천안 분기를 지지하자는 얘기는 아니다. 오히려 반대다. "
대전 분기를 지지해야 하는 게 아닌지 신중히 생각해보자"는 것이다.

"주민들이 상식으로 판단하여 천안이 낫다고 보는데 무슨 소리냐"고 할지
모르겠다. 그러나 천안 분기 지지는 "시간단축"이라는 나무만 보았지 "호남
의 정치적 고립 심화"라는 숲을 보지 못한 것이다. 천안분기 고속철이 개통
되었다고 생각해보자. 10년, 20년이 경과하면서 전북과 대전의 왕래가 점차
소원해질 것이고 지난 100년 아니 그 이상에 걸쳐 두 지역이 구축해온 경제
사회적 · 인적 유대 역시 약화될 것이다. 반비례하여 충청과 영남은 시간적
거리가 크게 단축되면서 유대관계가 긴밀해질 것이다.

지역이 정치세력 형성에 절대적 영향력을 행사하고 있는 우리나라에서
고속철이 긴 시간을 두고 형성되어온 기왕의 지역 간 유대를 인위적으로 재
편할 것이 우려된다. 물론 이같은 형태로의 사태진전은 특정 정치세력에게
만 득이 될 뿐 전북은 물론 국가 전체적으로도 바람직한 현상이 아니다.

또 "천안 분기는 서울~전북 간 시간단축 외에 공주 등 충남내 저개발 지
역을 발전시킨다"고 반문하는 이도 있을 것이다. 분명 천안 경유가 대전 경
유보다 서울 도착시간을 10분 정도 줄여주고 충남 중부지역을 발전시킬 것
이다. 그렇지만 이같은 시간상 이득과 일부 지역 개발이 승객감소에 따른 뜸
한 열차운행과 철도재정 악화, 호남의 정치적 고립 심화와 사회적 갈등 증폭

에 따른 비용보다 크다고 말할 수 있을까.

시간이 많지 않다. 당국은 9월 말로 연구용역은 마무리짓고 분기점을 포함한 전체 노선의 틀은 2004년 하반기까지 확정할 계획이다. 중요한 것은 행정수도 이전과 호남고속철분기점 문제를 충청권 자치단체 간 경쟁으로 치부하고 간과해선 안 된다는 점이다. 두 가지가 패키지로 결정될 가능성이 큰 데 특정 정치세력이 행정수도 이전지 내정을 이유로 천안분기 노선을 밀고나와 자신들의 이익을 챙기려 할 것이 우려된다. 지금은 전북인이 그간의 판단과 행동을 반추하여 입장을 재천명할 때다.

전북인의 대전 분기 지지는 난마처럼 얽혀 있는 분기점과 행정수도 이전 문제에 해법을 제시함으로써 지루하게 전개되어온 지역 간 소모적 유치경쟁도 종지부를 찍을 것이다. 전북, 호남의 정치적 위상 보전과 분열된 국론의 통일 작업이 전북인의 판단과 행동에 달려 있는 셈이다.

〈전북일보 2003. 8. 4.〉

6장

코레일과 철도시설공단, 혁신 통해 경쟁력 높인다

경쟁력 있는 철도분리 모형 모색 계속한다

● **공기업혁신**
2012년의 철도 민영화 논의, 꼼수 아닌 정공법으로

2012년의 KTX 분할민영화 시도는 MB정부의 꼼수다. 4대강 사업 등으로 국가경제 기반을 허약하게 만든 MB정부가 임기 말 전에 눈치코치 보지 않고 황금알을 낳는 거위 포획에 나서고 있다. 수서~평택 간 신설 구간을 운행하는 KTX 사업을 마음에 둔 기업에 넘겨주려고 짜맞추기 입찰을 꾀하고 있다. 민심이 흉흉하자 일단 4월 총선 이후로 미뤘다.

솔직히 국민 다수는 물론이고 철도전문가들도 갑작스러운 KTX 민영화 논의에 고개를 갸웃하고 있다. 문제의 본질과 향후 전망에 대해 대담형식으로 풀어본다.

▷ 지금의 KTX 민영화 논의, 한마디로 정리하면 뭔가요?

▶ MB가 청와대를 떠나기 전에 잘 아는 민간기업에 좋은 사업 물건 하나를 선물로 주겠다는 것입니다. 국익보다 사익을 우선해 나라를 망친 이탈리아 베를루스코니 총리와 다를 바 없죠.

▷ 지금까지의 철도 민영화와는 뭐가 다른가요?

▶ DJ 정부 때의 민영화가 코레일을 통째로 주식회사로 바꾸는 정통 민영

화라면 이번 민영화는 코레일 일감 중 알짜배기 사업 하나를 떼어내 민간에게 넘겨주는 짝퉁 민영화지요.

▷ 이같은 KTX 분할도 민영화라고 할 수 있지 않나요?

▶ 그렇게 볼 수는 있지요. 하지만 제대로 된 분할민영화라면 수익성 좋은 KTX에 수익성 낮은 일반철도나 광역철도를 묶어 분할하는 것이 형평성과 경쟁유발 측면에서 맞다고 하겠지요.

▷ 철도 민영화라는 골치아픈 일을 왜 임기 말에 들고 나왔을까요?

▶ '이번 건은 민영화가 아니라 신규 철도사업자에의 면허 부여로 현행법에 따른 국토부장관의 합법적 행정조치'라는 대응에서 알 수 있듯 청와대가 사안을 쉽게 생각한 것 같습니다.

▷ 우리 철도에 KTX 분할민영화보다 더 급한 과제가 있습니까?

▶ 대표적인 것이 2000년대 초반에 추진된 철도구조개혁의 잘못을 찾아내 시정하는 일이지요. 개혁 후 7년이 경과하면서 많은 문제가 나타나고 있지요.

▷ 2004년의 철도시설공단과 코레일 분리 후 어떤 문제가 발생하고 있나요?

▶ 경부고속철 2단계 구간의 부실 선로전환기, 수요와 무관하게 건설된 김천구미역과 경춘선 사릉역, 낙후된 광역철도 급행, 기관 갈등에 따른 시설의 비효율적 활용과 예산낭비 등입니다.

▷ 급한 것은 철도구조개혁 성과에 대한 객관적 평가와 추가 구조개혁이라는 말이군요?

▶ 그렇습니다. 서둘러 손봐야 할 곳은 거대 예산낭비의 단초가 되는 잘못된 철도계획과 건설, 시설관리 분야로 철도운영은 그다음입니다. 복마전인 철도시설공단 개혁을 미룬채 코레일 개혁에 장애가 될 KTX 민영화를 서두르는 것은 본말이 전도된 작업이지요.

▷ 국토해양부는 민간 KTX 운영사업자 선정이 법에 따른 정당한 절차라고 합니다만.

▶ 철도산업발전기본법(21조 철도운영)과 철도사업법(5~6조, 면허)에 근거가 있으니 틀린 말은 아닙니다. 하지만 지금같은 방식은 법의 취지를 악용한 잘못된 행정조치라는 것이지요.

▷ 무슨 근거로 그렇게 말할 수 있습니까?

▶ 신규 참여 기업은 적은 투자비용으로 수익성 좋은 고속철만을 운영하는데 코레일은 수익성이 낮은 일반철도, 광역철도도 운영하고 부채까지 안고 있으니 경쟁 여건이 공정하지 못하지요.

▷ 앞으로 어떻게 전개될 것 같습니까?

▶ 청와대 뜻대로 되지 않을 것 같습니다. 총선에서 야당이 대승할 경우는 물론이고 여당이 석패하더라도 비대위를 위시한 여당 내부의 반대 기운이 거셀 것이기 때문입니다.

결국 없던 얘기로 치부되고, 차기정부 인수위 등에서 철도구조개혁에 대한 평가와 이를 토대로 한 정공법 차원의 논의가 진행되겠지요.

〈철-1080-2012. 1. 30.〉

● 공기업혁신
2011년의 철도 민영화 논의, 방향은 맞지만 방식이 문제다

고속철도 민영화가 화두다. 국토해양부가 건설 중인 수서~평택 간 노선이 완공되는 2015년을 전후하여 이를 민영화할 생각으로 여론을 떠보고 있다. 서비스가 개선되고 철도요금이 낮아질 수 있다는 정보를 흘리면서, 신선 구간에 코레일이 아닌 별도 민간기업을 사업자로 선정하여 고속철 운영부

문을 분할, 경쟁시키겠다는 것이다.

개정 철도산업발전기본법(2009, 제21조)에 따르면 철도운영사업은 "시장경제원리에 따라 국가 외의 자가 영위"하며 국토해양부장관은 '철도운영부문의 경쟁력 강화'와 '공정한 경쟁여건 조성' 조항에 따라 코레일 외 기업을 철도운영에 참여시킬 수 있다. 그런데 법에는 구체적인 방식에 대한 언급이 없어 이 노선을 신규사업자에게 맡겨도 문제될 게 없어 보인다.

주요 고속철 운영국 중 복수사업자가 있는 나라는 일본과 이탈리아 정도다. 프랑스, 독일, 스페인, 중국, 대만은 한 사업자가 일괄운영한다. 일본의 복수사업자는 철도개혁이 지역단위 분할로 이뤄짐에 따른 것인데, 1980년대 중반의 개혁논의 당시, 기본방침으로 수익성 높은 고속철만을 운영하는 별도회사를 설립하지 않기로 정한 바 있다. 이탈리아에서는 그간의 국철 Trenitalia 외에 민간기업인 NTV사가 2012년 초부터 고속철 운영을 준비 중에 있다.[19] 대만은 고속철만을 별도 민간기업이 운영하고 있다. 실험 중인 이탈리아의 운영성과가 나타나기 전이라 명확히 말하기 힘들지만 주요국 사례는 고속철을 분할·운영하는 것이 소수파이며 비효율적일 수 있음을 시사하고 있다.

수서~평택을 거쳐 부산이나 광주, 목포로 가는 노선을 별개 기업에 맡겼다고 하자. 고장이나 사고 시의 긴급처리나 대체열차 투입, 고도기술이 필요한 차량정비, 선로의 보수유지를 신규기업이 비용효과적으로 수행할 수 있을까. 규모가 크고 운영 경험이 많은 코레일의 지원을 받거나 양사가 긴밀히 협조해야 하는 상황이 빈번히 발생할 터인데 경쟁관계 기업이 잘 협조할 수 있을까. 아웃소싱과 효율적인 인력관리로 운임이 낮아지고 고객서비스가 다소간 개선되더라도 높은 기술력과 철저한 정비로 고도의 안전과 안심이 담보될 수 없다면 사정은 달라진다.

철도 민영화의 방향은 맞다. 1990년대부터 많은 논의를 거쳐 운영부문의 민영화는 2002년에 관련 법이 국회를 통과하여 시행직전까지 간 바 있다. 노무현 정부에 들어와 새로운 구조개혁안을 담은 철도산업발전기본법(2003)이 제정되면서 주식회사가 공사로 후퇴하였지만 이후에도 민영화는 늘 가시권에 있었다. 문제는 방식이다. 운영부문의 민영화는 분할민영화보다 일괄민영화가 정도다. 영국과 일본이 이 방식을 택해 경쟁가능한 여건을 만들어주고 제대로 된 경쟁을 촉구하였다. 섣부른 고속철의 분할민영화는 효율성 제고를 이유로 장차 고속철 전반의 민영화로 이어질 수 있다. 이 경우 일반철도만 운영하는 코레일의 경영효율화와 민영화 작업이 지장을 받아 국민 부담이 더 늘어날 수 있다.

112년의 철도사 중 민간 운영기는 15년으로 경인선 개통부터[20] 경부선 개통 후[21] 2년차까지의 7년(1899~1906)과 남만주철도(주) 위탁경영기(1917~1925)의 8년이며 나머지 97년은 국가나 공기업이 운영하였다. 그 사이 민영화를 시도한 이로 일제강점기 초대 총독인 데라우치 마사다케[22]와 김대중 전대통령이 있었고, 민영화를 좌절시킨 이는 3대 총독 사이토 마고토(와다 이치로 재무국장)와 노무현 전 대통령이다. 역사는 민영철도가 국내에서 환영받지 못했음을 말해준다. 10년 만에 제기된 민영화 논의가 소기의 결실을 맺기 위해선 그간의 구조개혁 성과에 대한 냉철한 분석과 평가를 토대로 철도산업발전기본법 개정의 필요성 여부를 검토하고, 이해관계자들의 협조와 양보를 얻어낼 수 있는 강한 리더십이 요망된다.

〈철-1068-2011. 10. 24.〉

철도산업, '집중과 슬림화'로 흐름 바꾼다

우리 철도의 주류는 코레일과 지하철공사 등이 운영하는 '중전철'이다. 여기에 지난 3월 말 부산지하철 4호선의 '경전철'이 추가되었다. 그런데 민간투자형태로 추진해온 지자체 경전철이 말썽이다. "5년과 2년의 공사를 거쳐 2010년 6월에 완공되었으나 달리지 못하는 용인경전철(18.1㎞)과 인천월미은하레일(6.1㎞), 9월 9일 개통되었으나 승객이 없어 한해 700억 원씩 20년간 적자를 매꿔줘야 할 김해경전철(23.2㎞), 연간 수십억원의 적자가 예상되는 2012년 6월 완공예정의 의정부경전철(11.1㎞)" 등이다. 이밖에 18개 사업이 더 있다.

경전철의 난맥상은 철도를 잘 모르는 이들이 사업을 기획하고 추진한 것에 기인한다. 철도는 산업특성상 망으로 이어져야 효과가 배증되므로 총괄기관의 종합계획과 체계적인 추진이 중요하다. 지난 십수 년간 우리는 철도청에 집중된 철도를 분할하고 사업추진 주체도 다변화하였다. 코레일과 철도시설공단의 분리가 그렇고 지자체 경전철도 이러한 맥락에서 나왔다. 그런데 철도의 경쟁력은 도리어 약해졌다.

최대 철도기업인 코레일은 만성적인 영업적자 체질에서 벗어날 조짐이 없다. 또다른 대조직인 철도시설공단은 경부고속철의 부실 선로전환기 시공, 고객의 수요를 무시하고 건설한 김천구미역과 경춘선 사릉역 등 사사건건 코레일의 발목을 잡고 있다. 예정된 호남고속철, 서해안철도의 건설은 코레일의 적자를 더 키울 것이다. 우리를 OECD 제2위의 철도이용률 국가로 올려준 광역전철마저도 낙후된 급행체계가 보여주듯 37년 전 개통때와 달라진 게 별로 없다.

경쟁력을 높이려면 어떻게 해야 할까. 코레일의 민영화, 철도시설공단과 코레일의 통합(건설부문 제외), 민간투자 경천철의 총괄기관 신설, 철도정책과 산업 전반의 재편방향에 대한 국내외 컨설팅기관의 자문 등 여러 대안이 검토될 수 있다. 짐작컨대 경쟁력 강화의 구체적인 방향은 2013년 2월의 신정부 출범을 전후하여 제시될 가능성이 높다.

분명한 것은 그 방향에는 철도 차량과 신호시스템 분야의 기술경쟁력 강화, 투자재원의 유효활용, 철도운영에의 민간 활력 도입, 산업 내 리더십 회복 등이 포함될 것이라는 점이다. 관련하여 필자는 2010년대 철도 개혁의 흐름을 '집중과 슬림화'로 규정하고 싶다. 그간의 분할·분립 과정에서 철도부문이 필요 이상으로 분권화되고 예산과 조직이 커졌다고 보기 때문이다.

반대론도 만만치 않다. 왜 뒤로 가려 하느냐는 것이다. 김희국 국토해양부차관은 "한 기관이 철도건설과 운영을 도맡아 문제가 많아 분리한 것인데 이제 와서 사소한 문제를 치유하기 위해 큰 문제를 덮을 수 없다"고 지적한다. "지금은 철도에 경쟁체제를 도입하여 비용과 운임을 낮출 때"(한나라당 정희수 의원)라는 주장도 있다. 이들의 주장은 지난 십수 년 흐름의 연장선에 있으며 나름대로 설득력을 지니고 있다.

그럼에도 불구하고 집중과 슬림화로 나가야 한다고 보는 것은 첫 단추가 잘못 끼워져 추가적인 경쟁력 강화 추구가 어렵기 때문이다. 이는 철도기관의 수장 경험자와 현장에서 일하는 간부 철도인들의 공통된 지적이다. 건설비리로 복마전으로 불리웠던 구 철도청이다. 공기업으로 바뀐 지금은 경영공시 등 제도와 주변 여건이 많이 달라졌다.

김차관 등이 지적하는 문제점이 발생하지 않도록 유의하면서 실현가능한 통합안을 모색하자. 그간의 철도 개혁이 성과를 내지 못하고 있는 지금, '이보 전진을 위한 일보 후퇴'가 유효한 전략의 하나일 수 있다.

〈철-1068-2011. 10. 24.〉

철도 구조개혁 10년, 상하일체형 재편, 적극 검토한다

코레일과 철도시설공단으로 구분된 우리 철도의 상하분리방식을 재검토해야 한다는 의견이 거세다. 요즘 빈발하는 코레일의 철도사고도 상하분리에 따른 마이너스 파급효과라는 지적도 나온다. 분리 후 7년이 경과하고 있는데 그동안에도 두 기관의 재통합은 지속적으로 제기되었다. 국회 국정감사에서 백성운(한나라, 2008), 이재선(자유선진, 2009), 백재현(민주, 2010) 의원이 업무중복과 불필요한 경쟁으로 인력과 예산이 낭비되고 역세권 개발사업 등의 효율이 떨어지고 있다고 지적한 바 있다. 근자에도 브라질 고속철 수주사업의 시운전 업무주체를 놓고 혼선을 빚고 있다.

상하분리는 철도부문에 민간 활력을 도입하기 위해 경제통합을 추진한 EU권 국가에서 도입되었는데 국가별로 다소 차이가 있다. 영국 방식이 엄격한 반면 프랑스 방식은 다소 느슨하다. 영국 이상의 철도왕국인 일본은 지역단위 분리라는 독자적 방식으로 세계에서 가장 효율 높은 철도를 운영하고 있다.

우리는 영국과 프랑스의 중간 정도 수준의 분리방식을 택했지만 성과보다 예산낭비와 사업추진 지연 등의 비효율이 부각되고 있다. 모호한 법규정과 국토해양부의 재량적 행정조치로 두 기관의 업무가 중첩되는 영역이 적지 않기 때문이다. 두 기관이 보수유지 인력을 보유하거나 역세권 개발사업을 각각 추진하는 것이 대표적이다.

근간 주목할 만한 변화가 영국에서 나타나고 있다. 인프라 관리를 책임지는 네트워크레일이 비용효과성을 높이기 위해 몇 개 노선의 선로 및 역사의 보수유지, 관리 업무를 민간 운영사에 넘긴다고 한다. 연간 50억 파운드에 달하는 네트워크레일 지원예산을 줄이기 위해 구성된 맥널티(전 민간항공국 국장)조사위원회가 이달 중 관련 보고서를 정부에 제시할 예정이다.

주지하듯이 네트워크레일은 1996년에 발족한 레일트랙의 후신이다. 레일트랙이 민간기업으로서 수익성에 얽매어 투자를 소홀히 하면서 열차사고가 빈발하자 영국 정부는 2002년에 공공기관인 네트워크레일로 바꾼 바 있다. 그런데 10여 년이 경과하면서 다시 비용효과성을 추구하는 개혁이 시도되고 있다. 조사위원회 보고서에는 리버풀 일대에서 영업 중인 마지레일, 스코트랜드 지방의 스코트레일(퍼스트그룹) 등을 상하일체 방식으로 바꾸는 안이 담겨져 있다.

이번 사례는 "상하분리의 전면 재검토가 아니더라도 경험을 통해 (노선에 따라) 상하일체방식이 비용효과적이라고 판단되면 그간의 방침에 구애받지 않고 신축적으로 움직이는 것이 더 나을 수 있다"는 점을 시사해준다. 영국에 비해 규모가 훨씬 작은 우리 철도의 경우 부분적인 상하일체형의 도입이 아닌 완전한 상하일체형으로의 이행도 검토할 수 있을 것이다. 실제로 우리보다 규모가 큰 일본 JR 기업들도 상하일체형으로 잘 운영되고 있다.

2013년에 들어설 새 정부에서도 여객과 화물의 분리, 여객부문의 추가적 분할과 단계적 민영화 등이 거론될 것이다. 개인적으로는 그때는 물론이고 지금부터도 상하분리체계의 재구축을 검토해야 한다고 생각한다. 국감 때마다 지적되고 해당 기관에서 필요성을 인정하는데도 개혁이 미뤄지는 것은 정치가 제대로 기능하지 않고 있다는 반증이다. 재구축의 기본방향은 두 기관의 단순 재통합보다 공단을 신규 건설(전면개량 포함) 기관으로 특화하고 나머지 업무를 코레일로 결집시켜 상하일체형으로 재편한 후, 사업과 노선의 특성을 고려하여 단계적인 분할 민영화에 나서는 것이어야 할 것이다.

〈철-1042-2011. 3. 14.〉

2011년 2월의 KTX 탈선 사고, 공사 · 공단 분리 때문이다?

개통 후 7년여 큰 사고 없이 운행해오던 KTX가 탈선 사고를 냈다. 2011년 2월 11일 오후 1시경 광명역 인근의 일직터널 안에서다. 저속운행 중이어서 다행히 인명피해는 없었다. 그러나 이번 사고로 KTX에 대한 국내외 신뢰도가 떨어지고 브라질 등지에의 KTX 수출전략에도 역풍이 불 전망이다. 사고원인은 조사중이지만 '전문성이 부족한 현장 작업원과 소통부족에 따른 관제센터의 조작 실수'로 추정되고 있다. 외형적으로는 이렇게 귀결될 가능성이 크다.

하지만 좀 더 파고 들어가면 이번 사고의 원인이 철도의 운영과 시설의 건설 및 관리를 분리한 철도공사 · 철도시설공단(이하 공사 · 공단)의 상하분리정책에 있다고 볼 수도 있다.

무슨 소리냐 할 지 모르지만 잘 생각해보면 연관관계가 있음을 알 수 있다. 상하분리 후 영업수지가 악화된 공사에 대한 수지개선 압박이 강하다. 개선 실적이 미흡하면 민영화를 앞당기겠다는 조치가 대표적이다. 이러한 상황에서 공사가 영업에 중점을 두다 보니 보수유지 등 기술측면에 대한 관심도가 낮아지고 감독관 등 직원의 자세가 해이해졌다. 보는 이에 따라 기술이 강조되는 공단과 달리 영업 중시의 공사에서는 기술부문이 2선 업무로 간주될 수도 있다.

주지하듯 공사는 2005년 1월에 공단은 2004년 1월에 각각 발족하였다. 이같은 분리는 철도운영과 철도건설 부문의 회계를 구분하여 상하분리의 기초를 마련한 '국유철도운영에 관한 특례법' (1996년 1월)으로 거슬러올라간다. 이후 많은 논의 끝에 2003년 7월에 철도산업발전기본법과 한국철도시설공단법이, 2003년 12월에 한국철도공사법이 제정된 바 있다.

　사건의 단초가 된 선로전환기는 KTX와 특별한 관계가 없는 철도의 기본 시설이다. 이 시설의 관리가 제대로 안 됐다는 것은 철도시설관리의 ABC가 흔들렸다는 얘기다. 이같은 사고는 KTX와 상관없이 새마을, 무궁화, 수도권 전철에서도 얼마든지 발생할 수 있으며, 따라서 이 사고를 운행개시 후 1년이 채 안 된 KTX 산천의 결함과 연관짓는 것은 논리의 비약이다.

　중요한 것은 철도운행의 안전을 담보하는 기초설비인 선로전환기 관제가 제대로 안 될 만큼 직원의 자세와 내부 규율이 흐트러졌다는 사실이다. 용역사 직원의 낮은 보수와 기술력, 보수유지인력의 감축과 아웃소싱, '빨리 빨리'를 강조하는 매뉴얼 등이 지적되지만 근본적인 이유가 될 수 없다. 핵심은 공사 기술계 직원의 전문성 부족과 느슨해진 자세다. 그 배경에는 공사·공단 분리에 따른 공사 측의 기술계 경시 풍조가 있다.

　분리 후 7년여가 경과하면서 이러한 문제 외에도 업무영역 구분과 업무

협조 방식을 놓고 두 기관이 갈등을 보이고 있다(제1038호 칼럼). 민영화 위협속에 영업수지를 개선해야 하는 공사는 수익성 추구가 정책의 기본방향이지만 수익성과 무관한 공단은 자신들에게 편리하고 유리한 방향으로 대처하려 한다. 이같은 입장 차이와 시간의 흐름에 따른 '한 식구' 의식의 약화로 협조를 통한 윈윈구조 구축이 점점 어려워지고 있다.

이제는 그간의 시행 경험을 토대로 상하분리작업의 재구축에 나서야 할 때다. 공사의 민영화 전망에 따라 몇 가지 대안이 검토될 수 있을 것이다. 개인적으로는 공단은 철도의 신규 건설과 기간노선의 유지관리 업무로 특화하고, 나머지 업무는 공사로 이관하여, (민영화 후) 두 기관의 업무를 둘러싼 마찰을 피하면서 공사의 기술부문이 약화되지 않도록 하는 것이 바람직하다고 본다.

〈철-1039-2011. 2. 21.〉

● *공기업혁신*
철도혁신 논의는 차기 대선(2012. 12) 때 한다?

일본과 중국 철도가 아시아권에서 잘 나가고 있다. 베트남과 인도의 고속철도, 일반철도 사업 입찰에서 양국 기업들이 낙찰되었거나 유리한 고지를 점하고 있다. 우선협상자 선정이 임박한 브라질 고속철도에서도 우리보다 EU권 국가와 일본이 유리하다고 한다. 우리 기업도 이들 대형 프로젝트 수주에 도전하고 있으나 실적이 미흡하다. 앞으로 발주가 예상되는 미국, 러시아의 대형 철도 프로젝트에의 대응이 주목받고 있다.

근간의 실패 사례가 말해주듯 우리 철도의 대외경쟁력은 별로다. 해외사업 수주에는 철도경쟁력 외에 국가경쟁력도 한몫하므로 통치자 차원의 거국적 로비가 필수적이다. 이 점에서도 우리는 불리하지만 그 이전의 철도경쟁력 면에서 너무 뒤진다. 비효율적인 공기업 체질에 전문가 부족, 당국의 정책 부재 때문이다. 우리의 철도경쟁력은 차량분야를 제외하고 시간이 흐를수록 약해지고 있다.

그런데 해외 실패를 교훈삼아 경쟁력을 높이자는 얘기는 별로 없다. 철도혁신 논의는 아예 없다. 근간 보도된 철도파업, 전임 사장에의 유죄선고, 경영평가, 월드컵 축하공연, 뮤지컬 콘서트, 철도기관사면허시험장 확충, 자체감사우수기관 선정, 무한열정 무한개선 선포식 등에서 코페르니쿠스적 철도혁신 구상은 냄새조차 맡기 힘들다.

우리 철도의 당면 과제는 경쟁력 제고이지 철도투자 확대가 아니다. 철도투자는 중장기 계획하에 필요한 곳에 때를 봐서 하면 된다. 그런데 공항철도에 대한 비효율적 투자가 심하게 비판받아왔던 상황에서 인천지하철 1호선 송도국제도시 연장선(6.5km)의 잘못된 투자가 다시 거론되고 있다. 인천메트로가 2009년 6월 개통하여 운행 중인 이곳에 사업비 7,236억 원 외에 6개 역 관리운영에 따른 인건비 60억 원이 매년 들어가고 있다. 문제는 이용객이 너무 적어 대규모 적자가 발생하는 점이다.

철도가 이같은 상황인데 국내 최대 철도기업의 수장인 허준영 사장은 근간에 어떤 일에 힘을 쏟았을까. 지난 수개월간 그는 매년 시행되는 기획재정부 기관장 평가에 대비하여 철도에 대해 잘 알지도 못하고 관심도 약한 교수 등 평가위원에게 적지 않은 정성과 노력을 기울였을 것이다. 코레일의 기업가치 증진과 적자체질 탈피 해법을 찾아 백방으로 노력해도 부족할 시점에 엉뚱한 데 에너지를 쏟아야 했다.

코레일에 가장 시급한 것이 무엇인지 그는 잘 알고 있다. 그래서 틈만 나면 "정부에 조기민영화를 요구하겠다"는 얘기가 나온다. CEO로 부임하여 의욕적으로 혁신작업을 추진하면서 노조와 갈등을 빚고 공기업에 내재된 비능률에 직면하여 한계를 절감했기 때문에 나온 발언일지 모른다.

허 사장이 이러한 상태라면 정책부처인 국토해양부장관(정종환)과 철도정책관(이승호)은 큰 시각으로 철도경쟁력 향상을 기획하고 해외진출을 구상하고 있을까. 그도 아니면 철도시설공단이나 철도기술연구원, (철도) 대학에서 누군가가 그랜드 비전을 세워 우리 철도의 미래를 설계하고 있을까. 아마도 답은 No일 것이다. 많은 이들이 다음 대선과 대통령 인수위에서 논의하면 되지 하고 손놓고 있음이 분명하다.

하지만 뒷짐지고 있는 사이에 경부고속철도를 깔고 KTX를 조립·보수하며 KTX 산천 개발에 참여했던 인재들이 하나둘 철도를 떠나고 있다. 철도경쟁력 제고는 미루기보다 지금 곧 이해관계자들이 모여 함께 지혜를 짜내야할 과제다. 이명박 정부가 추진해왔던 2008년, 2009년의 어정쩡한 공공기관 선진화 작업, 그리고 철도의 '공공성' 강화 논의에 매달릴수록 해외진출의 꿈은 멀어진다.

〈철-1010-2010. 6. 14.〉

● *공기업혁신*

MB정부 철도 개혁구상考, 느슨한 개혁 신호가 고작이다?

이명박 정부 출범 후 3개월이 되어가는데 철도 개혁 비전이 제시되지 않고 있다. 코레일 사장 자리는 넉 달째 공석이다. 후임 사장 인사가 진행 중인데 유력 후보가 좁혀져 빠르면 6월 중 새 사장의 부임이 점쳐진다. 전임 이철 사장이 재임 중 공사조직 등 경영기반의 많은 부분을 바꾸었고 경영수지도 흑자로 전환시켜 새 사장은 다소 간의 부담을 안고 일을 시작해야 할지 모른다. 게다가 그에게는 철도 민영화라는 부담스런 과제까지 안겨질 전망이다.

새 정부가 내놓은 인사와 주요 정책 사안이 사사건건 꼬이면서 이 대통령 본인과 정부에 대한 국민들의 신뢰도가 아주 낮아졌다. 이러한 상황에 공기업 등 공공기관 개혁이라는 묵직한 이슈가 추가되면서 정부 측 대응이 주목받고 있다. 정부와 여당은 재신임을 묻겠다는 취지로 대부분의 공공기관장으로부터 사표를 받았는데 아마도 이들 중 절반 이상이 경질될 것이다. 공사는 사장 공석기간이 길어 상대적으로 인사가 빨리 시작되었지만 나머지 50여 곳은 앞으로 두세 달 안에 공모절차를 밟아 새 CEO를 선임할 예정이다.

필자는 3월의 본 칼럼에서 우리의 공공기관 CEO 선임에 많은 시간과 경비가 소요되지만 정작 뚜껑을 열고 보면 청와대 등 권력핵심부가 임명한 것과 별반 차이가 없는 인사가 이루어지고 있다고 지적한 바 있다. 바라건대 이번 인선 후 공기업 내부에서 조차 무용론이 대두하고 있는 사장추천위원회 제도를 재검토하여 실속 있는 인사방식의 도입을 권한다. 사추위 구성, 공모, 면접, 후보자 추천, (청와대 내부 검토), 공공기관운영위원회 심의 의결로 이어지는 형식적 절차를 대폭 간소화하자.

조만간 드러날 철도 개혁안에도 철도인들의 관심이 쏠리고 있다. 이번 공기업 개혁안에는 철도 외에 가스, 지역난방, 항만, 공항, 전력, 도로, 금융공기업 등 거대 공기업이 상당수 포함될 예정인데 철도는 가스, 지역난방, 금융 공기업과 더불어 조기민영화 대상기관이 될 가능성이 높다. 독점사업이지만 항공기, 고속버스, 시외버스, 택시 등 타 교통수단과 경쟁관계에 있어 요금책정 등에 일정한 경쟁압력이 작용, 경영합리화로 수익구조를 개선할 수 있는 여지가 크기 때문이다.

그간의 보도에 따르면 수도권 광역전철과 화물부문은 민간기업으로 독립시키고, KTX 등의 중장거리 노선은 공사체제로 유지하면서 '경영의 민간 위탁 등으로' 경영개선에 나서고, 보수유지업무는 철도시설공단으로 이관하는 방안이 유력하게 검토되는 듯하다. 필자는 이같은 분할방식에 의한 부분 민영화보다 철도주식회사 형태로 묶어 단계적 민영화에 나서는 방안을 권고하고 싶다. 철도공사법 등 관련법을 개정하여 건설을 제외한 전 부문을 '철도주식회사'로 통합하고 주식을 발행하여 정부지분을 단계적으로 매각하는 형태가 바람직하다는 것이다.

철도의 경쟁자는 항공과 도로 교통수단이므로 규모가 크지 않은 국내 철도여객 시장을 쪼개는 것은 상책이 아니다. 도쿄 등 수도권 일대의 광역전철과 간선철도를 운영하는 동일본여객철도(JR동일본)는 위에서 언급한 '철도주식회사'보다 몇 배 큰 여객시장을 가지고 있지만 효율적으로 관리하고 있다. 이 회사는 1987년 이후 단계적 민영화를 거쳐 2001년부터 완전 민간기업이 되었는데 주가는 지속적 상승세를 보여 2007년 4월 16일에 정점(100만 엔)에 달했다가 이후 하락하여 2008년 12월 24일 68만 9천엔을 기록하였다.(2009년 1월부터 액면가가 1/1,000로 하향조정되어 1월 5일 6,990엔으로 시작한 주가는 추세적으로 하락세를 보여 2012년 4월 4일 기준 5,210엔을 보여주고 있다.)

아무쪼록 이번에 제시될 철도 개혁안이 철도서비스와 철도가치를 단계적으로 업그레이드시켜 에너지 효율적이고 환경친화적인 철도가 육상교통의 주역으로 자리매김 될 수 있기를 기대해본다.

〈철-912-2008. 5. 16.〉

● 공기업혁신
MB정부 공기업 민영화 구상, 철도는 해당사항 없다?

이명박 정부 발족 후 40여 일 만에 실시된 국회의원 선거가 끝나 향후 정국의 윤곽이 드러났다. 국회의원 선거 때까지 뜨거운 감자였던 대운하는 추진파 핵심세력의 낙선과 반대파의 대거 당선으로 추진동력이 한풀 꺾였다. 강한 의욕을 보여왔던 정종환 국토해양부장관도 한 발 물러서는 분위기다. 대신 코레일 등의 민영화가 현실미를 띠고 구체적 방향까지 거론되고 있다. 철도는 김대중 정부 말기에 민영화 직전까지 간 바 있고 참여정부 말기에는 만성적 적자기조를 탈피, 흑자경영을 실현하였다. 시장을 중시하는 정권의 등장으로 민영화 논의가 가열되고 있다.

지금의 민영화 논의는 철도 외에 전력, 가스, 지역난방, 공항, 항만, 도로, 주택, 토지 등에 이르고 있으며 예상되는 민영화 방향은 '민간과 경쟁하여 민영화 효과가 큰 공기업은 단계적으로 민영화, 사적 독점 등의 우려로 민영화가 힘든 공기업은 싱가폴 테마섹 모델의 적용'인 듯하다. 테마섹은 산하에 국내 공기업 20개와 국외 기업 13개를 자회사나 투자회사로 관리하는 민간 지주회사로 1974년의 설립 후 자산운용 규모가 1,640억 싱가폴달러(2007년 3월 기준)에 달한다.

개인적으로는 철도가 타 분야보다 앞서 민영화될 것으로 전망하고 있다. 항공기, 고속버스 등과 경합하는 KTX는 상당한 경쟁력이 있고 수도권 광역전철 역시 수익기반이 튼튼하며 용산역 일대 개발계획 등으로 그간의 적자기조에서 탈피, 흑자경영의 초석을 다졌다. 따라서 일부에서 거론하는 한국형 테마섹의 자회사를 거친 단계적 민영화보다 철도공사법 등 관련법 개정을 통한 주식발행과 지분매각의 민영화가 유력할 것으로 예상한다. 이때 시설유지업무는 철도시설공단으로 넘기고 여객과 화물을 분리, 민간에 매각

하는 안이 검토되는 듯하다.

　필자의 생각은 조금 다르다. 민영화하려면 철도건설을 제외한 전 부문을 철도주식회사로 통합하는 것이 바람직하다고 본다. 유지보수를 철도시설공단으로 넘겨 공단의 조직과 업무를 확대하고, 여객과 화물을 구분하여 별도 회사로 독립시키는 방안은 경쟁의 이득을 기대하기 힘든 비효율적 방안이다. 철도주식회사의 경쟁자는 항공기, 고속버스, 육상화물 회사이지 철도시설공단도 화물철도도 아니다. 작은 국내 철도시장에서 여객을 쪼개고 화물을 여객과 구분하는 것은 득보다 실이 많다. 규모를 키워 재투자 여력이 강한 기업으로 키우는 것이 득이다. 이렇게 발족한 철도주식회사도 규모 면에서 동일본여객철도(주)보다 훨씬 작다. 주지하다시피 동일본여객철도는 세계 최우량 철도회사의 하나로 선로를 보유하고 보수유지업무를 직접 맡아 신속하고 책임있는 선로관리와 고객안전을 담보하고 있다.

한국 철도는 노선연장과 서비스 수준, 정시율 등에서 일본, 독일 등에 크게 뒤져 있다. KTX 정차역과 수도권 급행시스템은 물론 역사 운영과 객실 서비스도 대대적인 개선이 필요하다. 2008년의 철도 개혁에서는 생각이 굳은 일부 관료와 학자 집단보다 앞을 내다보는 혜안을 가진 그랜드 디자이너의 고견을 구해보자. 이를 통해 이철 전 사장이 철도부흥을 위해 뛰는 과정에서 경험했다는 수많은 '정부내 전봇대'를 제거하자.

철도의 미래를 확신하는 철도인에게 철도운영을 맡기고 간섭과 규제를 줄이고 권한을 줘 향후 20년 후의 확 바뀔 한국 철도를 기약하자. 6월 말 이후로 예정된 당국의 민영화 기본계획이 어떻게 나올지 자못 궁금하다. 철도와 금전적 이해관계 없이 6년째 제언을 계속해온 경제학자로서 모처럼 찾아온 기회에 간절히 충언한다.

〈철-908-2008. 4. 18.〉

● *공기업혁신*
전前 공기업인 철도유통 자회사, 이렇게 회생했다

경춘선 복선전철이 11년간의 공사를 마무리짓고 2010년 12월 21일에 개통된다. 머지 않아 좌석급행열차가 투입되면 서울 동북부에서 80km 떨어진 춘천은 서울 근교 정도로 인식될지 모른다. 그런데 개통을 앞두고 역앞에서 시위하는 이들이 있다. 11월 15일 남춘천역 앞에 모인 40여 명은 코레일 측에 경춘선 시설전기 유지보수 인력(161명)을 일괄 퇴직시킨 후 이들이 운영하는 회사에 동일 업무를 위탁하는 방식의 인력조정계획을 포기하라고 주장한다.

코레일은 현 정부의 공기업 선진화계획[23]에 따라 2012년까지 영업수지 적자를 2007년 (6,414억 원) 대비 절반으로 줄여야 한다. 그래서 인건비를 줄이기 위해 2011년중 600명 이상을 조건부위탁 분사형태로 감축할 셈인데 이 안에 경춘선 인력이 포함된 것이다. 이밖에 일산선 차장업무(65명), 의왕역 구내입환(111명), 화차정비(266명) 등도 계획에 들어 있다.

사실 이같은 인력조정에는 비용이 많이 든다. 명예퇴직금에 새 직장의 정년 보장, 최대 3년의 근무연장과 5년 고용보장 조건이 붙기 때문이다. 임금이야 다소 낮지만 근무기간이 길어져 1인당 총인건비는 늘 수 있다. 공기업 몸집 줄이는데 이 정도 비용은 응당 들어가야 하는 것일까.

그렇지 않은 사례도 있다. 철도유통의 자회사이자 코레일의 손자회사였던 일양유통의 2007년 2월의 민영화 사례가 한 예다(철-1030-2010. 11. 22). 당시 코레일은 기획재정부 등의 요구로 자회사와 손자회사를 정리했다. 이때 일양유통이 민영화되었는데 퇴직한 40여 명의 직원에게는 퇴직금 정도만 쥐어졌지 명퇴금이 없었고 3년의 근무연장, 5년 고용보장 조건은 더더욱 없었다.

이 무렵 철도유통에서 사장으로 파견나가 있던 박승탁 본부장(당시 55세)은 파견 넉 달 만에 29년간 일해온 철도유통(구 홍익회)을 퇴직하고 종업원들과 새 회사를 차렸다. 그들만 나가라고 할 수 없어 한 배를 탄 것이다. 이후 사장으로 4년여 고락을 함께한 결과 지금은 연매출 40억 원의 어엿한 식품제조업체로 발돋움하였다. 경주빵, 호도피아, 쌀카스테라, 참치햄 등을 생산, 유명회사에 납품하고 있는데 자체 브랜드 사용을 꿈꾸고 있다.

4년 전 박 사장은 불만과 걱정으로 가득차 있던 여성 근로자 중심의 노조원과 지속적으로 대화하여 다수를 새 회사 주주로 참여시켰다. 공기업 퇴출후 생산성 개념이 터를 잡고 스스로가 작업환경 개선에 앞장섰다. 피동적 자세는 능동적 자세로 바뀌고 투자비 인식이 확산되고 교육의 중요성도 깨닫기 시작했다. 공기업 시절에 비해 인건비를 30% 줄이고 제반 경비지출을 억제하여 첫 해부터 수지타산을 맞출 수 있었다.

그가 공기업 근로자와 당국에 들려주고 싶은 말이다. "회사에 어려움이 닥치더라도 적극적이고 긍정적인 마인드를 가져야 한다. 퇴직 인센티브가 따르면 아웃소싱이다 민영화다 두려워 말고 기회를 적극 활용해야 한다. 물론 정부나 공기업도 인력조정에 나설 때는 대상자들에게 강한 인센티브를 줘야지 손 안 대고 코 풀려 하면 곤란하다. 돌이켜보면 우리들의 퇴직 인센티브는 너무 약했다".

일양유통은 소규모 퇴출 공기업이 자생력을 확보한 사례의 하나일 뿐이지만 이를 노경이 벤치마킹하여 응용하면 유사 성공사례를 얼마든지 만들어낼 수 있을 것이다. 코레일의 조건부위탁형 분사 시도가 자생력 확보로 이어지고 비용효과 측면에서 합당한 방식인지에 대한 이해관계자들의 성찰과 재검토를 촉구한다.

〈철-1032-2010. 12. 6.〉

● 공기업혁신
공기업 경영평가, 기관가치 증진 위한 경영자문제로 바꾼다

대형 공기업 두 곳이 뉴스의 중심에 서 있다. 상반기에 2조 3천억 원대의 영업적자를 낸 한국전력이 2010년도 중 1인당 평균 1,900만 원 상당의 성과급을 나눠줄 계획을 세우자, 대규모 적자기업에 왠 성과급이냐고 말이 많다. 또 전국에 414개 사업장이 있는 한국토지주택공사(LH)의 부채 규모(118조 원)와 사업구조조정이 화제다. 부채가 매월 1조 원씩 불어나 신규사업(138개)에 대한 대규모 구조조정이 불가피하다는 것이다.

두 곳은 그동안 정부 경영평가 결과가 비교적 좋았던 기관이다. 우수인력

을 보유하고 사업내용도 전력과 토지, 주택 분야로 수익성이 좋았다. 그런데 영업적자와 부채가 커진 것은 정부의 개입으로 요금을 제때 필요한 만큼 인상하지 못했고, 수익성이 낮거나 마이너스인 토지 개발과 주택공급 사업을 마구잡이로 떠안았기 때문이다. 이처럼 정부의 강한 개입을 받으면서도 공기업은 매년 경영평가를 받아야 한다.

철도도 예외가 아니다. 요금을 통제받고 있고 수익성이 낮은 공항철도를 정부의 개입으로 코레일이 인수한 바 있다. 2010년도 평가(평가대상은 2009년 실적)에서 코레일은 기관장은 96개 기관 중 상위 5% 이내의 우수 등급이고 기관은 하위 30%의 C등급이었다. 철도시설공단은 기관장이 보통 등급, 기관은 상위 24%의 A등급이었다. 코레일은 기관 성과는 별로지만 기관장이 잘 했고 철도시설공단은 그 반대였다.

솔직히 현행 경영평가의 신뢰도는 높지 않다. 기관과 기관장 평가가 크게 차이 나는가 하면 동일 기관 평가등급이 매년 크게 바뀌고, 비계량지표 비중이 높은데 전문성이 약한 평가자가 단기간에 수박 겉핥기식으로 평가하며, 공공기관의 특수성을 반영하기 힘든 일률적 기준에 의해 평가가 행해지고 업종별 특성을 고려한 벤치마킹 대신 공공기관 간 상대비교 룰이 적용되기 때문이다.

필자는 그동안 공공기관 경영평가제도를 이원화하여 ① 기관의 사무·사업 내용과 존폐 여부를 검토하는 3~5년 단위의 평가 및 점검 작업과 ② 매년 시행하는 약식화된 기관장 평가와 기관가치 증진을 목표로 한 경영자문제도로 바꾸자고 주장해왔다. 전자는 정치가와 공무원(기재부 공공정책국)이 주축이 되고 전문가가 보조인력이 되어 수행토록 하고, 후자는 지금의 경영평가단 방식을 준용하되 축소하여 대응하고 경영자문작업은 공무원과 기관별 업무에 정통한 소수 전문가가 수시 대응토록 하자는 것이다. ①은 (준)시장형 공기업보다 준정부기관과 기타공공기관이 주 타깃이고 ②는 기관장 평가는 전 공공기관, 경영자문은 (준)시장형 공기업이 주 타깃이다.

　제도 개편의 키를 쥔 정치가와 공무원들은 "그렇게 주장하는 이들이 요즘 들어 늘고 있는데 지금이 제도를 바꾸어야 할 적시인가"라고 물을 것이다. 왠만하면 자신의 대에 하고 싶지 않다는 의사표시다. 다른 이들도 변화보다 지금의 상태를 즐기려 한다. 제도가 26년간 지속되다 보니 어느덧 이해자 그룹이 형성되었다. 특정 직군과 전공을 중심으로 한 족族위원, 족族교수라고 부를 만한 이들이 공기업 주변부를 맴돌면서 용역, 평가, 자문, 사제관계 등으로 공기업과 장기간 밀월관계를 구축하고 있다.

　선진국 중 (준)시장형 공기업을 대상으로 매년 경영평가를 행하는 나라는 없다. 한때 시행하던 국가도 폐지하였거나 기관가치 증진을 위한 경영 자문제도로 바꿔 운영하고 있다. 수차례의 수정·보완으로 골동품화한 경영평가제도는 그 소명을 다했다. 공공기관의 운영에 관한 법률(제48조)과 관련법제를 바꿀 뜻있는 정치가와 공무원의 등장이 갈망되고 있다.

〈철-1017-2010. 8. 9.〉

● *공기업혁신*
평가 나쁜 공사, 평가 좋은 공단, 기관 차이 오래 못 간다

　철도공사와 철도시설공단에 대한 경영평가가 대조적이다. 2006년 6월 하순 발표된 정부경영평가 결과, 공사는 14개 기관 중 최하위이고 공단은 8개 기관 중 1위였다. 발족이 1년 늦고 비교대상 기관이 20년 이상 경영평가를 받아온 한전, 도공, 토공 등인 공사라고 하지만 지난 1년 8개월 사이에 러시아유전 투자 사기, 노조 및 여승무원 파업, 직원의 뇌물수수, 자회사 방만경영 등 나쁜 소식이 부각되었다. 반면 공단은 노조단일화, 중국 수투선 시

험선 구간 감리 수주(2005.6)와 무한~광주 간 여객전용선 감리수행평가 1위 (2006.8) 등의 성과가 강조되었다.

이철 사장 취임 후 공사는 직제개혁에 착수, 간부자리 축소, 결재라인 간소화, 외부인사 등용, 책임경영 강화에 나섰지만 인력감축이 배제되면서 같은 사람이 자리만 바꿔 앉아 기대만큼의 성과가 나오지 않고 있다. 이달 중 제출될 '철도조직운영혁신방안'에도 획기적인 인력감축은 담겨 있지 않다고 한다. 공사 측의 주문때문이다. 5월에 나온 초안은 효율화 대상인원을 순(純)인원 기준으로 290명(현원의 1%)으로 시산하고 2015년에도 현원 이상의 인력유지를 상정하는 밋밋한 내용이다.

공사의 부채는 지금도 늘고 있다. 주 원인은 높은 인건비다. 문제의 심각성을 인식한 노 대통령이 1월 하순 철도경영정상화 방안 마련을 지시하였고 국무조정실은 2006년 8월 4일 공사 주장의 일부를 수용한 대책을 내놓았다. 고속철운영 부채이자 전액지원, 시설사용료 경감, 공공서비스의무(PSO) 보상 유지, 서울~시흥 선로포화 해소, 경부철 2단계와 호남철 건설비의 국고지원 확대 등이다. 이에 따라 2007년에는 3천억 원 정도가 추가지원된다. 물론 인력효율화, 보유자산매각, 자회사 정비, 용산역세권 개발과 광명역 활성화, 적자역 조기정비 등 자구 노력이 전제조건이다.

공단의 장래도 장밋빛이라고 단정하기 힘들다. 수익성의 우선순위가 공사보다 낮다고 하지만 국내 철도건설을 민간기업과 나눠 가져야 할 처지가 되면서 해외진출에 관심을 보이고 있다. 중국 진출이 한 예다. 상하분리 원칙에 따라 발족한 공단이지만 운영사가 공사 하나라서 상하분리 효과를 기대하기 힘든 상황이다. 본업인 국내 철도건설부문에서 성과를 거둬야 하는데 사업의 성격상 공단 스스로 기획·추진할 수 있는 분야는 제한적이다. 경부철 2단계, 호남철, 전라선 복선전철, 광역전철 등의 건설사업 외 선로의 소유관리에 따른 부대사업효과를 크게 기대하기 힘들다. 건설사업이나 선로에서 큰 사고라도 발생하면 경영평가는 금방 역전될 것이다.

문제의 심각성은 공사 쪽이 훨씬 크다. 직제와 인사제도가 바뀌어도 사람이 별로 바뀌지 않고 인센티브 기능이 약해 구성원들의 동기유발이 제대로 이뤄지지 않고 있다. 구성원 다수가 공사직원으로의 신분변경이 상징하는 의미를 체득하지 못하고 있다. 걸핏하면 '공공성' 운운하면서 비능률을 포장하려 한다. 공단이 분리된 지금, 공사 업무의 공공성 영역은 크게 축소되었다. 수익성이 화두가 되면 운임 등의 규제와 높은 초기고정투자 비용, PSO 보상 부족을 들먹이면서 근본적 문제인 인건비 감축에 대해서는 논의도 못하게 한다.

공사와 공단이 경영평가에서 극명한 차이를 보인 것은 이례적이다. 한 쪽의 경영부진은 다른 쪽에 파급되는 구조를 지니고 있다. 발족 초기라서 지금 같은 차이가 발생할 수 있지만 오래 가기는 힘들 것이다. 앞으로 공사의 부실경영이 공단의 발목을 잡는 상황은 충분히 예견가능하다. 한국 철도의 발전을 내다볼 때 '철도조직운영혁신방안'은 임시방편이 아닌 '제대로 된' 혁신안으로 대체되어야 할 것이다.

〈철-829-2006. 8. 18.〉

● *공기업혁신*
잇다른 안전사고, 규율 잡을 대책을 세운다

대구지하철의 대형 참사 이후 서울지하철과 부산지하철에서 잇달아 안전사고가 발생하면서 시민들의 지하철 불신이 깊어지고 있다. 필자를 포함하여 여건상 전동차를 탈 수밖에 없는 많은 시민들은 지하철공사 경영자와 종사자의 근무 자세를 화제삼으면서 한마디씩 내뱉는다. "시민들이 안전하고 쾌적하게 이용할 수 있는 지하철로 만들 수 없나, 직원들의 규율을 다질 수 있는 방법은 없을까."

나아가 일부 시민은 공사의 위상과 경영방식까지 되짚어본다. "지하철을 꼭 지방공기업으로 운영해야 하나, 시재정에 부담스럽지 않은 지하철 운영은 불가능할까."

지하철공사는 지방공기업으로 인사와 경영에 해당 시의 입김이 강하게 반영된다. 사고로 물러난 윤진태 사장도 대구시 고위공무원 출신이다. 사고의 발생과 뒤처리 과정에서 교육 부족, 서비스 정신 결여, 무책임과 은폐조작 등 관료주의 냄새가 진하게 풍기는 것과 무관하지 않다.

참여정부의 인수위는 작업 과정에서 DJ정부의 공기업정책을 다소 완화하는 방향으로 기본 가닥을 잡았다. 철도는 민영화보다 공사화로, 전력공사와 가스공사는 민영화 계획을 미루거나 축소키로 했다. 그간의 작업추진 속도가 빨랐다는 정책적 판단 외에 노조를 배려한 방향전환이라는 시각이 유력하다. 아울러 공기업의 지배구조 개선방안 마련에 힘을 모으기로 했다.

그렇지만 지하철공사를 비롯한 지방공기업의 위상 재정립에 대해서는 체계적인 논의를 하지 못했다. 고건 총리가 서울시장 재직시 운영했던 '서울시정개혁위원회'도 지하철에 대해서는 인력감축 등 통상적인 개혁안을 내놓았을 뿐 근본적인 개혁안을 제시하지 못했다.

인수위 논의 과정과 근간의 지하철사고를 접하면서 지방공기업을 포함한 공기업의 바람직한 위상정립과 개혁방안 모색에서 더 실효성 있고 정책의지가 담긴 접근이 필요하다는 생각에서 방향성 확립과 관련하여 몇 자 적는다.

첫째, 기왕에 언급한 공기업 개혁속도 완화가 전체 근로자와 국민의 이익을 추구하기보다 일부 힘 있는 노조의 이익을 대변하는 정책변화가 아닌지 재검토해보자. 가령 오랜 기간의 논의를 거쳐 많은 비용을 들여 추진해온 철도 민영화의 기본 방향을 주식회사형 공기업에서 철도공사로 바꾸는 것이 타당한 결정인지 제로베이스에서 따져보자. 이는 지하철공사가 각 지방정부에 짐으로 작용하고 있는데 코레일이 중앙정부에 또 하나의 큰 짐으로 기능하지 않도록 하기 위함이다.

둘째, 공기업의 지배구조를 바꿔 자율적이고 책임있는 경영기반을 확립하자. 사장추천위원회 등 사장선임기관의 기능을 정상화하여 사장을 제대로 선임할 수 있도록 여건을 갖추고 선임된 사장이 재임 중 일정 수준의 이사에 대한 임면권을 행사할 수 있도록 해주자. 이사들과의 마찰로 이사회가 공전하고 소신있게 경영하지 못하는데 어떻게 책임을 물을 수 있겠는가.

셋째, 그동안 민영화하겠다고 공약하고 이를 위해 준비작업을 해온 기관은 최대한 약속대로 민영화 작업을 추진하자. 국내 주식시장과 자본시장은 이미 외국인 투자자 중심으로 움직이고 있다. 집권당이 바뀌지 않은 상황에서 그간의 공약과 다른 정책이 제시되어 외국인 투자자의 국내 이탈이 가속되는 것은 근로자 전체와 국익에 도움이 되지 않는다.

넷째, 공기업이 민간기업의 경제활동을 발목잡는 일이 없도록 산하 자회사를 철저히 정비하자. 2년 전 부도 난 한국부동산신탁은 공기업인 한국감정원의 자회사인데 설립 후 11년 만에 많은 부채를 남긴 채 지금 청산작업 중이다. 전직 경영자와 종업원들의 규율 없는 회사 운영으로 채권금융기관과 시공업체인 삼성중공업 그리고 다수의 개인 계약자에게 막대한 금전적 손실을 안겨주었다. 또 부도 이후의 채무조정작업과 잔무처리 과정에서 삼성중공업으로 하여금 부도상가인 테마폴리스 관련 제반 업무의 사후처리를 사실상 주관토록 함으로써 이들 기업의 인력활용을 왜곡시켜 정상적인 경제활동까지 방해하고 있다.

〈국민-2003. 3. 4.〉

7장

철도인의 처신, 국민의 눈높이에 맞춘다

CEO가 솔선하여 국민의 눈높이에 맞춘다

● 철도CEO
권한 약하지만 책임은 더 약하다?

용산국제업무지구 개발사업이 흔들리고 있다. 계획대로 시행되면 코레일의 매년도 경영수지가 개선되고 누적채무도 상당분 줄일 수 있다. 2008년과 2009년의 경영수지가 개선된 이면에는 자산매각 등과 관련된 특별수익이 있었다. 이 사업이 좌초되면 영업수지 적자가 큰 코레일의 경영수지는 급속히 악화된다.

2007년 11월 2일 핵심사업자로 선정된 삼성물산이 2010년 8월 31일 용산역세권개발경영권을 포기했다. 삼성은 2009년 12월에 사장이 정연주 씨로 바뀌면서 사업을 원점에서 재검토, 출자지분 640억 원을 포함한 3천억원 정도의 손실을 보고 손을 떼는 쪽으로 방향을 잡았다.

정 사장은 그간의 경영성과로 평가가 높은 사람이다. 2003년 3월부터 7년여 삼성엔지니어링 사장으로 재직하면서 사세를 키워, 자사 주가를 임기 초 3천 원에서 임기 말 12만 원까지 끌어올렸다. 이러한 그가 채산성이 없다고 판단하여 철수를 결정한 것이다.

지난 몇 달간 코레일의 허준영 사장은 정 사장은 물론 그룹총수까지 물고 늘어지면서 삼성 측 협조를 촉구했지만 손득 논리로 대처하는 이들의 결정을 지켜볼 수밖에 없었다. 오는 13일 건설투자자 모집공고와 16일의 사업설명회 등으로 새 사업자를 찾을 계획이지만 전망이 밝지 않다.

일부는 사업지역의 토지대금(8조 원, 삼성컨소시엄 입찰가)을 5조 원 전후로 낮춰야 한다고 지적한다. 그 사이 개발 붐이 꺼지고 제반 여건이 달라졌기 때문이다. 게다가 토지대금외 추가로 드는 이자(2조 원 상당)와 지급보증액(9,500억 원) 부담도 녹록치 않다. 사업자의 유동성을 코레일이 지원하는 방안도 검토되고 있다. 코레일은 용산국제업무지구 내 랜드마크빌딩을 4조 5천억 원에 구입하여 삼성이 예상한 2조 7천억 원보다 1조 8천억 원 더 줄 수 있다고 제시하기도 했다. 어느 쪽이든 코레일의 부담은 는다.

돌이켜보면 이 사업은 전임 이철 사장 때 정해져 허 사장은 이어받아 추진하는 입장이다. 예정대로 추진해도 임기 중 사업이 마무리되는 것을 보지 못할 터인데 자칫하다간 임기 중 사업이 원점으로 돌아갈 지경에 처했다. 그는 코레일 경영수지에 미칠 영향을 고려하여 다소 부담되더라도 '국가적 프로젝트'인 이 사업을 계획대로 추진하고자 했다. 그래서 삼성보다 67% 더 비싸게 구입하고 자금도 우선 융통해주겠다고 했을 것이다. 민간 CEO인 정 사장같으면 엄두도 내기 힘든 제안일 수 있다.

여기서 우리는 이같은 제안이 가능한 공기업 CEO의 권한과 책임에 대해 생각해보지 않을 수 없다. 허 사장은 전임 사장이 결정한 사업을 추진하는 과정에서 일이 꼬이자 해결책으로 수정안을 내놓았다. 상황에 따라선 추가적인 양보안을 내놓아야 할지도 모른다.

문제는 대형 개발사업 추진에 따른 의사결정과 관련하여 어느 정도의 권한을 CEO에게 허용할 것이냐는 점이다. 그의 이번 결정으로 장래 코레일의 경영수지가 큰 압박을 받더라도 1년 반 후 물러날 그에게 책임추궁하기는 어렵다. 따라서 공기업 CEO 결정이 지닌 '약한 자기책임성'을 보완할 장치가 요청된다. 그런데 지금의 상황은 어떠한가.

빚더미에 쌓여 자생력을 상실한 LH공사의 4백여 개 개발사업장에서 알수 있듯이 공기업 CEO의 권한이 잘못 사용되어 해당 기업과 국가경제에 부담을 주는 사례는 쉽게 찾아볼 수 있다. (준)시장형 공기업의 대형 개발사업, 그 의사결정방식에 대해 주무부처인 국토해양부와 기획재정부 공공정책국은 서둘러 실효성 있는 대책을 마련해야 할 것이다.

〈철-1021-2010. 9. 6.〉

● 철도CEO
허준영 사장(제4대)이 인력감축에 나섰다

부임한 지 6개월을 넘긴 코레일 허준영 CEO의 보폭이 빨라졌다. 부임 후 조용한 움직임을 보이던 허 사장이 2009년 9월 14일자 조직개편을 통해 70명이 넘는 간부급을 무보직 발령내더니 조심스럽게 대응해오던 노조에 대해서도 강한 자세를 보이고 있다.

그는 얼마 전 한 잡지와의 인터뷰에서 코레일 인건비가 매출액 대비 50%가 넘는다면서 '사기업이면 망했을 것'이라고 언급했다. 허 사장은 머릿속으로 코레일이 오래 전부터 구상해온 5천 명 인력의 단계적 감축에 발동을 걸어야겠다고 생각했는지 모른다. 코레일 자료에 따르면 매출이 3조 6,300억원이고 인건비가 1조 9천억 원(집행기준, 2008)이니 인건비 비율이 52%를 넘는다. 전년(48%)보다 4% 포인트 이상 높아졌다. 객관적으로 CEO가 걱정할 만한 상황이다.

필자는 2005년 6월의 칼럼에서 우리와 일본 철도회사 CEO의 차이를 지적한 바 있다. 일본 CEO의 평균 재임기간이 6년 이상인데 비해 우리는 임기가

3년인데 재임은 거의 힘들고 임기 중에도 이런저런 불상사로 물러나야 한다. 또한 공기업이다 보니 매년 사장 평가를 받아야 하고 그래서 부임 초부터 강도 높게 개혁을 밀어붙이지 않을 수 없다. 위에서는 밀어붙이는데 안에서 노조의 반발과 공기업 타성에 가로막혀 늘 개혁하는 것 같은데 생산성 증가는 더디다.

공사 출범 후 5년이 되어가는 코레일, 허 사장이 4번째 CEO이다. 개혁 운운했지만 결과적으로 5년 사이에 직원수는 줄지 않았다. 자회사 설립과 자연퇴직 등으로 매년 800명 넘는 인력을 줄였지만 신규채용이 3,900명에 달했기 때문이다. 그런데 출범 후 매출액은 7%밖에 늘지 않았다. 그러니 인건비가 점점 경영에 부담이 되고 있다. 2대 이철 사장 시절의 용산지구 개발에 따른 자산처분이익이 중심이 된 영업외수익이 1~2.5조원 씩 발생하여 2007년(1,333억 원)과 2008년(5,140억 원)에 흑자를 보였고 그 영향이 2009년(6,486억 원), 2010년(3,808억 원) 정도까지 미칠지 모르지만 2011년 이후에는 상황이 녹록치 않다. 인건비 등 영업비용을 줄이지 못하면 운송사업 적자에 따른 영업적자가 매년 5천억 원 이상의 수준을 보일 수 있다.

이후 경과

당기순이익도 용산지구 개발사업 이전에는 적자를 보였다. 2005년 6,062억원 적자, 2006년 5,260억 원 적자. 영업수지 적자는 2006년 5,337억 원, 2007년 6,414억 원, 2008년 7,374억 원, 2009년 6,861억 원, 2010년 5,287억 원, 2011년 4,783억 원으로 나타났다. 이같은 영업수지 적자의 근본원인은 운송수입 등 매출이 늘지 않고 있는 데 있다. 매출액은 2006년 3조 5,302억 원, 2007년 3조 5,703억 원, 2008년 3조 6,314억 원, 2009년 3조 5,288억 원, 2010년 3조 6,825억 원, 2011년 3조 9,744억 원이다. 영업외 수익은 2007년 9,474억 원, 2008년 2조 5,937억 원, 2009년 2조 4,791억 원, 2010년 1조 8,089억 원, 2011년 2조 593억 원이다.

때마침 국감을 앞두고 코레일이 정진섭 의원(한나라당)에게 제출한 자료가 화제다. 창구매표라는 단순업무 종사직의 급여가 2,460만 원(7급)에서

7,400만 원(3급)에 이르러 국민들을 아연케 하고 있다. 매표직 585명의 일을 역무보조원이나 사무보조원에게 맡기거나 외주로 돌리면 연 130억 원 이상을 절약할 수 있다는 게 정 의원의 지적이다. 근로의 연공年功 측면을 무시하면 이같은 계산이 나올 수 있다. 부채가 6조 8천억 원(2008년 말 기준)에 이르러 매년 이자로 4천억 원 이상을 지급해야 하는 코레일의 입장에서 예산 낭비가 심하다고 지적받아도 할 말이 없을 것이다.

CEO가 회사를 살리고 우수 회사로 만드는 방법은 간단하다. 이익을 많이 내어 근로자 급여를 올려주고 내부 저축을 쌓는 것이다. 소비자 만족도까지 올릴 수 있다면 금상첨화다. 물론 기업 안팎의 여건을 크게 바꾸지 않고 코레일을 흑자기조 기업으로 전환시키는 것은 쉬운 일이 아니다. 그래서 2대 이철 사장도 고유사업이 아닌 부동산 개발 등에 착안했을 것이다. 세계적 우량 기업으로 변신한 JR동일본도 고유의 운수부문 매출 외에 이익의 23% 규모인 역공간 활용사업, 12%인 쇼핑 및 사무실 사업을 운영하여 수입다각화를 꾀하고 있다. 자회사도 82개에 달한다(2009.3 기준). 하지만 놀라운 것은 저성장기인 지금도 매년 영업수익을 늘리면서 인건비를 줄이고 있다는 사실이다.

아무쪼록 허 사장이 노조의 협조를 얻어 재임 중 공기업의 타성을 극복하고, 코레일을 고유사업인 운수부문에서 흑자 내는 기업으로 탈바꿈시키길 기대해본다.

〈철-976-2009. 9. 25.〉

● 철도CEO
강경호 사장(제3대)이 '슬로슬로 퀵퀵' 경영에 나섰다

강경호 사장 취임 후 한 달 이상이 지났지만 코레일 내부는 차분하다. 2008년 5월, 6월의 2개월간은 촛불집회로 현 정부의 정책기능이 제대로 작동

하지 못했다. 철도도 예외가 아니었을 것이다. 하지만 개혁성향의 강 사장이 이처럼 신중하게 처신할 것이라고 예상한 사람은 많지 않았던 듯하다. 취임에 거부 반응을 보였던 철도노조조차 놀라워하는 분위기다. 그렇다고 지금의 형국을 폭풍전야의 고요로 보는 것 같지도 않다. 강 사장의 철도관이 서울메트로 시절과 꽤 달라져 민영화나 인력조정 등의 개혁은 없을 것이라는 전망이 확산되고 있다. 강 사장이 6월 26일 가진 기자 인터뷰가 그 근거다.

이 자리에서 그는 "기간산업인 코레일의 민영화는 어렵다. 인위적인 감원계획은 없다. 2000년대 초반의 철도개혁 논의 때 철도시설공단을 철도공사와 분리한 것은 잘못한 조치다. KTX 여승무원 문제는 그간의 코레일 측 대응을 지지한다"고 말했다. 인터뷰 시점이 철도노조가 총파업 찬반투표를 가결한 직후라는 점을 감안하더라도 파격적이다. 솔직히 국민 다수는 십여 년 전부터 한국 철도의 변신을 고대해왔다. 그런데 민영화 없이, 인력조정 없이 어떠한 변신을 보여줄 수 있을까. 노사관계를 염두에 둔 발언일 수 있겠지만 CEO가 한번 내뱉은 말, 주워 담기 쉽지 않다.

'슬로슬로 퀵퀵'이라는 말이 있다. 일을 빨리 밀어붙이는 것이 능사가 아니며 그렇다고 신중히 대응하는 것이 최선도 아니라는 것이다. 때론 빠르게 때론 천천히 템포를 조절해야 목적지에 적은 비용으로 부작용 없이 빨리 이를 수 있음을 시사한다. 빠름과 느림의 변증법 터득이 요체라는 것이다.

민간기업 경영의 큰 특징은 '스피드 경영'이다. 그러면 공기업 경영의 특징은 무엇일까. '눈치 경영', '무사고 경영'이 냉소적이라면 '슬로 경영'은 어떨까. 감시하는 주인이 없기 때문에 시간감각과 비용의식이 약해 의사결정과 업무추진 속도가 더디고 비용은 많이 쓰면서 사고와 과오만 줄이려 한다. 사고·과오만 줄이면 정부경영평가(25년째 시행) 등에서 일정 수준의 평가를 받아 노사 모두가 실리인 급여상승과 자리 온존을 챙길 수 있다. 하지만 일자리 창출과 생산성 향상 등 국민경제에 주는 부가적 이득은 민간기업에 비해 크게 떨어진다.

이병곤은 빨리빨리방법론(2006)에서 "미국 등 외국 유명기업의 임직원 업무 스타일에도 우리의 빨리빨리 문화와 유사한 내용이 적지 않고 특히 성공한 비즈니스맨과 기업에 이같은 유형이 많다"고 지적하면서 "빨리빨리 문화가 개인과 기업의 경쟁력을 크게 높이는 혁신방법론이 될 수 있다"고 주장한다. 구체적으로는 '반복적이고 점중적으로 접근하며 민첩하게 관리하고 적은 비용으로 개발하며 혁신적 전환을 추구'하자는 것이다. 모든 분야에 적용되는 것은 아니겠지만 필자는 코레일에는 그가 지적한 노하우를 적용하여 득볼 수 있는 곳이 적지 않다고 생각한다.

빨리 바꿀 곳과 천천히 바꿀 곳을 구분하자. 예산지출 삭감과 인력배치 재편 등이 전자라면 의사결정구조와 조직문화 등은 후자일 것이다. 전임 이철 사장이 파격적인 간부인사와 조직개편에도 불구하고 (중간층)사람을 바꾸지 못해 구 철도청 분위기 쇄신에 실패했다는 지적이 없지 않았다. 코레일은 국제 철도운영회사 기준으로 볼 때 많이 뒤져 있다. '슬로 경영'에 안주하기엔 주변 여건이 녹록지 않다. 초고유가 시대를 맞아 빠르게 느는 철도 수요가 코레일의 자기 재구축, 즉 '슬로슬로 퀵퀵' 경영을 강하게 촉구하고 있다.

〈철-920-2008. 7. 18.〉

● 철도CEO
철도와 철도인은 무게가 있어야 제격이다

철鐵은 무겁다. 인류가 발견해낸 멋진 금속인 철은 오늘날까지 여러 용도로 소중히 쓰이고 있다. 철과 철도를 만드는 작업이 가벼운 작업이 아니듯이 철도와 철제 차량을 이용하여 사업하는 이들의 자세와 처신도 가벼울 수 없을 것이다. 이같은 섭리가 철과 연관을 맺은 모든 철도관계자에게 한결 같이 적용되어야 함은 자연의 이치일 것이다.

얼마 전 일본에서 한 철도 차량모델이 44년의 현역생활을 마치고 은퇴에 들어가 팬들의 아쉬움을 산 일이 있다. 현업에 투입되어 일하는 동안 10억이 넘는 손님들의 손과 발이 되어 이들의 지리함과 노곤함을 덜어준 것에 대한 보답으로 이 차량의 고별운행식이 열린 2008년 11월 20일의 신오사카역에는 많은 팬들이 모였다.

주인공은 세계 최초의 고속철인 신칸센新幹線의 초기모델 '0계'였다. 1964년 10월에 상업운행을 시작한 0계는 도쿄와 신오사카를 잇는 도카이도東海道 노선을 당시 세계 최고인 시속 210㎞로 주파하였다. 열차 이름도 '히카리', 즉 빛이었다. 초기의 12량 편성이 오사카 만국박람회(1970)를 앞두고 16량 편성으로 확대되어 좌석수가 늘었지만 인구과밀지역을 통과하여 수익성이 좋았다. 12월 14일의 특별기념운행 후에는 철도박물관에나 가야 구경할 수 있을 전망이다.

JR의 전신인 국철과 노조 관계가 좋지 않아 개량모델 투입이 늦어지면서 0계는 20여 년간 유일한 고속철 차량으로 일본인의 사랑을 독차지하였다. 차량의 코 부위가 항공기의 그것과 유사하고 두툼한 모습이 귀여우며 두 개의 큰 눈망울을 지녀 인기가 높았다. 1985년에 개량모델인 100계가 투입되면서 0계 생산이 중지된 후 300계, 500계, 700계, N700계로 신 모델이 등장하면서 0계는 1999년 9월 마침내 도카이도선에서 모습을 감추었다. 이후 4량, 6량 편성으로 재편되어 지역 거점도시 간 교통수단으로 특화하였다.

0계와 신칸센의 선로, 신호기기 등의 각 분야에는 일본 기술인의 혼이 담겨 있다고 할 만큼 첨단기술이 집적되고 경험 많은 장인들이 다수 참여하였다. 기술업무를 종합지휘한 사람이 천재기사로 평가받는 시마 히데오였다. 대를 이어 철도인이 된 그는 국철 재직시 명품 증기기관차를 설계하고 탄환 열차(후대의 신칸센) 구상으로 유명하며 국철 총재였던 소고 신지와 콤비를 이뤄 신칸센을 만들어낸 장본인으로 일컬어지고 있다.

국철 기사장으로서 이 무렵의 서구표준이던 '동력집중방식' 대신 '동력분산방식'을 고집하여 시발 속도를 높이는 등 열차운행 효율을 높일 수 있었다. 이 공적으로 미국의 스페리상(1966)과 기술계의 노벨상이라는 영국의 제임스와트상(1969)을 수상했다. 동력집중방식을 고집하던 프랑스의 TGV도 2008년에 개발한 신형 차량 AGV에 동력분산방식을 도입, 10%의 효율상승을 기대하고 있다. AGV는 2011년부터 이탈리아에서 현업 배치될 예정이다.

시마는 신칸센과 0계 개발 후 철도를 떠나 우주산업 발전에 기여한 후 1998년, 96세로 일기를 마쳤다. 시마는 갔지만 그의 혼을 이어받은 후대 기술진이 만들어낸 뉴신칸센은 지금도 세계에서 가장 안전하고 효율 높은 고속철의 하나로 평가받으며 진화하고 있다.

지난 3년 사이에 코레일 CEO가 불상사에 연루되어 현직에서 물러나면서 철도인의 명예가 크게 실추되는 느낌이 든다. 철도를 다루고 운영하는 철도인들은 그 이름에 걸맞게 무게있게 처신하여 소고 신지나 시마 히데오처럼 존경받는 철도인을 지향해야 할 것이다.

〈철-940-2008. 12. 22.〉

● 철도CEO
공기업 사장 선임시 짜고치는 고스톱은 곤란하다

2008년 1월 21일 이철 코레일 사장이 전격사퇴한 지 두 달이 경과하고 있

다. 임기를 5개월여 남겨둔 상황에서 2년 7개월간 몸담았던 공사를 떠나면서 그는 말했다. "2007년에는 처음으로 흑자를 이루고 경영정상화를 달성했다. 하지만 코레일에는 경영환경을 저해하는 '전봇대'가 아직도 많다. 선로사용료, 정부관여 인사, 정차역 자율화 문제 등이 대표적이다. 경영에 점수를 매긴다면 60점으로 부임 초의 30점에 비하면 많이 높아졌다"고 자평한 바 있다.

수장 자리가 빈 지 이미 두 달이고, 앞으로 (총선이 끝나) 절차를 거쳐 신사장이 부임하려면 적어도 두 달 이상이 더 소요된다. 종사자가 3만 명이 넘는 대기업에 넉 달씩 수장이 없어도 괜찮다고 생각하는 이들은 별로 없을 것이다. 치열한 경쟁에 직면해 있는 민간기업이라면 생각조차 힘들다.

이명박 대통령의 당선인 시절부터 그와의 인연, 철도분야 경력 등을 고려할 때 차기 공사 사장후보로 거론된 유력한 인물들이 있었다. 특별한 사정이 없다면 이들 중에서 차기 사장이 나올 가능성이 높다. 그런데 새 정부 발족 후 2주 이상이 경과하는데 사장공모를 공고할 움직임조차 없다. 정권 초기의 정치적 고려라는 얘기도 들린다. 하지만 공식적 절차(공공기관 운영에 관한 법률, 2007.4)에 따라 사장을 선임하는 데만 수천만 원의 비용과 두 달 이상의 시간이 소요된다.

공기업 사장자리는 1998년까지 대통령과 그 측근에서 적합한 사람을 골라 임명해왔다. 그런데 1999년 국민의 정부가 정부개혁을 추진하면서 사장추천위원회(이하 사추위) 제도를 도입하였다. 현재는 임원추천위원회가 공개모집과 면접 등의 절차를 거쳐 "기업경영과 그 공기업 업무에 관한 학식과 경험이 풍부하고 최고경영자의 능력을 갖춘 사람"을 사장후보자로 (복수)추천한다(공공기관운영에 관한 법률 29조, 30조). 문제는 사추위 구성, 공개모집, 면접, 후보자 추천, 공공기관운영위원회 심의 의결 등의 절차를 밟는 데 두 달여가 소요된다는 것이다.

혹자는 "사추위는 한국형 민주주의의 대표적 제도의 하나다"라고 말한다. 이 제도로 '정치권력으로부터 독립'된 사장을 선임할 수 있다는 믿음 때문인지 모른다. 하지만 KBS 정연주 사장의 선임(2003)과 연임(2006), EBS 구관서 사장(2006) 선임 등의 사례에서 시사되듯이 현 사추위 제도는 형식적 절차만 민주적일 뿐 객관적으로 가장 나은 인물을 선택할 수 있는 제도는 아니다.

도입 당초의 의도와 달리 현 사추위는 많은 경우에 껍데기 성격이 강해 추천위원들의 의사보다 대통령과 측근세력의 의사가 훨씬 많이 반영된다. 정황이 이렇다면 무엇 때문에 돈과 시간을 들여가며 요식 절차에 구애되느냐는 의문이 생긴다. 더구나 이 과정에서 수장자리가 두 달 가량 빈다. 수장 없이 두 달을 버틸 수 있는 조직이라면 애당초 꾸밈용 수장이 아니냐는 지적이 나올 수 있다. 힘 없는 자리이니 그 없이도 수개월씩 탈나지 않고 조직이 움직여갈 수 있는 게 아니겠는가.

차제에 공기업 사장 등 임원을 선임하는 임원추천위원회 제도를 재검토 하자. 공기업 내부에서 조차 무용론이 대두하고 있다. "뻔한 인사인데 무엇 때문에 돈과 시간을 허비하는지 모르겠다"는 공기업 안팎의 지적에 기획재 정부 당국은 해법을 모색해야 한다. 공사 사장자리는 한 달 정도 비우면 큰 일 날 만큼 힘 있고 바쁜 자리가 되어야 한다고 생각한다. 이를 위해 필요하 다면 주식회사로 환골탈태하는 것도 검토해보자.

〈철-904-2008. 3. 14.〉

● 철도CEO
JR서일본 CEO의 반성으로 돌이켜보는 코레일 CEO 자리

곧 임용될 공사 사장은 2대 사장으로서 해야 할 일이 많을 것 같다. 전 사 장의 급작스런 퇴진으로 모양새가 틀어져버린 공사의 이미지 개선은 우선 순위가 높은 과제다. 본업인 철도운영에서 안전성을 확보하면서 고객의 만 족도를 높이고 경영적자를 줄여나갈 수 있다면 곧바로 이미지 개선으로 직 결될 것이다. 하지만 경영성과는 고속철도 개통 전보다 나빠졌다.

또 사업다각화를 염두에 두고 출범시킨 자회사들이 공사의 이미지를 떨 어뜨리거나 경영에 부담을 주는 경우도 적지 않다. 17개 자회사 임원으로 구 철도청 간부들이 다수 포진해 있지만 러시아 유전개발 투자사업이 상징 해주듯 각종 문제점이 부각되면서 발족 초기의 공사경영을 한층 어렵게 하 고 있다.

2005년 초부터 철도가 기업형태로 바뀌었지만 스스로 걷기까지는 빨라

도 9년을 기다려야 한다. 그동안 수 차례 전망치를 바꾼 건교부가 근자에 내놓은 경영개선책(2005. 5. 10)에 따르면 2013년에 흑자전환이 예상되고 있다. 그런데 정책 중 하나로 '광명~동대구 간 셔틀고속철 운행 등 고속철 운행확대' 방안이 들어 있는 것을 보면 전체 대안에 대한 신뢰도가 높지 않아 보인다. 노조 등 공사 내부에서조차 지지를 받지 못하는 방안으로 필자 역시 현재 같은 편성열차로는 성과를 기대하기 힘들 것으로 전망하고 있다.

이처럼 어려운 상황에서도 공사사장에게 책임경영과 수지개선을 요구할 수밖에 없는 것이 우리 현실이다. 그렇지만 지난 1년 사이에 보여준 사장인사는 우리가 일본에 비해 아직도 많이 뒤져 있다는 사실을 깨닫게 한다. 일본의 경우 1987년의 분할민영화시(완전민영화는 2002년 이후) 규모가 가장 큰 JR동일본 사장에 운수성 사무차관 출신인 스미타 쇼지住田正二 씨를 사장으로 임용, 1996년 6월 말 회장을 물러날 때가지 9년간 CEO로서 경영안정화에 매진할 수 있도록 하였다. 이후 내부에서 3명이 CEO로 선임되어 1인당 CEO 근속연수가 평균 6년 이상이다. 이에 비해 우리는 3년 임기 공채사장인데 발족 6개월 만에 2대째 사장이다.

물론 CEO의 장기근속이 꼭 바람직한 것만은 아닐 수 있다. 2005년 4월말 후쿠치야마福知山선 탈선 사고를 일으킨 JR서일본의 경우 민영화 이후 18년을 4명의 CEO(초대사장 쓰노타 다츠로[角田達郎] 외 3인) 체제로 끌어왔다. 1992년부터 11년을 CEO로 일해온 이데 마사타카(井手正敬, 현 상담역)씨는 사고현장에 헌화한 후 "수송의 고속화, 비용삭감을 밀어붙인 내게도 책임이 있을지 모른다"고 말하면서 예정된 고문취임을 사퇴했다.

그는 일선근무자들에 의해 시각표 준수가 '지상주의화'하고 그것이 CEO의 수익중시 철학과 중첩되면서 이번 사고로 이어졌다고 반성하고 있음이 분명하다. 그의 발언은 "일선근무자가 운행시각에 쫓길 때 '급할수록 돌아가라'는 마음속 브레이크를 꾹꾹 밟는 풍토 조성도 CEO 몫"이라는 자기성찰을 암시한다. 이번 사고는 세계에 자랑할 정확한 시각표 준수도 '지나치면 미치지 못한 것만 못 하다'는 상식을 확인시켜주었다. 성공한 CEO로 평가받는 이테 씨의 자기성찰이 신임사장에게 시사해주는 바가 없지 않아 보인다.

〈철-774-2005. 6. 24.〉

철도노조는 제대로 된 주인의식을 가진다

● 철도노조
철도노경, 김연아 올림픽팀의 팀웍을 배운다

2010년 2월의 밴쿠버 동계올림픽은 국민 모두에게 큰 기쁨을 안겨주었다. 절정은 두말 할 것도 없이 김연아 선수의 피겨스케이팅 여자 싱글 부문 우승이었다. 그런데 기대했던 자국 선수의 패배로 의기소침해 있던 일본에서 일부 언론이 뒤늦게 김연아의 연기를 평가하면서 그 배경을 분석하여 화제가 되고 있다. 격주간지인 스포츠그래픽넘버(749호, 2010. 3. 18)에서 사노 가오루佐野薰 씨는 김연아의 완벽한 연기를 평가하면서 가산점의 배경으로 '팀연아' 멤버인 김연아, 브라이언 오서 코치, 데이빗 윌슨 안무가 3인의 멋진 팀웍을 지적한다.

후일담에 따르면 팀 연아 멤버들은 연아를 행복한 스케이터로 만들려는 '따뜻한 마음'이 있었던 반면, 경쟁자인 아사다 마오 팀의 핵심인 타라소바 코치는 아사다와 훈련장소 문제로 대회 전까지 불화를 보였고 마오를 자신이 설정한 엄격한 목표를 클리어하는 스케이터로 만들려고 하여 팀 내에서 따뜻한 마음을 감지하기 힘들었다고 한다.

코레일은 2009년 11월의 파업 참여자(약 1만 1천 명)에 대한 징계를 진행하고 있는데 규모가 아주 크다. 허준영 사장은 원칙적 대응을 강조하면서 노조집행부 등 파업을 주도한 170여 명을 파면하거나 해임했고, 지금 나머지 파업가담자를 정직·감봉, 경고처분 등으로 징계하고 있다. 여기에 2006년 파업에 따른 손해배상금(100억 원)의 압류, 그리고 노조와 조합원 대상의 파업손해액(87억 원)의 연대배상소송을 새롭게 진행하고 있다.

그간에도 파업이 있었지만 이번만큼 징계가 광범위하고 노조와 조합원 대상의 손해배상소송이 엄격히 시행되는 사례는 흔치 않았다. 허 사장이 경찰총수 출신이라는 점을 감안하더라도 공기업 CEO의 대응이라고 보기 힘들 정도의 강력한 대응이다. 철도노조는 전력노조와 더불어 공기업 노조 중 대표적인 강성노조로 2005년의 공사전환 이후에도 수 차례의 파업으로 여론의 질타를 받은 바 있다.

허 사장 입장에서 보면 노조의 행동을 이해하기 힘들지 모른다. 1인당 연평균소득이 6천만 원을 넘나드는 근로자들이 무엇이 부족해서 파업하냐며 반문하고, 요구사항도 명분과 근거가 있는 것을 내놓으라고 외치고 싶을 것이다. 그래서 원칙적 대응을 강조하면서 자신이 한 말을 실천에 옮기고 있다.

그렇지만 지금 같은 대응으로 조직의 단합과 경쟁력 향상을 기대하기는 애당초 힘들다. 손해 보는 느낌이 들더라도 기 싸움을 적정 수준에서 접고 납득할 수준의 접점을 모색하는 것이 해법일 것이다. 노사관계에는 냉철한 머리 이상으로 따뜻한 마음이 요구된다. 또 철도에 애정을 가진 CEO만이 철도를 한 단계 업그레이드시킬 수 있다.

우리 철도는 해외로 진출하고 있다. 분야도 차량 외에 건설, 감리, 보수유지 등으로 확대되고 있다. 이를 지원하기 위해 국토해양부는 글로벌인프라펀드 조성까지 검토하고 있다. 문제는 경쟁력이다. 건설과 차량 분야를 제외하면 일본, 영국, 캐나다 등 철도선진국과의 기술격차가 커서 갭의 축소 등 내실 강화가 시급한 상황이다.

코레일은 수입이 인건비 증가를 따라가지 못해 영업수지가 악화하고 있다. 노사가 힘을 합쳐 인건비 억제 등의 생존책을 모색해야 할 시점에 갈등이 증폭되고 상호 신뢰가 허물어지는 모습을 노정하고 있다. 이로 인해 영업수지 등 경영성과가 호전되지 않으면 미뤄둔 민영화 논의가 조기에 가시화할 수 있다. '팀 연아'가 보여준 멋진 팀웍의 성과를 상기해보면 해법의 방향은 자명해질 것이다.

〈철-999-2010. 3. 15.〉

● 철도노조
철도 주인의 처세술은 달라야 한다

한국 철도의 실제 주인은 철도노조다. 2만 5천 명에 이르는 조합원수가 그렇고 자기 이익을 추구하는 오너 사장이나 회장도 없기 때문이다. 사장과 이사가 2~3년 임기로 부임하여 공사의 경영을 책임지지만 노조 동의 없이는 주요 사안 하나 처리하기 힘든 게 현실이다. 노조는 이같은 강력한 파워를 의식해서인지 근래 전사적자원관리ERP 시스템 철회, 해고자 복직과 원상회복, KTX·새마을호 승무원의 공사 직접고용 등 자신들의 근로조건과 관계가 없거나 약한 경영사안에 목소리를 높이고 있다.

그런데 금속노조 현대차 지부, 금융노조, 전교조와 더불어 국내의 대표적 귀족노조인 철도노조가 얼마 전 파업자금 모금차 12억 원 상당의 5만 원권 무이자채를 발행하였다고 한다. 한 달 만에 조합원의 90%가 기금모금에 참여하는 기민함을 보였지만, 쟁의행위 찬반투표의 찬성비율이 53%에 불과했다는 점을 감안하면 파업에 반대하는 상당수 조합원도 '단결투쟁'의 구호 아래 반강제로 파업기금을 냈을 것으로 추정된다. 조합비가 연간 110억 원대에 달하는 거대노조가 권세를 이용한 사실상의 갹출인 무이자채 발행으로 자금을 모금한 것은 자금난이 심각해졌기 때문이리라.

상황을 파악한 이철 공사사장은 "노조도 파산할 수 있다"고 경고한다. 조합비 외에 아파트, 빌딩 등 부동산 임대수입도 만만치 않다고 알려진 노조지만 40여 명의 해고자 급여 지급과 2003년도 불법파업 손해배상금(24억 원)이 부담스럽고 간혹 행하는 파업도 비용이 많이 들어 부담스럽다. 조합원이 기본급의 2%라는 비교적 큰 금액을 조합비로 내주고 있지만 고정적으로 나갈 곳이 적지 않고 씀씀이가 헤프다 보니 수지 맞추기가 쉽지 않다. 일부 노조원은 집행부가 조합원에게 조합비 사용내용을 투명하게 공개하지 않는다고 불평하기도 한다.

주인의식이 약한 사측의 대응도 무르기 그지없다. 노조전임자는 정부기준인 21명을 크게 초과한 62명이나 되는데 이들에게 월평균 400만 원 정도를 지급하고 있다. 많은 공사가 노조전임자를 줄여 정부 기준을 충족시켰는데 철도공사는 아직도 정부 기준의 3배에 해당하는 노조전임자를 지녀 매년 20억 원 상당을 노조 투쟁비로 간접 지원하는 셈이다. 솔직히 한 사람이라도 현업부서에 보내 철도선진화 작업에 나서도록 독려해야 할 시점에 40여 명이 노조원 권익신장 투쟁이라는 미명 하에 공사의 정상적 업무수행을 사실상 방해하는 것을 방관해야 하는 현실이 안타까울 뿐이다.

지금 철도 외부환경이 크게 바뀌려 한다. 한나라당 내부가 결속되면서 보수파 대통령이 나올 가능성이 한층 높아졌고, 그 결과 2008년 이후 공사 민영화 논의가 재점화할 전망이다. 철도 민영화는 1990년대부터 2002년 말까지 많은 논의를 거쳤던 사안이다. 이러한 정치 변혁기에 노조집행부는 '1인 승무 반대' 등 구조조정에 저항하는 구태를 보이고 있는데 솔직히 오래 전부터 1인 승무를 시행해온 중국의 210만 철도인을 생각하면 노조 요구는 설득력이 없다.

필자는 2002년 9월부터 경제학자의 시점에서 우리 철도를 들여다보면서 이런저런 제안을 내놓고 있다. 짐작컨대 2008년초에 보수정권이 들어서면 철도정책이 크게 바뀔 것이다. 철도주식회사 발족 계획이 2003년 2월의 인수위 논의에서 철도공사로 급선회하였던 것과 정반대로 2008년 초 인수위에서 철도주식회사 안이 급부상, 현실감을 띤 정책으로 입안될 수 있다는 것이다. 아무쪼록 정권교체기를 맞아 사실상의 철도 주인인 노조가 철도와 철도인의 발전을 진지한 자세로 모색하길 바란다.

〈철-889-2007. 11. 16.〉

● 철도노조
파업이 철도의 앞길을 험난하게 할 수 있다

"열차 사고 내면서 파업?"국민들 비판 눈초리

철도노조가 2007년 11월 16일의 파업을 예고하고 있다. 노조는 8월부터 계속된 11차례 교섭을 통해 1인 승무 반대, ERP 등 구조조정 철회, 해고자 원직복직과 원상회복, KTX · 새마을호 승무원의 직접고용 등을 주장해왔지만 사측이 받아들이지 않았다. 16일까지 날짜가 있지만 노조 측이 무리한 요구를 철회하지 않으면 합의 도달이 어렵고, 그 결과 2006년 3월 초 이후 1년 8개월 만에 철도파업이 재연될 가능성이 커졌다.

문제는 타이밍이다. 우선 11월 3일, 부산역에서 KTX 두 대가 충돌하는 어처구니없는 사고가 발생해 공사와 철도에 대한 이미지가 매우 안 좋다. 게다가 이회창 씨 가세로 보수파 대통령이 나올 가능성이 한층 높아져 2008년 이후 공사 민영화 논의가 재점화할 전망이다. 따라서 이번 파업으로 철도가 문제 많은 집단임이 강조되면서 조기 민영화 등 철도 명운을 좌우할 논의가 촉발될 수 있다. 이는 근간의 공사 내 직원 여론조사에서도 확인된 바 있다.

파업은 철도선진국에서도 종종 있지만 이들 국가의 노조는 대부분 법의 테두리 안에서 파업한다. 8일 파업에 나섰던 독일 도이체반의 기관사노조 파업이 그렇고, 10월 18일에 파업했던 프랑스 철도노조 파업도 마찬가지다. 우리보다 교통의 철도의존율이 높아 파업 위력이 강한 두 나라조차도 노조는 법 안에서 파업한다.

구태에 안주하는 노조집행부 "깨어라, 깨어 있으라"

헌데 우리는 어떠한가. 중앙노동위원회 중재회부 결정으로 파업 등 쟁의행위가 불법(연말까지 유효)인데 노조는 파업을 예고한다. 이철 사장의 지적대로 불법파업에 따른 피해는 공사와 공사 직원들에게 상당 부분 귀착될 것이다. 파업이 강행되면 "또 파업?" "고속열차를 충돌시키는 이들이", "정권 바뀌면 민영화지"라는 따가운 국민의 비판 외에 2008년도 정부 경영평가 결과의 악화에 따른 성과급 축소와 민영화 논의 가속 등이 그것이다.

시각에 따라 공사의 참주인은 2~3년씩 근무하는 사장이나 이사보다 평생을 철도에서 보낼 노조원일 수 있다. 이러한 시각에서 정치적 변혁기에 철도 발전을 위한 길이 무엇인지 골똘히 고민해야 할 노조집행부가 고작 들고나온 주제가 "1인 승무 반대"래서야 되겠는가. 이는 이 사장 지적대로 "중국의 210만 철도인이 비웃을" 사안이다.

노조원 못지않게 철도에 관심이 많고 철도 발전을 기원하는 필자다. 경제학자 시각으로 5년여 철도를 지켜보면서 제언을 계속해왔다. 짐작건대 보수정권이 들어서면 철도정책을 크게 바꿀 것 같다. 철도주식회사 발족 계획이 2003년 초 인수위 논의를 거치면서 철도공사로 바뀌었듯 2008년 초 인수

위에서 어떠한 개혁방안이 모색될지 모를 상황이다. 이처럼 선거 결과에 따라 철도 명운이 좌우될 상황에서 미래지향적 발전을 도모하기보다 구태와 구습에 안주하려고 파업을 밀어붙이는 노조집행부를 보면서 측은함을 느낀다. "깨어라, 깨어 있으라"는 성현의 말이 귓전에 간지럽게 와닿는 것은 필자만일까.

〈헤럴드경제 2007. 11. 14.〉

● 철도노조
노노갈등 줄이는 노동운동을 전개한다

2006년 3월 1일 오전 0시를 조금 넘은 시각, 일본의 신형 신칸센 차량인 '파스테크'는 도호쿠東北 센다이~기타카미 구간의 시험주행에서 시속 366㎞를 기록하였다. 이후 세계 최대 철도회사인 JR동일본(주)은 운행 최고속도를 지금의 275㎞에서 360㎞로 높이는 상업운전이 가시권에 들어왔다고 발표하였다.

비슷한 시각, 우리 철도노조는 총파업에 들어갔다. 2003년 6월 이후 32개월 만에 재개된 파업은 철도의 공공성 강화와 구조조정 반대 등을 슬로건으로 내걸었지만 나흘을 버티지 못하고 철회되었다. 명분이 약해 내부 흡인력과 외부 설득력을 갖추지 못한 게 주된 이유였다. 정규직 중심의 공사노조가 현업에 복귀했지만 비정규직인 KTX 여승무원들이 3주 이상 농성을 지속하면서 노노갈등이 부각되고 있다.

일관되고 강력한 대응으로 파업의 조기철회를 유도한 이철 사장은 이번 파업을 정치투쟁으로 규정하고 여승무원의 농성도 비정규직 투쟁과 여성노동운동의 지렛대로 이용되고 있다고 비판한다. 지난 2년여, 민주노총과 한

국노총 간부의 비리가 잇달아 드러나면서 동력을 상실한 노동계가 철도노조와 여승무원을 내세워 대리전을 수행하고 있다는 인식이다. 그렇지만 여성노동연대회의 등의 여성단체는 열차팀장과 검표원을 남성 중심의 정규직으로 고용하면서 여승무원을 자회사 위탁계약직(비정규직)으로 운영하는 것은 성차별이라고 지적하고 공사 측에 이들의 직접고용을 요구한다.

노조는 2002년 3월, 4월의 파업에서 민영화 반대, 인력충원, 해고자복직 등을 주장하였고 2003년 6월 파업에서 공무원연금 승계, 고속철도 건설부채 정부인수 등을 요구, 상당 부분을 관철시켰다. 정규직 노조의 이같은 집단 실력행사가 2005년에 발족한 공사의 외주확대와 이로 인한 비정규직 양산의 한 원인임은 부인하기 어렵다.

다행히 이번 파업을 통해 대형 노조의 '밀어붙이기식' 파업이 언제나 통용되는 것은 아니라는 점이 확인되었다. 정부가 다소의 혼란과 피해가 있더라도 노사 간의 자율적 결정을 지켜보면서 위법자 단속에 충실했다는 점도 주목할 변화다. 5월 말의 지방선거를 앞둔 시점이었지만 법무, 행자, 노동, 건교부 등의 정부부처는 관행이던 물밑교섭을 배제하고 법과 원칙에 따른 처리를 강조, 지금까지와 다른 해법을 제시했다.

CEO의 대응자세가 중요하다는 점도 확인되었다. 이 사장은 노사 간 교섭이 깨지고 파업에 이르자 조기에 "직위해제자 등을 대충 봐주지 않고 복귀 없는 교섭재개도 없으며 파업참가자에게 철저히 손해배상을 청구하겠다"고 경고하였다. 그는 "큰 부채를 안고 있고 매출액을 많이 늘리지 못하는 상황에서 경영을 악화시킬 정규직원 확대를 수용할 경영자는 없을 것"이라고 단언하면서 경영수지 개선이 최우선 과제임을 강조하였다.

솔직히 말해 노조원 대다수가 포함된 정규직의 기득권 양보와 회사 측의 배려 없이는 여승무원 등 비정규직의 처우를 개선하기 힘들다. 노조가 여승무원의 정규직화를 진심으로 지지한다면 스스로 일정 수준 양보해야 한다. 슬로건뿐인 지원은 노노갈등을 부추기는 결과만을 가져올 뿐이다. 여성단체 역시 비정규직 문제의 해결을 제대로 지원하려면 정치가와 정부, 사측 외에 정규직 노조를 함께 다그쳐 양보를 촉구해야 할 것이다. 일자리 창출에 의한 '기회의 공평' 이상으로 '보상의 공평' 확보가 화급한 상황이기 때문이다.

그간 배움의 대상이었던 일본 철도가 '파스테크'의 현업투입으로 상업성을 강조할 즈음에 우리 철도가 공공성을 앞세우며 공기업에 안주하려 하면 양국 간 격차는 더 벌어질 것이다.

〈철-809-2006. 3. 17.〉

● 철도노조
코레일 발족 앞두고 노조가 명분 없이 철도사업법 반대한다

2004년 4월의 고속철(KTX) 개통 후 철도 적자가 큰 폭으로 늘고 있다. 오랫동안 흑자를 보여왔던 경부선마저 적자노선으로 전락하였다. 그동안 이용객은 별로 늘지 않았는데 인건비 등이 크게 올랐기 때문이다. 이렇듯 2005년 초로 예정된 코레일 발족을 앞두고 조짐이 좋지 않은데 건설교통부는 철도법을 대체·보완하는 철도사업법과 철도안전법 안을 국회에 상정, 연내 통과를 시도하고 있다.

이에 대해 철도노조는 철도사업법 제정에 반대한다. 이유는 이 법이 코레일의 외주화, 자회사 설립 등의 구조조정을 지원하고, 장기적으로 민간기업의 철도사업 참여를 통한 공사의 민영화를 시야에 담고 있기 때문이라고 한다. 그렇지만 철도안전법에는 반대하지 않는다. 고속철 개통 후 철도가 국민적 비난에 직면하면서 노조의 목소리가 수면 아래로 들어갔나 싶은데 근

래 들어 조금씩 새어나오고 있다.

결론부터 말하면 노조의 철도사업법 반대는 명분이 없다. 당국과 정치권은 이번 회기에 법을 통과시켜 공사 발족 후의 구조조정을 제도적으로 지원해줘야 할 것이다. 이 법이 구체적인 민영화 계획을 담고 있는 것도 아니고 노조 측 주장을 대폭 반영하여 발족하는 코레일의 업무수행을 직간접으로 지원해주는 법이기 때문이다. 노조가 지적하듯 민영화 추진에는 '철도산업 발전기본법' 개정이 필수적인데 이는 지금 논의되지 않고 있다.

연간 1조 원이 넘는 적자를 스스로 줄여나갈 수 없다면 공사의 정상 경영은 기대하기 힘들다. 외주화, 자회사 설립 등을 통한 인건비 절감 등 자구안의 단계적 추진을 통해 흑자로 돌아설 전망이 있어야 주식 발행과 매각 등 민영화 작업이 논의될 수 있을 것이다. 현재로서는 먼 훗날의 얘기다. 이같은 상황에서 새 법제로 자구 차원의 코레일 구조조정을 뒷받침해주려는 정치권과 당국의 뜻을 처지하려는 노조의 시도는 국민의 지지를 받기 힘들 것이다.

한편, 발족 초기의 난국을 잘 헤쳐나갈 수 있는 도량이 큰 인물을 사장으로 선임해야 할 것이다. 코레일은 3만 명 이상의 직원을 지닌 최대 공사의 하나로 강성노조, 만성적자 등 문제가 적지 않은 사업장이다. 따라서 초기 사장은 임기를 보장하는 공모 사장보다 유능한 인물에게 경영을 맡기고 책임을 묻는 것이 순리였을 것이다. 후보들 가운데서 적임자를 찾되 필요한 경우 재공모나 임명 등 다른 방법도 모색할 것을 권한다.

철도청 내부 조사에 따르면 일반직 직원의 52%인 3,200여 명이 공사로의 이동을 기피하고 있다고 한다. 일부를 제외한 직원 대부분은 공사로 가지 않을 수 없을 것이다. 그 결과 공사의 초기 운영이 의욕 상실자들에게 내맡겨질 가능성이 없지 않다. 따라서 수완 좋은 사장을 선임, 청장 때보다 강한 인사권을 행사하면서 간결해진 의사결정 과정을 통해 효율 경영을 추구할 수 있도록 제도적 뒷받침을 해줘야 할 것이다.

안타까운 것은 2004년에 들어와 적자가 커지고 있는데, 주된 원인은 고속철 정책의 실패와 인건비 상승 때문이다. 현 상황에서는 자구책 등 구조조정을 추진하더라도 한동안 적자가 누적될 전망이다. 실패 사례로 지적되는 서울지하철공사의 초기 채무분담 사례를 거울삼아 발족 초기의 공사부담 채무를 계획된 5조 원 수준보다 줄여주어야 한다.

끝으로, 정치권과 당국은 수도권 철도망 확장과 정차역 개설을 통한 인프라 정비로 공사의 수익 기반을 확대해줄 필요가 있다. 신도림·사당·선릉·수서 등 지하철 거점역과 수원·인천·부천 역을 경부고속철도와 연결해주는 것이 하나의 안이다. 이와 달리 평택 등 일부 지역에 정치적 이유로 정차역을 개설하려는 시도는 정치권과 당국 스스로가 철도 적자를 늘려 국민 부담을 가중시키는 현명치 못한 조치다.

〈문화-2004. 9. 16.〉

8장

지하철과 전철, 조금만 더 잘하면 세계 최고다

최고 이용률에 걸맞은 서비스를 제공한다

● 도시철도
서른일곱 살(2011년)의 서울 지하철이 흑자경영을 꿈꾼다

서울의 땅 밑을 달리는 지하철, 하루 이용객이 700만 명을 넘어 이용객 수로 보면 세계 3대 지하철의 하나다. 평소 지하철과 전철을 자주 이용하는 편인데, 요즘 승객이 부쩍 늘었음을 실감한다. 자동차 연료 값이 높아지면서 자가용 대신 지하철과 버스를 이용하는 이들이 늘고 있다. 요즘처럼 무더운 날에는 지하철 객실 안이 그렇게 좋을 수가 없다. 줄줄 흐르던 땀이 금방 식는다. 그래서 그런지 출퇴근 시각이 아닌 때에도 서울의 지하철과 전철 안은 늘 사람으로 붐빈다.

손님이 느니 서울메트로와 서울도시철도공사가 즐거워할 것 같은데 그렇지 않은 모양이다. 승객의 13% 정도가 요금을 내지 않아 공사 재정이 적자를 벗어나지 못하는 하나의 이유가 되고 있다고 한다. 게다가 해가 갈수록 무임승차자 수가 늘고 있다. 대부분은 노인 · 장애인 · 국가유공자이지만 일부는 부정하게 요금을 내지 않는 이들이다. 고령화로 노인이 느는 것은 어쩔 수 없고 경기침체가 길어지면서 살림살이가 힘들어지니 이해가 안 되는 것은 아니다.

지하철의 효시인 서울메트로의 무임승차자는 한 해 700만 명씩 늘어나

2007년에는 1억 3천만 명에 달했다. 부정승차로 단속된 이들도 2만 명이 넘는다. 메트로의 적자액이 한동안 줄다가 2007년에는 2,500억 원대로 다시 늘었다. 적자의 상당 부분을 메워주는 서울시는 정부 방침에 따른 무임승차자에 대해 정부가 지원해달라고 오래 전부터 기획재정부, 행정안전부 등에 요청하고 있는데 아직까지 뾰족한 답을 듣지 못하고 있다.

2007년 4월 국토해양부는 문제의 심각성을 인식하여 '도시철도 무임운송 제도 개선팀'을 운영하여 무임운송 손실액 보전을 위한 재원 마련과 지원 방법 등을 조사한 바 있지만 정책으로 반영하지 못했다. 1984년에 도입되어 24년의 역사를 지닌 노인무임승차제를 하루아침에 폐지하는 것은 힘들 것이다. 대신 65세 이상이면 누구나 무제한으로 이용할 수 있는 현행 제도 대신 '나이와 소득에 따라 차등화시킨 개인별 월 이용한도액을 담은 교통카드를 발급'해주면 어떨까.

이렇게 하면 일정 수준 이상의 소득이 있는 노인에게 요금을 부과하고 일부 무임승차자의 무분별한 승차행위도 막을 수 있을 것이다. 2008년부터 노인 교통수당이 기초노령연금에 포함되어 지급되면서 전보다 현금지급액이 늘었으므로 교통카드제 도입을 적극 검토해볼 수 있을 것이다.

지하철 승객 중 노인 비중이 하루가 다르게 높아지고 있다. 일부 노인은 소일삼아 지하철과 전철을 타고 돌아다니고 출퇴근 시각에도 승차하여 혼잡도를 가중시키고 있다. 상대적으로 싼 요금과 폭넓은 무임승차제로 인해 지하철이 노인과 학생으로 붐비면서 비즈니스맨이 이용하기 부담스러운 교통수단이 되어가고 있다.

세계의 주요 도시 중 서울만큼 지하철 요금이 싼 곳도 많지 않을 것이다. 런던 지하철은 카드(Oyster) 이용시 1구역 1회 요금이 3천 원(현금 8천 원)으로 우리의 2배 반 이상이다. 도쿄와 뉴욕도 2천 원 전후로 우리보다 높다. 요금이 높아지면 뉴욕 지하철 등의 경험에서 볼 수 있듯이 이용객이 줄 수 있지만 서울 지하철의 경우 그럴 가능성은 낮아 보인다. 2004년 7월에 도입된 버스와 지하철 환승요금체계로 시민들의 지하철 의존도가 높아졌기 때문이다.

서비스업에서는 이용객 증가 못지 않게 이용객의 쾌적도 유지가 중요하다. 정상요금을 내고 이용하는 비즈니스맨 등이 대거 몰려들 때 서른일곱 살 (2011년 기준) 서울 지하철의 오랜 꿈인 흑자경영 전망도 함께 돌아올 것이다.

〈철-924-2008. 8. 14.〉

● 도시철도
지하철, 전철요금 현실화하고 노인무임승차 재검토한다

2006년 7월 8일, 부산 지하철의 요금이 인상되었다. 1년 반 사이에 63%가 오른 지하철 때문에 부산 시민들의 불만이 대단하다. 2004년 말까지 구간 (10km 이내, 초과)에 따라 700원, 800원하던 요금이 지금은 1,100원과 1,300원이다(1회권 사용시). 그래도 요금은 원가대비 59%로 부산교통공사는 2006년에 900억 원대 적자를 예상하고 있다. 당초 부산시는 구간별 400원 인상을 계획했지만 논란끝에 200원, 300원으로 낮추어 인상하였다. 이제 부산은 서울보다 비싼 지하철을 타게 됐다.

1년 반에 걸친 부산 지하철 요금 논의는 우리의 지하철, 전철 요금 체계에 의문을 갖게 한다. 부산의 구간요금제, 서울의 통합거리비례요금제가 합리적이고 적정한 요금 체계냐는 것이다. 부산도 2007년 이후 서울형 요금 체계 도입을 계획하고 있는데 서울 방식이 합리적인지에 대해 좀 더 검토가 필요하다. 서울 방식은 이명박 전 시장 주도로 2004년 7월에 시행되면서 환승객의 교통비 부담을 덜어주고 서울메트로와 코레일의 매출 증대에 부분적으로 기여하였지만 장거리 이동자에 유리한 가산요금체감제로 공사의 수익 구조에 부담을 주고 있다. 수도권 내에서는 이동거리가 기본구간(12km 이하) 초과시 6km당 100원, 42km 초과시 12km당 100원이 가산되고, 수도권 외에서는 별도 가산요금(4km당 100원)이 추가된다.

수원~병점(2003.4), 병점~천안(2005.2)의 순차개통에 따른 서울~천안(97km)간 요금 2,300원은 무궁화, 새마을에 비해 43%, 29%이고 고속버스의 55% 수준이다. 취임(2003.4) 후 경영을 일신해온 서울메트로의 강경호 사장이 지금 적자보전과 안전투자를 위해 km당 75원인 기본요금의 인상(103원, 37%)과 무임승차비용의 정부, 지자체 보전을 주장하는데 공사는 km당 평균 요금이 24원에 불과한 서울~천안 구간에 대해 인상 얘기조차 못 하고 있다. 이 구간은 인천 구간에 비해 이용객도 많지 않아 적자를 키우고 있는데 수년 내 개통할 광역전철 역시 비슷한 이유로 영업수지 개선에 도움이 안 될 전망이다. 이로 인해 2006년부터 흑자전환을 내다보는 메트로와 공사 광역전철 부문간의 격차 확대가 우려된다.

공사의 주 수입원은 KTX지만 광역전철은 이용자와 역사가 많아 수익개발 여력이 크다. 역사와 보유부동산 개발을 통한 부대사업 활성화와 서울권 거주자 위주로 구축된 현 광역전철 요금체계 재정비가 수익증대책의 핵심이다. 요금 체계 정비는 장거리 가산요금체감제를 완화하여 장거리 이용자의 부담을 늘리고 급행전철을 증편하여 시간비용을 줄여주는 것이다. 금정, 수원, 병점, 평택, 천안 역 이용자는 시간비용이 크게 준다면 다소간의 요금 인상을 감수할 것이다. 수 년 사이 지하철 요금 인상 폭이 큰 것은 사실이지만 아직 많은 도시에서 요금은 원가의 7할 이하이고 대구, 인천, 광주는 4할 이하다. 철도, 지하철의 소비자물가 내 가중치가 0.4%로 작고 물가가 안정된 지금이 요금 현실화의 호기다.

끝으로 노인 등의 무임승차 문제를 재고하자. 메트로는 승객의 1할이며 수익손실이 1,041억 원에 달하는 무임승차(2005)로 고민 중인데 공사 역시 정부로부터 공공서비스의무(PSO) 보조금으로 3천억 원을 지원받았지만 턱없이 부족하다. 무임승차 시간대를 제한하거나 20% 부담제 등을 도입하면 러시아워의 무임승객을 줄일 수 있고 불필요한 교통수요가 줄어 이용객 다수의 편의가 도모되며 메트로와 공사의 수지도 개선될 것이다.

〈철-825-2006. 7. 14.〉

● 도시철도
'먼지 지하철'이라는 오명부터 씻어낸다

2005년 2월 22일 아침, 지하철 서울역에서 코레일 소속 인천행 전동차가 배전함 화재로 90분간 움직이지 못해 출근길 시민 3만여 명이 큰 불편을 겪었다. 지하철 이용객이 과거처럼 늘지 않는 가운데 안전사고가 심심치 않게 발생하여 지하철에 대한 신뢰감이 더욱 낮아지고 있다.

그동안 사안의 중대성에도 불구하고 화재, 투신 사고 등 굵직한 안전사고에 뒤덮여 사회적 관심을 끌지 못했던 주제의 하나가 지하철 공기오염이다. 지하철 이용객이라면 누구나 먼지알갱이를 흩날리는 열차풍에서 벗어날 수 없다. 눈을 따갑게 하고 코와 목을 탁하게 하는 지하철 공기는 더 이상 간과할 수준이 아니다.

오래 전부터 시민들과 시민단체가, 또 서울시 보건당국과 지하철노조가 문제를 지적하면서 시정을 요청해왔지만 당국은 근본적인 해결책 없이 미온적으로 대응해오고 있다. 이렇게 대응할 수 있었던 것은 지하철 공기 오염이 직접적 원인이 되어 질병을 앓게 된 시민이나 직업병을 앓게 된 지하철

근로자가 발생하지 않았기 때문이다. 하지만 앞으로도 지하철 공기 오염이 건강을 해치지 않고 질병을 발생시키지 않는다는 보장은 없다. 석면에 의한 진폐증 위협은 사라졌을지 모르지만 라돈 등의 물질에 의한 암 발병 가능성은 배제하기 힘들다.

얼마 전 서울시 보건환경연구원은 시내 239개 역사 중 35곳의 환경상태를 조사한 결과를 발표했다. 호흡기 질환을 일으키는 미세먼지(PM10)의 기준치 초과지역이 5곳(2호선 이대, 1호선의 서울역·시청·동대문·종로5가)이고 폐암 유발 가능성이 있는 라돈의 기준치 초과 지역이 열두 곳으로, 세 곳 중 한 곳 비율이다. 전년에 비해 특별히 나빠진 건 아니나 이전부터 문제로 지적돼온 만큼 서울지하철공사 측도 관심을 보이지만 예산 배정에서는 인색하다.

2003년도 기준 수선유지비는 철도사업 총영업비용 대비 2%를 조금 넘어 도쿄지하철(주)(구 帝都고속도교통영단)의 7%보다 크게 낮지만, 인건비는 66%로 도쿄(42%)보다 높다. 기간 중 공사가 1238억 원(영업비용 대비 14.1%)의 적자인데 비해 도쿄는 455억 엔(16.4%)의 흑자를 기록, 인건비가 적자 또는 흑자를 가져온 한 가지 원인임을 시사한다.

겉치레가 아닌 실천적 해법을 모색해보자. 해법은 예산을 지금보다 많이, 또 지속적으로 배정하여 시설과 장비를 새로 구입하고 조기에 대체하며, 청소를 자주 하는 것이다. 그동안 효과를 인정받은 분진흡입열차를 지금보다 3배수 이상 늘리고 환기 닥트의 청소 주기를 지금의 절반 이하로 짧게 해 보자.

문제는 소요예산의 조달방법이다. 먼저 서울시 등 자치단체가 예산편성 시 적극 개입하여 인건비 상승 폭을 억제하고 수선유지비 등 관련 사업 예산을 늘리는 것이 한 가지 방안이다. 다음으로, 지속적인 예산 확보를 위해서는 별도의 수입원도 고려해야 한다. 이때 인상분을 일정기간 지하철 공기 오염 개선과 안전 제고용 예산으로 한정하고 지하철 요금 인상에 대한 시민들의 양해를 얻는 방안을 고려해볼 수 있다. 구체적으로는 '지하철 환경개선 부담금' 같은 사용자 부담금 제도를 이용할 수 있다.

또 하나, 담뱃값 인상분으로 들어오는 국민건강증진 재원의 일부를 양여 받는 방법이 있다. 매일 서울에서만 500만 명, 전국적으로 700여만 명이 이용하는 지하철의 오염 공기를 개선하는 것은 훌륭한 건강증진사업이 될 수 있다. 소관사업의 주체가 서울시냐 복지부냐 하는 것은 중요한 게 아니다.

아울러 지하공간의 공기 오염 문제 해결은 지상의 대기오염 개선사업과 연계하여 추진해야 한다. 그리고 깨끗하고 안전한 지하철 이미지를 정착시켜 증가 폭이 더딘 고객 수를 크게 늘림으로써 자체 수입만으로 공기의 질 개선사업을 추진해나갈 수 있어야 할 것이다.

〈문화-2005. 2. 23.〉

● 도시철도
지하철과 전철의 품격을 낮추는 행상을 단속한다

우리의 수도권 지하철, 전철망은 그 길이와 하루 이용객 수로 보면 세계에서 다섯 손가락 안에 든다는데 이용객들이 느끼는 만족도는 어떨까. 속칭 '기아바이'라고 불리우는 잡상인들의 판매행위와 쉴틈없이 들려오는 휴대폰 벨소리와 통화음으로 객실은 저잣거리 분위기다. 2006년 12월에 행해진 한 조사에 따르면 이용객의 71%가 객실 내 상행위에 부정적이다.

공사 고객의 소리 코너에 올라온 잡상인 대책 주문은 이달 들어 벌써 세 건이다. 대책 부서라는 건교부 철도공안사무소보다 공사 지사 영업팀 직원들이 더 열심히 답변하고 있는데 양자의 답변에는 한결같이 대책이 없다. 특히 공안사무소에는 마땅히 민원을 넣을 곳도 없다. '여론광장'은 답변이 없고 답변을 준다는 '전자민원신청'은 절차가 까다로워 접근하기 힘들다. 하지만 이들 조직은 작은 규모가 아니다. 4급 과장인 사무소장 아래 4분소 23분실에 총 4백여 명이 있으며 서울에만 7개 분실이 있다. 순천과 영주에도 7개 분실이 있으니 서울 분실의 규모가 작은 셈이다.

공사 발족으로 객실 내 질서유지는 오히려 뒷걸음쳤다. 2004년까지는 철도청 내 공안조직이 철도법 제89조에 의거 상행위를 형사처벌(3월 이하 징역이나 5만 원이하 벌금 등)할 수 있었고 실제로 2004년의 단속실적은 324건이었다. 그런데 2005년부터 철도법이 철도안전법으로 대체되면서 단속법규가 없어져 경범죄(인근소란)에 따른 범칙금 3만 원 부과가 고작이다. 공안과 행상들은 구면이다 보니 간혹 떼는 딱지 한 장으로 하루 종일, 심지어는 열흘이고 한 달간도 장사한다. 그래서 근자에는 잡상인 수가 500명을 훌쩍 넘어 짜증스럽고 불쾌한 전철 탑승이 계속되고 있다. 공안당국이 말하는 상행위 처벌조항을 추가한 철도안전법 개정 논의는 거의 감지되지 않고 있다.

필자는 철-863-2007.5.5에 실린 칼럼 "조용한 철도로 '철도 품격' 높이자"를 통해 공사가 철도우미를 고용하여 이들의 계도, 홍보 활동을 매개로 조용한 철도만들기 운동에 나서줄 것을 당부한 바 있다. 왜냐하면 장차 철도안전법이 개정되어 공안의 단속력이 강화되더라도 소수 공안요원의 단속보다 다수의 철도우미(청경, 공익요원 포함)에 의한 계도와 홍보 활동이 큰 효과를 볼 수 있다고 보기 때문이다. 철도우미들이 일선에 투입되어 활동하면 다수의 이용객이 이들의 직간접적 후원자가 되면서 행상, 걸인, 종교인의 민폐행위 유발이 조금씩 줄 것이다. 짐작컨대 철도가 민간기업이었다면 이러한 작업은 진즉 시작되었을 터이다.

지금도 매일 오전 11시경이면 서울·구로·동암·금정·선릉·청량리역 등에서 행상들이 무리지어 탑승을 기다리는 모습이 관찰된다. 부천에서 종로까지 가는 40분 동안에 행상 4명, 걸인 2명을 만났다는 한 승객의 호소(이동욱, 고객의 소리)는 결코 과장된 얘기가 아닐 것이다. 과거의 도쿄, 지금의 뉴욕, 상파울로, 멕시코시티 지하철에서 상행위가 있(었)다고 하지만 우리처럼 유통회사의 체계적 지원 하에 행해지지는 않았을 것이다.

"집중적인 철도투자…동북아 물류 중심…대륙철도 리드…" 등의 요란한 개발 구호보다 소박하면서도 소중한 구호가 "이용객의 쾌적도 향상"이다. 정숙하고 품격 있는 전철로 탈바꿈하기 위해선 공사와 건교부의 각별한 노력이 필요하다. 설치노선의 길이와 추가적인 투자규모 자랑보다 기왕에 운영 중인 전철의 손색 없는 탑승 서비스 자랑이 일류 철도가 추구할 길일 것이다.

〈철-873-2007. 7. 13.〉

● 도시철도
런던 지하철에서 로망과 쾌적함 이외의 다른 것을 배운다?

요즘 런던이 다시 주목받고 있다. "세계의 수도 런던", "경제력 최강의 도시 런던" 하면서 잊을 만하면 런던 관련 보도가 이어진다. 이런 보도를 접하면 평소 머릿속에 그리고 있던 영국과 런던의 이미지가 흔들린다. "영국이 되살아나고 있나? 런던이 살만한 도시라는 얘기?" 필자는 2007년 말 업무 관련하여 오랜만에 런던을 다시 찾았다. 일주일여 머물면서 버스, 지하철을 타고 시내 이곳저곳을 둘러보았다.

개인적 소감은 런던 지하철London Underground(LU)이 서울 지하철과 여러

모로 다르다는 것이다. 우선 버스보다 고급 교통수단이다. LU는 1863년 1월 10일에 메트로폴리탄 철도가 영업을 시작한 지 145년째로 세계에서 가장 오래된 지하철이다. 하지만 34년의 서울 지하철에 비해 지저분하거나 시설이 낙후되지 않았다. 노선에 따라 다소 차이는 있지만 차내 공간이나 좌석배치에서 우리보다 여유로움과 멋이 느껴진다. 단 이용요금이 비싸다. 서울에서는 버스나 지하철 요금이 비슷하지만 런던에서는 지하철이 버스보다 배 정도 비싸다. 아마도 지상 도로가 좁아 지정체가 많은 런던의 특성상 지체 없이 달리는 지하철이 시간을 벌게 해주므로 그렇게 되었는지 모른다.

다음으로 LU의 객실 안은 서울 지하철에 비해 조용하다. 요금이 비싸니 이동시간을 고려해야 하는 비즈니스맨들이 LU를 많이 이용한다. 늦은 저녁 시각대의 승객도 대부분 비즈니스맨이나 관광객으로 떠드는 일은 거의 없다. 반면 서울 지하철은 요금이 무료거나 싸고 시간도 절약할 수 있어 주간에는 승객 다수가 노인과 어린이 동반 엄마, 학생이다. 밤늦은 시각에도 학생 승객이 많다. 그래서 주간과 늦은 시각의 서울 지하철은 다소 시끄럽다.

차내 정숙도에 차량의 크기가 영향을 미치는지도 모른다. LU의 차량은 부산, 인천의 지하철 차량처럼 자그마하여 천정이 낮고 앞자리 손님과의 거리가 짧다. 이에 비해 서울 지하철 차량은 내부 공간이 넓어 앞자리 손님과 거리가 있다 보니 주위를 의식하지 않고 옆 사람과 수다떨거나 큰 소리로 통화하는지 모른다. (휴대폰) 매너 차이도 있을 것이다. 여하튼 서울 지하철 객실은 LU는 물론 파리, 뉴욕, 도쿄보다 요란하다.

세 번째는 좌석이 넓고 배치가 다양하여 조금은 안락한 여행을 즐길 수 있다. LU의 좌석은 양쪽 창가 배치 좌석 외에 비둘기호 좌석처럼 창과 직각으로 배치된 의자도 적지 않다. 출구쪽에는 접이식 의자도 있다. 또 차량마다 좌석배치 구조가 조금씩 다르고 좌석과 바닥도 재료나 색깔에서 차이를 보인다. 이에 비해 서울 지하철은 창가좌석뿐이고 좌석과 바닥의 재료나 색깔도 비슷하다. 객실 디자인이 지나칠 정도로 표준화되어 있다. 출입문도 LU에서는 내릴 때 승객이 손잡이를 터치하거나 돌려야 열리는 차량이 다수다. 아무튼 LU는 노선별 차량별로 객실 디자인이 다양한데 우리의 경우 지나치게 천편일률적이다.

안전도 면은 어떨까. LU는 서울 지하철보다 전체 노선 길이가 더 길고 연 10억 명(서울 27억 명)이 이용하므로 이런 저런 사고가 그치지 않을 것 같다. 대구지하철 화재같은 대형 사고나 차량 추돌 사고는 없었을까. 서울처럼 사람들이 지하철 선로에 뛰어내려 자살을 시도하지는 않을까. 웹사이트에서 관련 정보를 찾아보았다.

결론부터 얘기하면 간혹 사고가 나지만 LU는 세계에서 가장 안전한 대중교통수단의 하나로 국가 기간철도인 영국 철도British Rail보다 더 안전하다. 이같은 높은 안전도는 위험시 열차를 정지시키는 자동신호체계에 힘입고 있다. 145년의 운행역사 가운데 열차운행 중 승객이 사망하는 사고는 다섯 번 있었다고 한다. 근간의 사고는 1975년의 무어게이트Moorgate 역 터널 충돌 사고(사망자 43명+)이고 나머지는 전쟁이나 테러, 역사 화재이다. 근자에는 사망자를 수반하지 않는 탈선 사고가 빈번하여 2003년의 찬서리 레인Chancery Lane 사고 이후 햄머스미스, 캠든타운, 화이트시티, 마일엔드에서 5회 발생했다. 화재는 1984년의 옥스퍼드 서커스역 사고(14명 부상)와 1987년의 킹스크로스역 사고(31명 사망)가 있으며 두 사고 모두 승객이 버린 담뱃불 사고로 추정되고 있다. 킹스크로스 사고 이후 LU의 흡연규제가 대폭 강화되었고 목제 에스컬레이터가 모두 철제로 바뀌었다.

이같은 대형 안전사고가 어쩌다 한 번씩 발생하는데 비해 투신 사고는 수시로 발생하며 LU가 서울 지하철처럼 자살명소(?)라는 평판을 얻고 있는 점도 유사하다. 가령 1940년부터 1990년까지의 50년간의 통계치에 따르면 연간 투신 건수가 40년대의 36건에서 80년대의 94건으로 크게 늘었다. 평일과 봄에 많고 64%가 남자이며 25~34세 연령대가 많다. 사망확률은 평균 55%인데 여성이 더 높다. 서울 지하철은 LU보다 적은 연 50건 정도(2000년대)이며 평균적으로 사망자보다 부상자가 더 많은데 근래에 들어서는 사망자가 더 많다. 1~4호선이 5~8호선보다 배 이상 많고 2호선이 가장 많다. LU는 주빌리선 연장구간에만 스크린 도어가 설치되어 있을 뿐이다.

서울 지하철, 역사는 짧지만 노선 길이로는 세계 5위권이다. 안전하고 빠른 지하철이 시민의 발이 되어 LU보다 3배 정도 많은 손님을 운송하고 있지만 LU에 비해 뒤진 곳이 적지 않다. 로망과 쾌적함을 추구하는 점은 말할 것도 없지만 공기업 경영체계, 인프라 개수, 요금설정 방식, 인력관리 측면 등도 그렇다. LU의 앞선 점을 배우는 데 인색하지 말아야 할 것이다.

〈TS for You 2008. 9. 1. 레일따라〉

9장

철도의 그랜드디자인, 신칸센 사례에서 배운다

● 신칸센

신칸센이 기존의 철도 개념을 바꿨다

신칸센은 1959년 4월 20일에 착공하여 1964년 10월 1일에 완성, 개통된 도카이도 신칸센이 일본 최초의 고속철인 신칸센이다. 개통 이후 1987년까지 공기업인 일본국유철도JNR가 통합 운영해오다가 일본국철이 JR회사법에 의해 1987년 4월 1일 이후 6개 여객철도사와 1개 화물사, 1개 연구기관, 1개 철도정보시스템사로 분리·설립되면서 2012년 초 현재는 JR동일본, JR도카이, JR서일본, JR규슈의 4개 사가 각각 고속철을 운영하고 있다.

신칸센은 개통한 1964년에서 불과 2년이 경과한 1966년도부터 흑자를 기록, 1964년의 적자전락 후 적자 폭이 커지고 있던 당시 일본국철의 경영기반을 떠받치는 역할을 수행했다. 다시 말해 신칸센이 이때에 건설·운행되지 않았더라면 국철의 적자 폭은 훨씬 빠른 속도로 확대되었을지 모른다.

신칸센은 1966년 이후 1987년의 분할민영화, 그리고 2002년의 완전민영화를 거치면서 JR 각사의 최대 수입기반이 되었다. 전세계적으로 고속철을 운영하는 국가가 늘고 있지만 운영수지가 흑자를 보이는 국가는 많지 않다.

---

* 이 글은 고속철시민모임(http://cafe.daum.net/gosokchul) 자료실의 필자 글(2004. 8. 4.)을 수정, 보완한 내용임.

일본은 얼마 안 되는 흑자국 중 하나로 알려져 있다. 특히 가장 먼저 개통된 도카이도 신칸센이 그중에서도 가장 수익성이 높은 달러박스 노선으로 알려져 있다.

도카이도 신칸센 건설에 소요된 3,304억 엔의 투자비는 이후의 이자와 감가상각비 등을 감안할 때 30년 전쯤에 회수되어 지금은 순수한 이익을 가져다주는 운송수단으로 평가받고 있다. 개통 7년째인 1971년도까지 신칸센 누적 수익이 3,842억 엔에 달하고, 이때까지의 감가상각충당금이 964억 엔이므로 양자를 합친 4,806억 엔의 누적수익금이면 신칸센 건설에 소요된 각종 비용과 이후의 이자, 유지보수비용까지를 고려하더라도 1970대 중반, 즉 개통 10년 정도에 전액 회수된 것으로 추정된다.[24]

지금은 영어사전에 단어로까지 올라와 있는 '신칸센shinkansen'은 1930년대에 일본에서 제시된 탄환열차 개념을 바꾼 것으로 신칸센의 아버지라고 불리우는 당시의 국철 기사장 시마 히데오에 의해 명명된 것으로 알려져 있다. 소고 총재가 "탄환열차, 탄환열차" 하니까 시마는 그 이미지가 좋지 않을 뿐더러 개념도 꼭 일치하지 않는다고 지적하면서 도쿄-오사카 간을 잇는 새로운 간선철도라는 의미를 담아 '신칸센'이 어떻겠느냐고 제안, 소고가 이를 수용함으로써 이후 널리 사용되기 시작했다고 한다.

고속철 신칸센을 달러박스로 만든 비결은 손님이 있을 곳에 노선을 만들고 정차역을 개설하며 안전하고 정확하며 친절한 여행서비스를 적정가격을 받고 제공한 데 있다. 물론 항공기, 고속버스와 등 타 교통수단과의 치열한 고객유치경쟁과 끝없는 기술개발 노력이 오늘의 '세련된 신칸센'을 가능케 했음은 말할 것도 없다. 고속철은 항공기, 자동차와의 경쟁에서 멋지게 생존, 주요국에서 보급이 확대되고 있다.

이하에서는 신칸센사업 구상과 그 실현 과정을 먼저 살펴보고 그다음에 신칸센을 기획·추진한 세 사람의 핵심인물에 대해 정리하고, 이어서 신칸센을 기술적으로 떠받친 세 사람의 핵심인물에 대해 서술하며, 마지막으로 신칸센 건설과 일본의 철도운영이 우리 철도에 주는 시사점을 정리한다. 그리고 이어지는 보론에서 일본 국유철도의 분할민영화에 대해 간략히 소개한다.

● *신칸센*
구상과 실현 과정을 알아본다

신칸센 구상은 만주국 건립(1932. 3. 1) 후 일본열도와 조선, 대륙을 잇는 '탄환열차' 구상으로 최초의 윤곽을 드러낸 바 있다. 이는 도쿄-오사카-시모노세키-부산-서울-신의주-베이징을 잇는 동아시아 고속열차 구상으로 1938년의 '철도간선조사분과회' 설치, 1940년 1월의 제22회 철도회의 '도쿄-시모노세키간 간선증설 건' 가결, 제75회 제국의회 5억 5,610만 엔 철도개량비 예산안 가결(1940년을 초년도로 15년간 계속비 지출)을 거쳐 1940년에는 도쿄와 시모노세키의 양 터미널 주변과 스즈카산계 횡단지구를 제외한 821㎞의 노선까지 결정, 1941년 후반부터 1942년에 걸쳐 신단나新丹那터널, 니혼자카日本坂터널, 신히가시야마新東山터널의 굴착공사가 착공되었다.

이후 전황이 악화하면서 1943년 1월에 신단나 터널공사가 중지되고 나머지 두 터널은 재래선 개량공사로 변경되어 공사를 계속, 1944년 10월 8월에 완성하였다. 이때 상당 수준의 토지가 구입되기도 하였는데 도쿄-오사카 간은 약 20% 정도의 토지가 구입완료된 상태였다.

패전 후인 1946년 6월, '일본철도주식회사'가 설립되어 외자를 도입하여 도쿄-후쿠오카 간에 표준궤도의 고속신설을 건설하는 계획이 떠올랐다. 직류 3천볼트의 전기동력차를 운행, 도쿄-오사카 간을 약 4시간, 도쿄-후쿠오카 간을 10시간 이내에 연결하는 것으로 최고 시속은 150㎞ 이상을 염두에 둔 계획이었는데 재래기술로도 충분히 가능한 수준이었다. 그런데 외자도입이 전후배상 문제와 결부되면서 부정시되었고 민간주도의 간선철도 건설이 1906년에 입법된 '철도국유법'에 근거한 간선 국영주의 대원칙에 반하는 것으로 지적되면서 실현을 보지 못했다.

결국 새로운 간선철도 부설계획은 소고와 시마의 신칸센 건설구상이 내부적으로 검토되기 시작한 1955년 이후로 미뤄지고 만다. 소고와 시마는 1956년 5월 국철안에 '도카이도선증강조사회'라는 기관을 설치, 시마가 책임자가 되어 광궤별선, 협궤별선, 협궤증설 등 복수 안을 가지고 검토에 들어간다. 그런데 1,000억 엔이 넘는 거액의 투자금액을 국철 차원에서 확보하기가 쉽지 않고, 당시 정부차원에서 강력히 추진하던 고속도로 건설계획과의 관계조정 문제가 부상되면서 조사회는 1957년 2월 4일의 최종심의를 마지막으로 활동을 종료한다.

그렇지만 신칸센 프로젝트에 대한 미련을 못 버린 소고와 시마, 이들은 신칸센을 꿈이 아닌 현실로 만들기 위해서는 대형 철도투자에 대한 저항 분위기가 강한 자민당 등 정계와 운수성을 위시한 관계, 그리고 국철간부 등의 인식을 바꾸는 것이 최우선과제라고 판단, 고민 끝에 첫 번째 단추로 강연회를 기획한다.

때마침 1957년이 철도기술연구소 창립 50주년을 맞이하는 시점이고 소장도 새로 부임해왔고 하여 운수성 산하의 철도기술연구소를 움직이는 것은 어렵지 않았고 또 정치적으로도 부담이 덜 가는 작업이었다. 기념강연은 기술자 중심으로 추진하되 주제를 '도쿄-오사카 간을 3시간에 연결하는 철도의 가능성에 대해'로 지정함으로써 꺼져가는 신칸센 논의의 불씨를 되살리려 하였다. 강연은 비가 주룩주룩 내리는 궂은 날씨 속에 긴자의 산요山葉

홀에서 1957년 5월 25일 오후 1시에 개최되었고 다섯 명의 연사들이 차례로 나서 그 가능성을 설득력있게 설명해가자 예상과 달리 자리를 꽉 매운 관중들의 반응은 썩 좋았고 이것이 그 다음날 미디어에 크게 보도되면서 이들은 논의를 반전시킬 실마리를 잡게 된다.

신임 연구소장인 시노하라 다케시篠原武司를 비롯한 일선의 기술개발책임자들은 시마와 평소부터 친분이 두터운 사이였다. 신칸센에 쏟는 시마의 열정을 누구보다 잘 알고 있는 이들은 신칸센 구상이 '위험하지 않은 검증된 기술에 의해 추진되는 안전한 교통수단'이라는 점을 강조했다. 이날의 강연은 그동안 정관계와 국철 내 간부, 기술자 수준에서 검토되던 고속철도 구상이 일반에게 본격적으로 소개되는 기회가 되었다. 강연회는 당초 예상과 달리 큰 성공을 거두었다. 꿈의 특급 신칸센 구상 발표 후 5백여 명의 청중들은 박수로 환영했고 이에 대한 보도와 이후의 여론 흐름은 소고, 시마, 그리고 연구소 멤버들에게 신칸센 개발이 결코 헛된 구상이 아니라는 사실을 확인할 수 있게 해주었다.

그간의 논의를 거쳐 추가논의하지 않기로 한 사안이 갑작스럽게 미디어를 타고 일반인들이 관심을 표명하자 정관계와 국철 내 반대파 세력은 "국철이 이번 강연으로 마치 수년 안에 고속열차가 일본에 곧 등장할 것 같은 인상을 주었다. 실현 가능성이 없는 얘기로 국민들을 현혹하고 있다"는 비난을 쏟아부었다. 일부는 연구소 강연 멤버들을 문책해야 한다고 주장하고 나섰다.

상황이 꼬여간다고 판단한 소고는 우선 국철간부들보다 설득시키는 것이 필요하다고 판단, 국철의 오전 이사회 모임에서 이들 기술자들을 불러 긴자 강연을 재현해보라고 지시했다. 간부들 사이에서는 허황된 얘기 등 잘못된 게 있으면 이를 찾아내 연구진들을 징계하려는 움직임도 없지 않았다. 그렇지만 이날 회의에서는 뜻밖에도 참석자들이 신칸센의 필요성과 실현 가능성에 대해 공감하는 분위기가 강하게 감지되면서 처벌 얘기는 쑥 들어가고 신칸센 건설을 통한 국철재생, 철도재생에 관심이 쏠리기 시작했다. 국철 내부는 물론 정계와 관계에서도 빠른 속도로 이같은 분위기가 조성되었다. 물론 이같은 급속한 변화의 이면에 소고 총재와 시마 이사의 치밀한 홍보전략 및 각개격파 전술이 깔려 있었음은 말할 것도 없다.

소고 등 추진론자의 공격적 로비와 여론의 지원사격으로 정관계 및 국철 내부의 분위기가 신칸센 프로젝트 추진 검토 쪽으로 바뀌자 운수성은 1957년 8월 내부에 '일본국유철도간선조사회'를 설치하였다. 9월 11일 개최된 '일본국유철도도카이도본선 및 관련 주요간선의 수송력증강 및 근대화 기본방책'(제1호 자문) 논의에서 소고는 '광궤별선방식'을 강하게 주장했지만 다수 위원은 자동차시대의 도래를 전망하면서 '선로증설불요론'을 내세웠다. 그 결과 11월의 1차 답신에서는 '신규노선 건설의 필요성, 현 선로의 포화시기, 건설소요기간' 등이 기술되는 정도에 머물렀다. 다행히 이후 분위기가 호전되어 1958년 3월에는 광궤별선방식이 타당하다는 보고서가 제출되고, 4월에는 소요자금 1,948억 엔은 국내 조달 가능하며 신칸센 운영수입으로 상환 가능하므로 운임인상도 필요없다는 보고서가 나왔다. 이어서 12월에는 각의(우리의 국무회의 상당)에서 도카이도신칸센의 조기착공이 정식 결의되었다.

● 신간센
기획하고 추진한 3인방은 누구?

신칸센新幹線을 만든 사람을 큰 틀에서 세 명 거론하라고 하면 '신칸센 3인방'으로 통칭되는 소고 신지十河信二, 시마 히데오島秀雄, 오이시시게나리大石

重成를 들 수 있다.[25] 이들은 국철에 근무하던 이들로 소고는 최고책임자인 총재로, 시마는 기술개발을 총지휘하는 기사장(이사)으로, 오이시는 토지구입 등 사업추진실무를 맡는 책임자(실장)로 각각 참여했다.

소고 신지

소고는 일본국유철도의 제4대 총재로서 1955년 5월부터 1963년까지 2기에 걸쳐 총재를 맡아 일하는 동안 시마를 필두로 하는 기술진과 오이시를 필두로 하는 토지구입 등 사업추진팀과 함께 "불가능하다", "3대 바보 구축물 같은 또하나의 무모한 짓이다"고 갖은 악평을 받던 초고속열차 신칸센 구상을 실제 운송수단으로 실현시킨 인물이다.

1950년대 초반, 잇다른 철도사고가 발생, 국민들의 신뢰가 땅에 떨어진 당시 국철의 명맥을 되살리고 나아가 일본 철도 부흥의 실마리가 된 신칸센을 구상하고 반대자들을 정치적으로 납득시키고 자금조달 면을 해결하여 사업에 추진동력을 부여, 완수되게 한 장본인이 소고 총재다.

1884년 4월 14일생인 메이지 사내 소고는 에히메愛媛현 니이하마新居浜시 출신으로 제1고와 도쿄대학을 나와 철도원에 들어갔다. 철도원 근무시절 고토신페이後藤新平 총재가 기회가 있을 때마다 일본 전국에 깔린 협궤를 광궤(표준궤도)로 바꿔야 한다고 하는 얘기를 듣다가 총재부임 후 시마 등과 함께 그 구상을 신칸센 사업의 형태로 실현시켰다.

국철에서 나온 후 관동대지진 피해지역 부흥사업에 참여한 후 남만주철도 이사로 근무하다가 패전 후에는 에히메현 사이조西條시 시장으로 한때 근무했다.

신칸센 외에 그는 JR 좌석표 판매시스템인 마르스MARA(Multi Access seat Reservation System, 여객판매종합시스템) 프로젝트를 발족, 재임 중 일부를 실현시키는 업적을 남겼다. 히타치 연구진에 의뢰, 1960년 2월에 마르스 1을 선보였고 1964년 2월에는 마르스 101을 내놓았다.[26] 이후 마르스는 진화를 거듭, 2001년 이후에는 마르스 305로 까지 발전, 자동개찰과 위조대책까지 대응할 수 있는 시스템으로 발전했다.[27]

그는 국철에서 나와 만주철도 이사 또 전후에는 사이조시 시장 등의 보직을 맡았지만 격동의 시대 흐름 속에서 자신의 뜻을 제대로 이룬 것이 거의 없던 차에 그가 승부수를 둔 것이 바로 신칸센 프로젝트였다.

71세이던 1955년에 국철총재에 임명되자 이를 "마지막 봉사 기회"로 판단, 함께 일할 사람을 찾아나섰다. 과거 국철에서 명기관차 설계와 탄환열차 구상작업으로 이름을 떨친 후 4년 전에 차량국장으로 일하다 국철을 떠나 스미토모금속공업(주) 이사로 있던 시마 히데오가 그 사람이었다. 자신의 오른팔이 되어 신칸센 개발 등 국철의 리뉴얼작업을 함께 추진하자고 때론 설득하고 때론 정중히 부탁하였다.

이후 두 사람은 8년을 함께 일하면서 미래를 내다보는 선견지명을 발휘, 국철 내외에서 반대가 거셌던 광궤방식의 도카이도선(도쿄-오사카 간) 신선 부설과 초고속열차 개발사업을 마침내 성공시킨다.

신칸센 기획을 실현시키기까지 그는 정치적으로 큰 시련을 겪었다. 지방철도 개설과 적자노선의 보수, 정비, 관리 등에 들어갈 돈을 신칸센 사업으로 끌어당겨 쓰는 소고가 지방에 뿌리를 둔 의원들에게는 눈엣가시 같은 존재였다. 그래서 의원 대부분은 그러한 기획으로 예산을 따 사업에 착수하고, 그것도 모자라 예산이 부족하다며 추가로 자금을 끌어다 쓰는 소고의 지지세력이라기보다 그의 의도를 깨부수고 신칸센 사업의 지속적 추진을 방해하는 그룹이었다.

소고는 늘 자신이 총재에서 물러날 경우에도 신칸센 사업이 국철 아니 일본국의 국가적 프로젝트로 인정받아 계속 추진되어야 한다는 생각에 일본 정부 보증 하에 세계은행으로부터 융자를 받아냈고 이때 1964년 10월의 올림픽 이전에 완성시킨다는 부대조건을 덧붙였다. 사실 이 아이디어는 국철 출신으로 당시 대장대신이던 사토 에이사쿠 전 수상이 제시한 것이다. 그는 의원들의 반대가 심해 정부(대장성, 현 재무성) 차원에서 돈을 지원해주기는 어렵지만 사업을 기한 내에 확실히 완성시킬 수 있는 방안을 제시해준 셈이었다.

결국 1963년에 3기 임기에 들어가지 못하고 물러날 수밖에 없었던 이유로 크게 두 가지를 생각해볼 수 있는데 하나는 "신칸센 추진과 관련하여 예산이 9백억 엔 이상이 부족한데도 이를 국회 등에 사전보고하지 않았다. 국회와 관료를 속였다"는 것이고 다른 하나는1962년 5월에 발생한 조반센常磐線 미가와시마三河島역 사고(많은 인명피해가 났음)다. 평소 철도, 교통 관련 예산확보 과정에서 자신들의 입장을 곤란하게 한 소고에 대해 자민당 의원들이 호감을 갖지 않았을 것은 명약관화하다.

이같은 이유로 1964년 10월 1일에 열린 도카이도신칸센 개통식에는 최대의 공로자라고 할 수 있는 소고 전 총재와 시마 히데오 전기사장(이사)이 초대받지 못했다. 그는 시마와 마찬가지로 집에서 TV로 개통식을 지켜보면서 눈물을 흘렸다고 한다.

결국 소고는 그간 맡은 여러 맡은 각종 요직에서는 성과를 거의 내지 못하다가 때늦은 나이에 30여 년 만에 옛 직장 국철의 총재로 부임, 필생 사업이 된 신칸센 프로젝트를 성공적으로 추진하는 명예를 얻게 된다. 총재로 일하면서 아버지 같은 엄함과 사랑으로 부하직원을 관리, 국철을 멋진 직장으로 재구축하고 직장의 생산성을 높인 그의 부하관리법은 리더론 차원에서도 관심을 끌지 모른다. 그는 1981년 10월 3일 97세를 일기로 세상을 떴다.

시마 히데오

소고보다 17살 아래인 시마는 1901년 5월 20일 오사카시에서 태어났다. 소고와 마찬가지로 제1고를 나와 도쿄대 공학부 기계공학과에 진학, 졸업 후 1925년 철도성에 들어가 설계분야에서 일하면서 일본을 대표하는 'D51 형', 'B20형' 등의 유명 증기기관차 설계를 직접 맡아 수행했고, 나중에는 전기동력방식에 의한 탄환열차 구상을 가시화한 천재 기술자로 전전부터 이름이 높았다. 1948년에는 운수성 철도국 공작국장, 1951년에는 차량국장으로 일하고 있었는데, 1951년 철도사고가 잇따르는 가운데 사쿠라기쵸에서 대형 철도사고가 발생하면서 책임을 지고 철도국(국철)을 떠났다. 이후 당시 철도차량대차를 제작하던 스모토모금속공업에서 이사로 근무했다.

소고에 의해 파트너로 지목되면서 4년 만에 국철에 되돌아온 시마는 부총재급 이사(기사장) 보직을 맡아 신칸센 개발 등 기술업무를 총괄하게 된다. 그는 동력근대화 추진에 착수하고 순국산기술에 의한 고속철도, 즉 신칸센 프로젝트에 착수한다.

훗날 사람들은 일본의 신칸센이 소고와 시마 두 사람의 2인3각에 의해 실현되었다고들 말하고 있지만 두 사람 모두 개통 무렵과 신칸센 운행 초기 무렵에는 한동안 잊혀진(?) 존재로 보내야 했다. 이들에 대한 분을 삭히지 못하고 있던 자민당 국회의원과 이들과 선이 닿은 일부 관료들의 이지메 때문이다. 두 사람에게 책임이 있는 신칸센 예산초과 사태가 필요 이상으로 과장되면서 신칸센 개통의 최대 공신이라고 할 수 있는 두 주역은 1964년 10월 1일의 개통식에 초대받지 못했으며, 이 사실은 지금도 신칸센 관련 얘기가 나오면 빠지지 않고 거론된다.

사실 1950년대 중반, 두 사람은 국철 외부는 물론 내부에서도 신칸센 구상을 터놓고 얘기하기가 힘들 지경이었다. 그 무렵에는 바야흐로 자동차와 고속도로, 항공기 시대의 도래가 진지하게 거론되던 시기라서 고속철도 얘기를 꺼내면 "왠 때아닌 철도 얘기?" 하는 식으로 치부되고 말았다. "고속철도라니…..이제와서 무슨 아날로그니즘을 논하는 것이냐" 는 식이었다. 당시 한창 잘나가던 작가 아가와히로유키阿川弘之[28]는 "신칸센은 세계 3대 바보 구축물의 재판"이라고까지 혹평했다. 만리장성, 피라미드, 전함 야마토처럼 쓸데없는 큰 덩치의 구축물이 된다는 의미였을 것이다.

주지하다시피 이같은 비난은 개통 후 수 년이 지나지 않아 찬사로 바뀌었다. 이 무렵 신칸센을 깔지 않았더라면 어떻게 1960년대 이후의 급증하는 여객수요를 해결했을까 걱정하면서 두 사람의 선견지명을 칭송하는 소리가 지금까지도 자자할 정도다. 이들 덕분에 교통지옥을 헤쳐나올 수 있었다고 다행스러워하며 가슴을 쓸어내리는 운수관료와 교통전문가들은 한둘이 아니다.

개통 후 40년이 경과하고 있지만 운행 중에 일어난 사고다운 사고는 최근 (2004. 10. 23)의 지진으로 발생한 조에쓰신칸센의 탈선사고 한 건뿐일 정도로 안전운전을 자랑하고 있다. 2011년 3월 11일에 발생한 동일본 대지진 때도 이 지역을 운행 중이던 27편의 열차 중 어느 것도 탈선하지 않았다. 그 이유는 조기지진검지시스템이 제대로 작동하여 큰 지진이 오기 수초전에 비상브레이크가 작동, 서행운전하고 있었기 때문이라고 한다.

조에쓰신칸센 사고를 포함하여 운행 중의 사상자는 한 명도 없었고, 역사에서 발생한 손가락의 문짝끼임으로 인한 사망사고[29]나 자살 등에 의한 사상사고가 있었을 뿐이다. 그간의 대량수송인원을 감안할 때 신칸센의 운행장애에 따른 사고가 거의 없었다는 사실은 세계 교통사에서 유례를 찾아보기 힘들 정도다.

이같은 교통수단을 창안해, 실현시킨 두 주역에 대한 역사적 평가는 시간이 경과하면서 오히려 더 높아가고 있는 듯하다. 이들의 업적을 기리는 출판물이나 영상물이 이후의 사후인 최근에 더 많이 나오고 1990년대에 들어서서 스페인, 한국, 대만, 이탈리아, 미국 등의 주요 국가에서 고속철도가 뒤늦게 확산 움직임을 보이면서 일본 내 평가도 한결 높아져가는 것 같다.

시마는 1963년 소고와 함께 국철을 떠났다. 이시다 신임 총재가 신칸센 개통 때까지만이라도 함께 일하자고 하였지만 사표를 냈다. 소고에게 인정받아 국철에 들어온 그로서는 소고가 없는 국철에서 근무할 필요성을 느끼지 못했는지 모른다.

사실, 그가 그만둘 무렵, 국철은 신칸센에 관한 문제를 99% 해결했다고 자신하고 있었다. 이미 256km의 최종 시운전까지 마친 상태였다. 나머지는 전 구간 신선으로 부설된 노선에서의 시운전뿐이었다.

그렇지만 개통을 보지 못하고 국철을 떠나는 시마는 국철의 철도기술연구소 후배 직원들에게 일일이 남은 과제를 안겨주었다. 개통 때까지 또 개통 이후의 개선해야 할 과제를 메시지에 조목조목 기록하여 후배 연구자들의 개발의욕을 북돋워준 것이다. 동시에 그는 부하직원들에게 남긴 메시지에서 '만남'과 '타이밍'의 중요성을 거듭 언급, 기술자로서의 자긍심과 자세, 기술개발의 타이밍이 가지는 무게감을 강조하였다. 또 그는 "기술자는 한 가닥 실낱 같은 희미한 가능성이 있는 사업의 경우에도 '안 된다 힘들다'고 말하지 말고 '가능하다 매달려보자'고 말해야 한다"고 강조했다. "새로운 기술개발은 늘 좁은 문을 거쳐야 하는 것인 만큼 이같은 적극적 자세로 연구개발과 기술개량에 힘써야 한다"고 강조했다.

국철을 떠난 지 6년이 경과할 무렵인 1969년, 당시의 사토 에이사쿠 수상의 천거로 새로 발족하는 우주개발사업단 초대 이사장으로 부임, 1977년까지 근무한다. 이 기간 중 하나의 큰 논쟁거리가 되었던 우주개발 기술의 국산화냐 수입이냐에 대해 그는 자신의 경험과 지론을 내세워 미국 기술의 수입쪽으로 방향을 잡았다. 당시의 큰 우려에도 불구하고 일본의 우주개발 사업단은 미국에서 배운 기술을 토대로 일본이 자랑하는 H1로켓을 만들었고 이를 지속적으로 개량하여 미국, 러시아, 유럽, 중국 등에 뒤지지 않는 로켓발사기술을 확보하게 되었다.

그는 일본은 물론 세계적으로도 기술계에서 높은 평가를 받았다. 전기기관차 방식의 열차로는 속도와 수송력에 한계가 있다고 판단, 일찍이 차륜에 모터를 붙여 속도한계를 돌파하는 장거리 고속전차시스템을 실현했다. 구미에 없는 이같은 '동력분산방식'은 신칸센shinkansen이라는 용어로 세계로 확산되었다. 그는 이 기술그룹의 대표로 1965년 아사히상, 1967년에 운수기술 혁신자에게 수여하는 미국의 스페리상을 받아 항공기의 더글러스, 자동차의 포르쉐 등의 저명한 수상자에 버금가는 평가를 받았다. 1969년 기계공학 공적자에게 2년에 한 번씩 수여하는 기술계의 노벨상격인 영국의 제임스 와트 상을 구미 이외 지역에서는 처음으로 수상했다. 1971년에는 도카이도 신칸센 건설의 공로를 인정받아 문화공로자로 현창되었고 1995년에는 철도 관계자로는 처음으로 문화훈장을 수장하였다.

1998년 향년 96세로 세상을 떴다. 2000년 2월 9일, 도쿄 고쿠분지시에 위치하는 철도종합연구소에 시마의 장서와 유품을 전시하는 시마문고가 오픈했다. 그는 생애 두 권의 저작을 내놓았다. 「D51から新幹線まで」(1977), 「新幹線そして宇宙開発」(1987)가 그것이다.

천재 기술자로 생애를 마감한 그였지만 평소 지인들에게 기술의 어려움을 실토하면서 다음과 이 말하곤 했다. "터널에 들어가면 승객의 귀가 멍해지고 열차 바닥에 붙은 눈이 맹렬히 비산하면서 각종 문제를 일으켰다. 생각지 못했던 실패는 이 두 가지였다".

그는 당시 이미 검증된 기술을 조합, 초고속열차를 상품으로 내놓은 것이지만 이같은 기술이 신칸센이라는 상품으로 태어나기까지에는 구태의연한 기존의 발상에서 벗어나지 못한 국철간부와 정치가 등과 치열하고도 인내심을 요하는 신경전을 전개하지 않으면 안 되었다.

시마를 도와 신칸센을 만든 후배 기술자들은 시노하라 다케시 소장, 미키 다나오, 마쓰다이라 다다시, 가와나베 하지메 등 5인이었다. 이들 중 일부는 해군, 공군 등에서 기술자로 일하다 패전 후 직장을 찾지 못하고 있다가 시마에 의해 국철에 들어온 이들이었다. 시마는 이들 외에도 재주있는 많은 기술자들을 국철에 들여보내 전쟁물자 생산에 사용되던 고급기술의 평화에의 공헌을 유도했다.

시마는 철도연구소와 주점에서 이들과 주기적으로 모임을 갖고 신칸센 기술개발상황을 점검하고 안전하면서도 고도수준의 기술개발을 주문했다. 이들의 업적은 아래의 '신칸센 기술을 떠받친 3인방'에서 좀 더 상세히 기술하고 있다.

오이시 시게나리

오이시 시게나리는 시마의 도쿄대 공학부(토목과) 5년 후배이며 국철시절부터 가깝게 지내오다가 시마에 의해 신칸센 그룹에 합류한다. 시마는 1957년 당시 홋카이도 지사장(총지배인)으로 일하던 오이시 시게나리를 찾아가 조사실장 보직을 맡아달라고 부탁한다. 오이시를 신칸센 부설예정지 토지구입 반장으로 초빙한 것이다.

이후 오이시는 소고 총재로부터 직접 하명을 받아 이사회 결의 없이 직권으로 토지구입과 관련한 각종 결정권을 행사하는 등의 수완을 발휘, 당초 예상과 달리 조기에 부설예정지 토지를 매수하는 데 성공한다. 당시 20%는 전전의 탄환열차 구상시 구입한 토지였지만 80%는 오이시가 대원들과 일일히 걸어다니면서 노선을 확인하고 소유자들과 지리한 매수 교섭을 거쳐 수매했다고 한다. 소고 총재는 오이시에게 "돈 문제는 걱정하지 말라"고 하면서 토지매수반원들을 독려하곤 했다.

훗날 사람들은 소고, 시마 외에 오이시를 포함하여 "신칸센을 만든 남자 3인방"이라고 부르기도 한다. 그만큼 오이시의 존재감은 국철 내에서 확실했는지 모른다. 1958년 상무이사, 1960년 신칸센총국장으로 일하다가 그 역시 소고 총재가 사임할 때 시마와 더불어 국철을 떠났다. 이후 철도건설협회 회장을 비롯, 각종 토목학회 회장을 비롯해 각종 단체의 임원을 역임하였다. 1961년에 토목학회상을 수상하고 1981년에 공적상을 수상했다.

● *신칸센*
기술을 떠받친 3인방은 누구?

신칸센의 기획과 추진업무에서 기여한 위의 세 사람과 별도로 신칸센 기술을 떠받친 이들 중 대표적인 이가 셋 있다. 미키 타다나오三木忠直, 마쓰다이라 다다시松平精와 가와나베 하지메河邊一가 그들이다.[30]

시마는 나중에 신칸센 기술개발에서 핵심적 역할을 한 미키, 마쓰다이라, 가와나베 등 기술자들의 국철 취업에 큰 역할을 했다. 패전 이후 마땅한 직장이 없던 이들을 직접 만나 철도기술연구소를 놀이마당으로 제공하면서 이들의 지속적인 연구활동을 장려한 이가 당시의 시마 국장(운수성)이었기 때문이다.

미키는 전쟁 중에 해군항공기술창에서 기계설계를 담당했던 예비역 소령으로 패전 후인 1945년 말경부터 철도기술연구소에서 일해왔다(당시 37

세). 연구소는 폭격과 화재로 초토화하였던 도쿄 구니타치에 위치하고 있었다. 그 무렵 연구소에는 전쟁 중 육해군 소속으로 병기개발에 종사했던 일본 최고의 두뇌라고 일컬어지던 수재들이 모여 있었다. 연구소 간부가 직장 없이 배회하던 퇴역기술자들을 불러들인 것이다. 연구소에서는 이들에게 노후화한 철도에 신기술을 도입, 철도산업을 회생시켜주도록 기대하였다.

이 곳에서 미키는 훗날 신칸센 개발에 큰 지주들이 된 마쓰다이라 다다시(당시 36세)와 가와나베 하지메(당시 32세)를 만난다. 모두들 연구소에 들어온 지 한 달이 갓 지났을 무렵이었기 때문에 3인의 만남은 어수선한 가운데 시작하였다. 3인은 1945년 연말 무렵부터 철도기술연구소에 일자리를 얻어 맡은 바 일에 종사하였지만 12년이 지난 1957년에야 미키의 리더십 하에 팀을 이뤄 신칸센 구상을 키우게 된다. 이하에서 이들의 업적과 연구개발 과정을 간략히 소개한다.

미키는 구 해군항공기술창에서 폭격기 설계를 맡은 경험을 살려 열차(신칸센)의 차량형태 개선 부문을 맡았다. 마쓰다이라 역시 같은 해군항공기술창에서 제로센(구 일본군의 유력 항공기) 함상전투기 설계를 담당, 이상진동에 의한 제로센 공중분해 문제를 해결한 경험을 살려 고속주행시의 진동을 흡수할 수 있는 공기용수철 개발 등 대차분야를 맡았다. 한편 가와나베는 구 육군과학연구소에서 대위로 근무하면서 통신장치를 연구해온 경험을 살려 열차자동제어장치(ATC) 개발을 위한 신호장치를 맡았다. 이들은 입사 후 특별한 교류 없이 각자의 분야에서 연구를 진행해왔다.

우여곡절도 없지 않았다. 30대 초반이던 가와나베는 한동안 철도연구소를 떠나 개인적으로 연구에 종사하지 않으면 안 되었다. 1946년에 내려진 연합군총사령부(GHQ) 지시로 구 일본군 관계자들의 공직추방이 시작되었고 이로 인해 1천여 명에 달했던 철도연구소 연구진이 절반 수준으로 줄어

버렸다. 가와나베도 이때 연구소를 떴다. 이 기간 중 처자식을 대동하고 있던 그는 개인적으로 연구를 수행, 연구소에 제출하는 형식의 성과급을 수령하는 등 어렵게 생계를 꾸려가지 않을 수 없었다. 이후 공직추방조치 해제로 다시 철도연구소로 복직, 전문 연구를 계속할 수 있게 된다.

공직추방을 면한 마쓰다이라였지만 소속부서에서는 별로 대접받지 못하고 있었다. 당시 자주 발생하던 탈선 사고 원인을 놓고 오래 전부터 근무하던 직원들과 의견차이를 보였기 때문이다. 부서 직원 중 다수는 철로가 손상, 왜곡되어 탈선 사고가 발생하는 것이기 때문에 해결법을 찾기가 쉽지 않다고 주장했다. 반면 마쓰다이라는 차륜의 진동과 그로 인한 사행蛇行(뱀이 빠른 속도로 기어갈 때의 요동) 때문에 탈선 사고가 발생한다고 해석하면서 다른 해법을 제시했다. 현실을 직시한 그였지만 다수에게 미움을 사 창고에서 연구해야 하는 신세가 되었다.

미키 역시 추방은 면했지만 해군 재직시 기술자 양심에 거리끼는 연구를 수행한 것 때문에 늘 번민에 빠져 있었다. 해군 재직시 특공기 오카櫻花를 제작한 것이 마음에 걸렸던 것이다. 오카는 착륙용 바퀴조차 없는 함정공격용 특공기로 800대가 제작되어 오키나와전 등 격전지에서 가미가제 특공대용으로 사용되었다. 미키를 비롯한 기술진들은 오카 개발에 반대했지만 상부 지시로 어쩔 수 없이 개발해야 했다. 그러한 자신에 분노해왔던 그는 기독교에 귀의함으로써 마침내 해결점을 찾는다. "수고하고 무거운 짐을 진 자들아 모두 내게로 오라. 내가 너희를 쉬게 하리라"는 구절이 가슴에 와닿았다고 한다.

이후 과거를 반성하는 차원에서 평화산업에 자신의 지식과 기술을 응용하겠다고 다짐하면서 철도산업 발전에 매진한다. 이같은 자각과 마쓰다이라, 가와나베와의 교류가 신칸센 구상으로 이어진 것이다.

각자 맡은 분야에서 철도산업 발전에 기여하겠다고 연구해오던 이들에게 공동 연구 기회가 찾아온 것은 12년이 지난 1957년이었다. 그 무렵 항공교통이 활성화하면서 철도에 대한 인식이 상대적으로 나빠지고 있었다. 1956년에 도쿄-오사카 간을 전철화, 특급 쓰바메를 투입하였지만 7시간 30분이 소요되어 항공기의 1시간 남짓과는 큰 시간차를 보였다.

　　때마침 연구소장으로 부임한 시노하라 다케시는 철도의 새로운 가능성 연구에 큰 관심을 가졌다. 이 무렵 연구소 3대 인재로 주목받던 이들은 아타미熱海 여관에서 만나 그간의 연구성과를 보고하고 검토하던 중 자신들의 연구결과를 종합적으로 응용한 초고속열차 개발이 가능하다는 사실을 깨닫게 된다. 미키의 유선형 차체 개발과 경량화에 의한 속도 향상, 마쓰다이라의 진동흡수대차 개발에 의한 고속주행시 탈선 방지, 가와나베의 저주파 신호를 이용한 열차자동제어장치 개발에 의한 고속운전시 안전보장이 조합되면 초고속열차 운행이 가능하다는 것이 이들이 내린 결론이었다. 그때까지 교류가 없어 서로 어떠한 연구를 하고 있는지 충분한 정보를 갖지 못했던 이들에게 아타미 여관의 만남이 초고속열차 개발이라는 꿈을 안겨준 것이다.

　　이날 이후 미키는 도쿄-오사카 간을 3시간에 주파할 수 있는 초고속 열차 개발을 시야에 두고 신칸센 구상을 구체화해 나갔다. 그는 강연장을 비롯해 기회가 있을 때마다 "최고시속 2백km가 넘는 초고속열차를 도쿄-오사카 간에 운행하지 못하면 철도의 미래는 없다"고 말하고 다녔다. 특히 강연장에서 그의 설명을 들은 청중들이 큰 박수로 화답하자 미키와 그의 그룹은 신칸센 구상의 방향성이 옳았다는 자신감을 갖게 되었다.

　　이들의 자신감이 결국은 변화에 둔한 거인 국유철도를 움직였다. 미키의 강연회에 관한 내용을 전해 들은 당시의 국철총재 소고 신지는 1957년 8월,

미키에게 국철간부 앞에서 신칸센 구상을 설명하도록 요청하였다. 이 자리에서 개발의 필요성을 강한 톤으로 주장하는 미키의 얘기를 듣고 있던 소고는 깊숙이 고개를 끄덕였다. 사안의 중요성을 깨달은 그는 빠른 걸음으로 국회의원과 운수성 간부들을 접촉, 열차개발의 필요성을 설득하였다. 그 결과 1959년 3월에는 개발 예산이 편성되어 같은 해 4월 20일, 마침내 도카이도 신칸센(도쿄-오사카)을 착공하게 된다. 1950년대 중반까지 도쿄-오사카 간을 11시간 걸려 운행하던 국유철도도 10년 이내에 같은 구간을 3시간 정도에 주파하는 초고속열차를 개발, 운행할 수 있게 된 것이다.

착공 후 철도기술연구소는 8백여 명의 연구진을 총동원, 신칸센 차량과 시스템 개발에 나섰다. 미키 등 3인의 지휘 하에 신칸센 실용화를 위해 필요한 173개의 과제 해결에 착수했다. 차체강도, 진동흡수대차 개발, 열차자동제어장치(ATC) 개발 외에 팬토그래프, 레일 등도 해결해야 할 주요 과제의 하나였다.

차체개발을 맡은 미키는 다양한 모형을 시작, 풍동실험을 하는 과정에서 "예쁜 모형을 만들어야 공기저항이 적다"고 주장하면서 부하직원들을 독려했다. 그는 자신이 해군 근무시절 개발했던 폭격기 긴가銀河의 최전면부와 조정실 구간 곡면을 흉내낸 모습을 차량 전면부 모습으로 선택했다. 그는 집요하리만치 고성능 모형 개발에 매달렸다(당시 조수 다나카 신이치田中眞一).

1961년 연말을 경계로 주요 팀의 개발작업이 완료되었다. 마쓰다이라 팀이 개발한 공기용수철을 이용한 진동흡수 대차, 가와나베 팀이 개발한 저주파를 이용한 열차자동제어장치 등의 실용화 작업이 마무리되었다. 미키는 열차 설계와 관련한 각종 자료를 정리, 국철에 보내 시험차량 제작을 의뢰하였다.

차량제작사는 수 개월 만에 시작 차량을 제작, 선보였는데 그 아름다운 모습에 모두가 깜짝 놀랐다. 스커트(차량 최전면 하부 커버를 지칭)를 두른 유선형 차체의 깜찍한 모습에 개발진 스스로도 감동받았다.

1962년 4월에는 가나가와현 가모미야鴨宮에 32km 실험선이 완공되었고 이로써 시험운전을 위한 모든 준비가 완료되었다. 시험운전을 위해 8명의 정예 기관사가 선발되어 뇌파, 심박수 등 체력검사를 받고 최고시속 250km 의 시험운전에 대비했다. 거듭되는 시험운행을 거쳐 1963년 3월 30일 마침 내 시속 250km의 최고 속도 시험운전이 시행되었다.

뜻밖인 것은 이 날의 시험운전을 앞두고 최고사령탑격인 미키가 갑자기 연구소를 떠났다. 당시 57세였던 동료, 후배들의 만류를 뿌리치고 집으로 돌아갔다. 그는 최고속도 시험운전 결과를 집에서 TV를 통해 지켜보았다. 왜 미키가 이 시기에 사표를 내었는지는 명확하지 않다. 스튜디오에 초대된 그는 인터뷰에서 그는 "더이상 미련이 없었다. 내가 가진 기술을 전부 다 투입했고 책임도 완수했다. 실험에는 자신이 있었다. 뒷일은 걱정하지 않았다" 라고 답하고 있다.

남은 책임은 당연히 마쓰다이라와 가와나베 씨에게 돌아갔다. 둘은 시험차량을 타고 이날의 시운전 경과를 지켜보았다. 오전 9시 40분, 4량 편성의 시운전 열차는 관련 기술자들과 시험장비를 싣고 출발, 가속을 거듭하였다. 그리고 9시 46분 시속 256km 주행에 성공, 당시의 열차 주행속도를 갱신하였다. 시운전 중 조사, 기록한 진동, 신호작동상태, 풍압 등은 모두가 사전 예상범위내 값을 보여주었다. 250km 직전에서 이상 진동이 감지되었지만 이역시 계산범위 내 값에 머물러 시운전 지속에 영향을 미치지 못했다. 당시 기관사실에서 운전을 책임지고 있던 오츠카 시게루大塚滋 (시험운전주임)와 조수 기리무라히토시桐村博는 당시의 운전을 "스릴넘치는 멋진 운행이었으며 반드시 성공해야 한다는 강한 신념을 가지고 있었다"고 회상한다.

최고 속도 시운전에 성공한 후 1년 6월이 경과한 1964년 10월 1일, 도카이도 신칸센이 정식으로 개통하였다. 철도기술자들의 19년에 걸친 도전이 마침내 성과를 보여준 것이다.

개통 후 여객사망 사고가 단 한 건이라는 사실은 고속열차를 운행하는 국가들에서 유례를 찾아보기 힘든 점이다. 지금도 JR도카이 하마마쓰 공장 등 JR사의 여러 공장에서는 신칸센 차량의 정비가 면밀하게 이루어지고 있다. 차륜을 0.1mm의 오차범위 내로 절삭하는 작업 등 초정밀 정비, 점검작업이 계속되고 있다. 당연히 ATC, 대차, 팬타그래프 등 각종 설비 등에 대한 치밀한 점검작업도 병행된다.

방송에 나온 미키와 가와나베 등은 자신들이 개발한 차체구조와 신호시스템이 이후 후배들에 의해 개량되어 더욱 효과적이고 안전한 차체와 신호시스템으로 발전, 4분, 5분 단위로 운행하는 오늘의 신칸센을 보면서 "당시로써는 상상하지 못했던 일"이라고 놀라워 했다. 여생을 얼마 남겨두지 않은 두 사람이지만 자신들이 젊었을 적에 달성한 업적을 회상하면서 엔지니어로서의 성취감을 곱씹고 있는 듯한 모습이 인상적이다.

미키를 필두로 한 엔지니어 그룹은 소고와 시마의 지휘를 받아 신칸센 기술개발을 추진하였지만 시대의 요구에 부응하는 기술개발이 어떠한 것이어야 하는지, 고객들이 무엇을 요구하고 있는지 등에 대해 그 변화의 흐름을 십수 년 전에 적확히 내다보고, 12년여 준비작업 끝에 고객의 구미에 딱 들어맞는 철도서비스를 만들어 제공했다는 점에서 엔지니어 이상의 작업을 수행해낸 선각자들이다. 이들은 안전도와 유용성이 검증된 기술인 공기저항이 적은 차체구조, 탈선방지기능이 강화된 대차, 비상시 안전선 범위 내의 긴급정지 등 신호제어시스템을 조합, '신칸센'이라는 멋진 신상품으로 내놓았다. 그 결과 개통 후 40년이 경과한 지금, 일본 철도는 세계적 수준으로 자리매김되고 있으며 신칸센은 JR 각사의 재무구조 개선에도 크게 기여하는 효자상품으로 평가받고 있다.

● 신간센
한국에 주는 시사점을 정리한다

　지금까지 일본이 자랑하는 신칸센의 초기 구상과 변경 그리고 이를 실현시킨 사람들에 대해 중점적으로 살펴보았다. 운행 중 무사고를 자랑하던 신칸센 차량이 2004년 10월 23일의 니가타조에쓰 지진으로 인해 주행 중 탈선하는 사고가 발생하였다. 이로 인해 도쿄-니가타 구간이 두 구간으로 나뉘어 장기간 변칙운행되는 결과를 가져왔다.

　인명 사고는 없었지만 위기일발의 사고였다. 선두 객차가 탈선, 30도 이상 기운 상태에서 간신히 멈췄기 때문이다. 망가진 선로의 복구, 고가구축물 보강공사, 탈선열차의 제거 등을 거쳐 동 노선이 완전복구될 때까지 상당한 시간이 소요될 전망이다. 지진 발생에서 2주가 경과한 지금도 강한 여진이 발생하여 복구작업이 지연되고 있다. 동 사고는 천재라고 하지만 신칸센의 안전신화를 불식시켰다는 점에서 신칸센으로서는 대단한 불명예스런 사고였으며 따라서 강력한 지진에도 탈선하지 않을 열차개발이 당면과제로 급부상하였다. 대형 천재가 철도기술 개발을 촉구하는 셈이 되었다.

　소고 신지와 시마 히데오라는 집념을 가진 두 사람의 의기투합 작품이라고 할 수 있는 신칸센이지만 꼼꼼하게 들여다 보면 두 사람 외에도 많은 사람들이 이 거대한 프로젝트의 성공을 위해 열심히 일했다는 사실을 알 수 있다. 여기서는 기획과 추진 측면에서 세 사람, 기술개발 측면에서 세 사람을 각각 선임해 기술해보았다.

소고 같은 '선경지명'을 가진 총재를 지닐 수 있었던 국철과 일본은 행복한 나라다. 절대열위의 소수 지지자층에 감싸인 소고였지만 신념을 굽히지 않고 묵묵히 한 발 한 발 앞을 향해 나아갔기 때문에 오늘의 신칸센이 출현했음은 이미 살펴본 바와 같다.

시마같은 멋진 기술쟁이와 함께 일할 수 있었던 소고 총재와 국철의 기술자들은 행복한 이들이다. 개발된 신기술을 집대성하여 '신칸센'이라는 멋진 신상품을 만들어낸 그는 '동력분산방식'이라는 새로운 열차동력시스템까지 창안, 철도차량 제작업체를 포함하여 철도전문가들에게 신선한 충격을 주었다. 이 방식은 단시간에 고속가속이 가능하고 일부 동력차량의 고장시에도 나머지 동력차량으로 일정 속도 이상의 운행이 가능하다는 이점 때문에 세계적으로 단거리 구간과 정차역이 많은 구간 투입 열차의 동력방식으로 널리 활용되고 있다. 신칸센은 장거리에도 이 동력방식의 차량을 투입하고 있는데 이는 고출력에도 이 방식이 유용하기 때문이다. 신칸센 업계는 여전히 (구미형의) 동력집중방식 차량 투입을 검토하지 않고 있다.

신칸센의 개발 과정을 보면 미키, 마쓰다이라, 가와나베 같은 각 부문에서 출중한 실력을 가진 연구자들이 묵묵히 개발한 분야별 고도의 기술이 유용하게 쓰일 수 있도록 기술을 집대성하고 유기적으로 연계시키는 등 기술관리업무가 매우 중요하다는 것을 알 수 있다. 즉, 시마 히데오가 수행한 업무와 유사한 기술관리업무를 떠맡아 할 수 있는 인적 자원을 확보하고 육성하는 작업이 각 분야에서 필요하다. 이를 위해서는 먼저 자신의 분야에 매달려 일하는 엔지니어가 다수 배출될 수 있도록 주변 여건을 조성하는 작업이 필수적이다. 나아가 개별 연구자의 업무 흐름을 숙지한 다음 이를 주변 기술과 접합, 접목시켜 신 용도를 찾아내는 창조적 발명가들이 육성될 수 있도록 이공계 인력에 대한 기업 안팎의 의식을 바꾸고 인사체계와 보상체계를 개

선, 이들을 실질적으로 우대하는 방향을 검토해야 한다.

아울러 우리의 고속철 KTX의 도입과 운영, 기술의 국산화 과정에 크게 기여한 이들의 업적을 조사, 정리, 소개함으로써 'KTX를 만든 사람들'이 당대는 물론 후대 사람들로부터 자랑스런 한국인으로 존경받을 수 있도록 관계분야 종사자들은 가일층 분발해야 할 것이다.

● 보론
철도경영 개념을 바꾼 국유철도 분할민영화

일본의 국유철도 분할 민영화는 나카소네 야스히로中曾根康弘 수상이 주도한 정치개혁 프로그램의 일환으로, 1987년 4월 1일 의 개혁조치 발효 이후 일본의 역대 공기업 개혁 중 가장 좋은 성과를 거둔 것 중 하나로 평가받고 있다.[31] 이때의 개혁조치로 국유철도는 6개의 지역별 여객철도회사와 1개의 화물철도회사로 분할, 민영화되었다. 각각의 회사들은 4월 1일자로 발족하였다. 거의 같은 시기에 지금의 NTT인 전전공사, 지금의 JT인 일본전매공사가 함께 민영화되었다.[32]

이들 3개 공기업의 민영화는 당시 여당이던 자유민주당 정권이 주도한 것으로 특히 국민적 인기가 높고 정권 내 정치적 기반이 탄탄했던 나카소네 수상의 강력한 리더십 하에 추진되었다. 나카소네 수상은 3기 6년에 걸쳐 수상에 재임하였을 정도로 당 안팎에서 강력한 지지를 끌어내는 데 성공했다.

나카소네 밑에서 야당 및 노조 측과 협상하는 등 일선업무를 총괄한 이는 당시의 운수대신이었던 미쓰즈카 히로시三塚博였다. 그는 나중에 수상에 오르지는 못했지만 자유민주당 내에서 그에 버금가는 정치적 권력을 휘두른 인물로, 강력한 추진력을 행사하여 민영화 반대파를 억누르고 개혁작업을 진두지휘하여 소기의 목적을 달성하였다.

이때의 구조개혁이 얼마나 과격한 것이었는가 하는 것은 국유철도의 경영기획실에서 분할민영화 작업을 수행하다가 나중에 JR동일본의 사장, 회장이 된 마쓰다 마사타케松田昌士의 회고를 통해 확인할 수 있다. 그는 이데 마사타카井手正敬, 가사이 요시유키葛西敬之와 더불어 국유철도개혁 3인방으로 불리우는 인물이다.

"8만 명의 직원을 잉여인력으로 계산하여 방출할 수밖에 없었던 아픔은 이윽고 회사 재생 에너지로 승화되었다. 당시 국철의 국장 이상은 예외가 일부 있었지만 거의 대부분이 퇴직했다. 원칙적으로 50대 이상은 전부 퇴직했다고 생각해도 무방하다. 이는 엄청난 일이었다."[33]

JR동일본의 경우 국유철도에서 인계받은 채무 6.6조 엔을 상환하면서도 지난 15년간(1987~2002) 매년 흑자를 내고 있다. 또 철도운임도 소비세를 제외하고는 일절 인상하지 않았다. 이같은 경영성과는 이후에도 지속되어 동일본 대지진 등으로 경제가 어려운 국면에 처한 2011년 12월 시점에서도 흑자경영 기조는 이어지고 있다.

한편 JR 회사들의 민영화는 2단계로 나눠서 행해졌다. 1987년의 민영화 조치가 1단계 민영화라면 2단계의 민영화는 모든 주식을 민간이 소유하는 완전민영화로서, 2002년 이후부터 2006년까지 JR회사의 사정을 고려하여 단계적으로 이루어졌다. 완전민영화의 단초가 된 조치는 2001년 12월 1일에 시행된 JR회사법의 개정이다. 이 조치로 JR규슈를 제외한 혼슈JR 3사가 JR회사법의 적용제외 대상이 되면서 2002년 이후 완전민영화의 틀이 열렸다.[34] 1차로 JR동일본이 2002년 6월에 정부(실제로는 일본철도건설공단, JRCC) 보유 50만 주(전 주식의 12.5%)를 매각(제3차 공매)함으로써 명실공히 완전민영화를 달성하였고, 이후 2004년 3월에 JR서일본, 2006년 4월에 JR도카이가 각각 완전민영화되었다.

민영화한 이들 JR 3사는 2000년대에 사상 최대 규모의 흑자를 보이는 등 경영성과가 크게 개선되었다. 2003년에 민영화 후 가장 큰 규모의 흑자를 시현하였는데 흑자규모는 이후에도 증가하여 2007년에 정점에 달한 후 지금까지 감소세를 보이고 있다.[35]

경영성과가 좋은 혼슈 3사와 달리 3개 섬 JR사인 JR홋카이도, JR시코쿠, JR규슈의 여객철도사와 JR화물의 합계 4개사는 여전히 특수법인형태로 운영되고 있다. 이들 기업의 주식은 독립행정법인인 철도건설·운수시설정비지원기구(1987년의 발족 초기에는 일본국유철도청산사업단)가 전량을 보유하고 있으며 경영상태가 나빠 증권시장 상장이나 민간에의 주식매각 계획은 없다. 다만 규슈신칸센의 단계적 개통(2004년 3월과 2011년 3월)[36] 이후 수익이 증가하여 수지가 2004년도부터 흑자로 바뀐 JR규슈가 상장을 목표로 하고 있으며 실현 가능성이 가장 높다.

위 4개 사는 채산성이 낮은 구간이 많아 임직원의 경영 노력 강화로 수익을 높이기 힘든 상황으로 판단되어 지방정부의 고정자산세 감면, 3개 섬 여객철도사에 대한 경영안정기금의 손실보전 등의 형태로 경영지원이 행해지고 있다. 경영안정기금(3,877억 엔)은 독립행정법인에의 고금리 대부형태로 운용되는데 이때 발생하는 이자차액은 실질적인 보조금이라고 할 수 있다.

〈그림 1〉 일본 국유철도의 분할 민영화 경과(1987~2011)

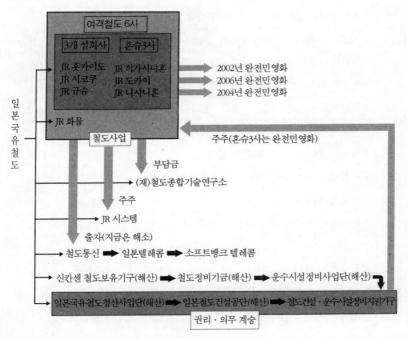

•자료 : 위키피디아, '国鉄分割民営化'

부 록

● 제목 가나다순('철'은 철도신문)

번호	제 목	신문잡지명	년월일
1	강경호 사장(제3대)이 '슬로슬로 퀵퀵' 경영에 나섰다	철-920	08.7.18.
2	건설비 분담률 재검토하여 호남고속철 지원한다	철-832	06.9.8.
3	경부선 전철 급행시스템, 개선 서두른다	철-885	07.10.19.
4	경전선(순천~광주)구간은 전국 순환고속철도망의 한 축	조선일보	11.1.26.
5	경전철과 트램은 언제쯤 우리 도시를 달릴까?	TS for You	08.8.1.
6	광역전철에서 고객과 공사는 윈-윈할 수 있다	철-821	07.6.16.
7	고속철 개통에 따른 소득분배 악화, 해소책을 모색한다	재정포럼	2002.9.
8	고속철 경기남부역은 하나라야 하나?	철-964	09.6.22.
9	고속철도 차량·선로 '총체적 부실' 우려	연합뉴스	11.6.8.
10	고속철 안전 아직 구멍 많다	문화일보	04.3.8.
11	고속철 정차역을 늘린다	국민일보	03.7.8.
12	고속철 중간역 증설, 손실보다 득이 더많다	국민일보	03.11.27.
13	공기업 경영평가, 기관가치증진 위한 경영자 문제로 바꾼다	철-1017	10.8.9.
14	공기업 사장 선임시 짜고치는 고스톱은 곤란하다	철-904	08.3.14.
15	공사 경영정상화, 2007년부터 본격화한다?	철-845	06.12.15.
16	공직사회, 이공계 우대해야	국민일보	03.5.13.
17	광명~금정 구간 신설 부설로 광명역 살릴 수 있다	철-849	07.1.19.
18	광역전철 급행화 서두른다	철-956	09.4.17.
19	국내 고속철도망 구축 소사	-	2012.4.
20	국민의 눈높이를 모르는 철도시설공단-돈아까운 TV 프로	철-948	09.2.16.
21	기관고장·운행중단, 코레일 주말 하루 2건의 사고	중앙일보	11.2.28.

49	수익성 강조하면서 기술인력을 냉대한다	아시아경제	11.3.23.
50	수준미달 고속철, 책임묻는다	문화일보	04.4.13.
51	시한부 경영정상화 압력 받을 코레일의 뉴CEO	철-952	09.3.13.
52	신도림~구로 지상공간, 잘 활용하면 큰 수익 기대된다	철-928	08.9.19.
53	신칸센 : 구상과 실현 과정을 알아본다	고속철시민모임 (다음카페) 자료실	2004.8.
54	신칸센 : 기술을 떠받친 3인방은 누구?		
55	신칸센 : 기존의 철도 개념을 바꿨다		
56	신칸센 : 기획하고 추진한 3인방은 누구?		
57	신칸센 : 한국에 주는 시사점을 정리한다		
58	신칸센 차량(0계), 아름답고 당당하게 세대교체	TS for You	09.1.1.
59	양적 성장 못지않게 질적 성장도 중요하다	철-968	09.7.23.
60	역사 내 보행이 우왕좌왕하고 있다	철-980	09.10.23.
61	역사와 열차 내 소음으로 쾌적한 여행 즐기기 힘들다	TS for You	08.12.1.
62	오송분기역은 영호남 간 거리를 더 멀게 만든다	전북일보	04.9.18.
63	용산 메가스테이션의 성공 열쇠는 이것이다	철-984	09.11.25.
64	우리 철도, 어디쯤에 있는가	MBC라디오	10.9.18.
65	이들이 KTX를 만들었다	철-797	05.12.16.
66	이참에 중규모 도시에 경전철을 깐다	철-936	08.11.14.
67	이하영과 가사이 같은 선각자가 아쉽다 : 표준궤도	철-1072	11.11.21.
68	일반철도용 선로전환기, KTX 고속철도에 깔았다	중앙일보	11.6.9.
69	잇다른 안전사고, 규율잡을 대책을 세운다	국민일보	03.3.4.
70	잇다른 2005년도 일본 철도사고의 교훈	철-800	06.1.13.
71	'자동차 사양하는 사회'로 가려면	철-881	07.9.14.
72	전(前) 공기업인 철도유통 자회사, 이렇게 회생했다	철-1032	10.12.6.
73	전동차 수출이 철도산업의 명운을 쥐고 있다	철-1036	11.1.17.
74	정규직 확대, 바람직하나 경영개선과 양립시킨다	철-877	07.8.21.
75	정발산역 17시간 침수, 반복되는 안전불감증 재해	문화일보	06.7.15.
76	조용한 철도로 '철도품격' 높인다	철-863	07.5.4.

77	지적사항 시정은 기강 등 돈안드는 분야부터 착수한다	철-789	05.10.14.
78	지하철, 전철요금 현실화하고 노인무임승차 재검토한다	철-825	06.7.14.
79	지하철, 전철의 품격을 낮추는 행상을 단속한다	철-873	07.7.13.
80	철도가 대운하와 경쟁한다?	철-897	08.1.18.
81	철도 구상에서 채산성을 무시할 수 없다	국민일보	05.11.15.
82	철도구조개혁 10년, 상하일체형 재편, 적극 검토한다	철-1042	11.3.14.
83	철도노경, 김연아 올림픽팀의 팀웍을 참고한다	철-999	10.3.15.
84	철도를 활용해 '大경기' 개발할 수 있다	철-893	07.12.14.
85	철도산업의 기둥인 고속철차량 제작업이 위태롭다	철-1064	11.9.12.
86	철도산업, '집중과 슬림화'로 흐름 바꾼다	철-1068	11.10.24
87	철도 영업전략, 코레일에 맡기고 개입하지 않는다	문화일보	05.10.6.
88	철도예산, 4대강 사업으로 우선순위 미뤄진다 ?	철-972	09.9.4.
89	철도와 철도인은 무게가 있어야 제격이다	철-940	08.12.22.
90	철도의 날 행사, 코레일 주관으로 바꾼다	철-1061	11.8.15.
91	철도적자 줄이려면 인력감축 동반한 혁신 필요하다	재정포럼	2005.8.
92	철도 주인의 처세술은 달라야 한다	철-889	07.11.16.
93	철도차량을 넘어 시스템의 해외수출도 추진한다	철-990	10.1.8.
94	철도혁신 논의는 차기 대선(2012년 12월) 때 한다 ?	철-1010	10.6.14.
95	철도CEO, 권한 약하지만 책임은 더 약하다 ?	철-1025	10.10.11.
96	코레일 발족, 고속철 운영은 사업 논리 따른다	문화일보	04.12.28.
97	코레일 발족 앞두고 노조가 명분 없이 철도사업법 반대한다	문화일보	04.9.16.
98	코레일 영업전략에 정치권과 국토부는 간섭하지 않는다	철-785	05.9.16.
99	코레일의 적자와 누적채무감축, 선 자력갱생 후 정부지원	철-805	06.2.17.
100	코레일 정보공개, 우선순위에 따라 체계화한다	철-1002	10.4.12.
101	코레일 직원수준, 시속 120km 때와 다르지 않다	중앙일보	11.3.1.
102	'코레일타운' 건설로 흑자전환 앞당길 수 있다	철-861	07.4.13.
103	파업이 철도의 앞날을 험난하게 할 수 있다	헤럴드경제	07.11.14.
104	평가 나쁜 공사, 평가 좋은 공단, 기관 차이 오래 못 간다	철-829	06.8.18.

105	하루 2건씩 발생하는 KTX 사고, 감사원이 나선다	평화방송	11.7.19.
106	허준영 사장(제4대)이 인력감축에 나섰다	철-976	09.9.25.
107	현대로템 "기술개발에 필요한 시간 충분치 않았다"	주간조선-2166	11.7.25.
108	현대로템 잇단 부실 사고 '독점' 탓?	매경이코노미1607	11.5.25.
109	호남고속철 기본계획, 틸팅 KTX 투입이 대안일 수 있다	철-793	05.11.18.
100	호남고속철, 완공 후 뒷감당은 누가 어떻게 해야 할까?	철-986	09.12.11.
111	호남고속철, 완공 후 뒷감당을 고려하여 기본계획을 짠다	철-813	06.4.14.
112	확산되는 세계의 고속철, 우리도 순환고속철 고려한다	TS for You	08.10.1.
113	휴대폰 때문에 사고위험 높고 객실 분위기 흐트러진다	TS for You	08.11.1.
114	2006년의 코레일, 승무업무보다 급한 과제 많다	철-841	06.11.17.
115	2007년 3월, 우리 철도 안전한가	철-857	07.3.16.
116	2007년 6월, 다시 부각된 철도안전	철-869	07.6.15.
117	2011년 2월의 KTX 탈선, 공사 · 공단 분리 때문이다?	철-1039	11.2.21.
118	2011년 6월, 철도안전 다지고 다져도 부족하다	철-1053	11.6.13.
119	2011년의 철도민영화 논의, 방향 맞지만 방식이 문제	철-1175	11.12.12.
120	JR서일본 CEO 반성으로 돌이켜보는 코레일 CEO 자리	철-774	05.6.24.
121	KTX, 국민의 불안 싣고 위험한 질주 계속한다	시사저널-1126	11.5.18.
122	KTX 또 멈춰섰다, 이번엔 열감지장치 작동	매일경제	11.2.25.
123	KTX사고, 2011년 들어 3월까지 9번째	SBS CNBC	11.3.23.
124	KTX 승무원, 한 발 물러나 본업복귀 준비한다	철-817	06.5.12.
125	KTX 안전 대책, 추가해도 부족하다	한국일보	11.7.25.
126	KTX 요금체계, 합리적으로 개편한다	철-1028	10.11.8.
127	KTX 지연보상, 기준과 방식 재검토한다	철-1057	11.7.11.
128	KTX 산천의 '스페리상' 수상은 꿈일 뿐일까	철-944	09.1.16.
129	KTX 산천 초기모형(G7) 제작비 부담考	철-781	05.8.19.
130	MB정부 공기업 민영화 구상, 철도는 해당사항 없다?	철-908	08.4.18.
131	MB정부 철도 개혁구상考, 느슨한 개혁신호가 고작이다	철-912	08.5.16.
132	SBS 한수진의 오늘(2011.2.25.) 인터뷰	SBS라디오	11.2.25.

주

1) 유상증자(1천 5백억 원 규모)에는 대주주인 코레일, 롯데관광개발, 삼성물산이 참여
하여 전체의 46.5%인 697억 5천만 원을 인수하였고, 실권된 802억 5천만 원은 싱가
포르 투자사(GMCM) 115억원, 나머지 삼성물산에 배정되었다. 한편 매출채권 유동
화는 코레일과 체결한 4조 2천억 원 규모의 랜드마크빌딩 매각대금을 기초로 한 3조
8,300억 원이다. 주주배정방식으로 진행된 유상증자에서 랜드마크빌딩 시공사로 결
정된 삼성물산을 제외한 건설투자사 15개 사는 모두 불참했다.

2) 이 사업에 투자한 금융, 건설사들의 모임인 드림허브(주)는 2011년 7월, 서울시, 코
레일, SH공사 등과 함께 정상화 방안을 마련하였다. 우선 드림허브는 2011년 9월과
2012년 3월의 2회에 걸쳐 4천억 원의 유상증자를 단행해 자본금(1조 원)을 1조 4천
억 원으로 늘리며, 코레일이 자금지원 차원에서 4조 1,632억 원짜리 랜드마크 빌딩을
선매입하기로 했다. 이에 따라 드림허브는 계약금(8,320억 원)과 잔금 80%를 활용한
매출채권 유동화로 총 2조4960억 원의 현금유동성을 확보할 수 있게 되었다. 또 코
레일은 토지대금 분할납부에 따른 분납이자 부과시점을 드림허브가 실제 점유, 사용
하는 2013년 5월 말로 늦춰 분납이자 부담(4,800억 원)을 줄여주고, 용산역세권 토지
비(2조 2천억 원) 납부를 3년간 유예하였다. 나아가 코레일의 토지 중도금(2조 3천억
원) 납기를 사업 말기(2015~2016년)로 연기하고 4차 계약 토지매매대금 3조 2천억
원에 대한 보상금도 받지않기로 했다.

3) 성명재 외(2010)에 따르면 한국철도공사의 부가가치 증가율은 평균적인 경우 GDP
증가율보다 낮다. 2005년 이후 3년간의 누적증가율은 11.1%로 GDP의 18.3%보다
낮다. 평균적인 경우 즉 '분류미상항목의 중간투입을 50% 반영할 경우'의 부가가치
는 1조 3,754억원(2005),1조 6,777억 원(2006),1조 6,513억 원(2007), 1조 5,283억 원
(2008)으로 추정된다. 참고로 0% 반영시 GDP 증가율보다 약간 높으며 100% 반영시
에는 아주 낮다. p. 111〈표 3-12〉참조. 성명재 외,『공기업의 국민경제적 기여도·
역할과 정책과제: 부가가치 추정을 중심으로』, 한국조세연구원.

4) 지금은 남북이 분단되어 경의선의 중요도가 크게 떨어져 많은 이들이 교외선 정도로
인식하고 있지만, 통일 한국의 시각에서 보면 경의선은 경부선 못지않게 중요한 노

선이라고 할 수 있다. 실제로 일제강점기 중에는 경부선에 뒤지지 않는 여객과 화물 수송을 기록하였으며, 특히 화물부문에서는 경부선 이상의 역할을 수행하기도 했다. 역사를 간단히 정리하면 경의선의 부설권은 1896년 7월 3일 프랑스인 그리러회사에 허락(조선왕조실록 원본 38책 고종 34권 29장 B면)되었으나 3년이 지나도 착공하지 않자 조선 정부는 1899년 7월 3일 프랑스 그리러회사의 경의철도 부설권을 박탈하고 (동 원본 43책 고종 39권 40장 A면) 이를 일본 측에 넘긴다. 일본에서는 경인선, 경부 선과 달리 이를 일본 정부(임시군용철도감부) 주도로 건설하였다. 당시의 러시아와 의 대치 및 전쟁을 염두에 두고 속성공사가 진행되어 1906년 4월 3일 용산-신의주 간 이 완전개통된다(동 원본 51책 고종 47권 19장 B면). 그리고 같은해 10월 10일 경의 선 개통에 따른 유공자 표창이 조선 정부에 의해 행해진다. 주요 수상자인 야마네 다 케아키(육군중장), 미야오카 다다노리(육군 소장), 무다 게이쿠로(육군소장)에의 훈 1등 서훈, 그밖에 훈3등, 훈4등, 훈5등의 수상자도 모두 일본인이다(동 원본 51책 고 종 47권 54장 B면).

5) 「고속철도가 지역균형발전에 미치는 영향」, 『서울도시연구』 제8권 제4호, pp.73-87.

6) 당시의 조선정부는 1894년 7월 20일자 조일잠정합동조관에서 일본 측과의 경인, 경 부 철도 건설합동 약속 미이행에 대해 양해를 얻고 향후를 기약하고 있다(조선왕조 실록 36책 고종 32권 24장 A면).
이후 국내외 정치, 경제적 사정으로 경인철도 부설권이 1896년 3월 29일 미국인 모 르스에게 허락되지만 일본 측의 공작과 압력으로 1897년 5월 부설권은 시부사와 에 이치 등의 경인철도인수조합에 인도된다(동 원본 38책 고종 34권 14장 A면). 그리고 1898년 9월 8일 경부철도회사 대리인인 사사키 기요마로, 호시 나가지로에게 경부철 도부설권이 허락됨으로써(동 원본 42책 고종 38권 1장 B면) 국내 철도부설은 대부분 일본 정부와 기업에 의해 이루어진다.

7) 이용상 외(2011, pp. 80-92)는 우리나라 철도를 발전시킨 사람으로 8명을 소개하고 있다. 유길준, 박기종, 이용익 등을 들고 있는데 유길준, 이용익과 비슷한 또래인 이 하영을 거론하지 않고 있다. 왕가에 철도모형을 소개하고 표준궤 도입을 관련 규정 에 도입토록 하고 이를 실현시킨 그의 공적은 위 3인의 누구에 못지않은 큰 공헌이라 고 해야 할 것이다.

8) 그동안 국내에는 가사이 아이지로의 공적이 거의 소개되지 않은 것같다. 정재정 (1999)도 경부선 부설과 관련된 인물로 시부사와에이치에 대해서는 언급하고 있지만 가사이는 거론하지 않고 있다. 그러나 경부선 부설과 관련된 일본 측 자료의 많은 부

분에 경부선에 표준궤가 도입되는데 가장 크게 공헌한 이가 가사이라고 언급되고 있다. 과문한 탓일지 모르지만 이 글이 그동안 알려지지 않은 가사이 아이지로의 업적을 국내에 최초로 소개, 평가하는 내용일지 모른다.

일제강점기가 시작되기 직전의 암울한 시대의 일이라 이 무렵 조선의 발전에 기여한 일본인이나 외국인이 있다 하더라도 이들의 업적을 평가하는 데 인색했던 것이 사실이다. 그렇지만 역사를 객관적으로 조명하여 평가할 부분이 있다면 그에 대해서는 이제라도 제대로 평가해주는 작업이 필요할 것이다. 가사이 아이지로 같은 인물이 바로 그러한 인물 중 한 사람이 아닐까 생각된다.

9) 국사편찬위원회, 조선왕조실록 원본 28책 고종 24권, 30장 B면 1887년 8월 7일.

10) 조선왕조실록 원본 38책 고종 34권 31장 A면 1896년 7월 15일 국내철도규칙 반포, 제3조에 표준궤(영척英尺 4척尺 8촌寸반半) 규정.

11) 조선왕조실록 원본 38책 고종 34권 13장 A면 1896년 3월 12일.

12) 이들 철도는 사설철도다. 일본에는 철도가 보급되는 초기단계인 19세기 말부터 20세기 초반에 국유철도 외에 많은 사설철도회사가 설립되어 철도를 부설하였다. 국내에서는 조선 정부에 의해 1905년 12월 21일 사설철도규정이 반포된 바 있다(조선왕조실록 원본 50책 고종 46권 60장 A면).

13) 세계 최초의 고속철인 신칸센을 만든 사람들의 얘기는 본서의 제9장을 참조하기 바란다.

14) 당시 달린 기관차는 모갈Mogul 1호로서 미국에서 수입한 차량이었으며 목제객차 3량을 연결하여 시속 20km의 속도로 운행하였다. 이때만 해도 일본산 기관차는 성능이 떨어져 일본도 미국, 영국 등지에서 기관차를 수입하여 운행하고 있었다. 참고로 역사상 최초의 실용화된 기관차는 1825년 9월 27일 로코모션 1호로서 이 열차는 영국 중부지방(북부 잉글랜드)의 동쪽에 위치한 스탁튼stockton과 달링톤darlington 지역을 잇는 초반 19km(전장 40km)를 두 시간 걸려 운행하였다. 이날 대부분의 승객은 지붕이 없는 석탄운반차량에 탔으며 유명인사 등을 태운 차량(experiment라고 불렸음)조차 지붕이 달린 목제 오두막 같은 모습이었다. 이날 로코모션 1호는 600명의 승객 외에 많은 화물을 실은 34량의 열차를 끌었으며 조종간을 잡은 이는 제작자인 조지 스티븐슨George Stephenson이었다. 이날로부터 186년이 경과한 지금도 중국을 포함한 세계 50여 국에서 증기기관차는 현역으로 달리고 있다.

15) 코레일 I Love KORAIL 2010년 1월호 9쪽.

16) 1899년 9월 이후 국내에 도입되어 운행하던 증기기관차는 마지막 상업운행을 1967

년 8월 31일 마치고 퇴역하였다. 당일 남원에서 출발한 열차가 서울역에서 도착하자 기다리던 이들은 기관차에 꽃다발을 걸고 68년동안 국내 철로를 달리던 증기기관차의 퇴역을 아쉬워하였다. 이를 대신한 것은 1956년부터 도입된 디젤기관차였다. 이후 일부 구간에서 관광용으로 부활, 운행되다가 1983년에 퇴역한 후 1994년 8월 12일 서울 교외선으로 다시 부활하였으나 2000년 5월 15일 최종 퇴역하였다. 퇴역 후 장기간 수색역에 보존되다가 2009년 6월 9일 이후 점촌역으로 옮겨져 보존되고 있다. 한편 우리와 달리 철도발상지인 영국과 철도왕국인 독일, 프랑스, 일본 등지에는 지금도 관광용으로 증기기관차가 애용되고 있다. 영국의 최대 철도잡지 *The Railway Magazine*(2004년 3월호)은 'Steam200 /Rail400 Special' 기사를 통해 증기기관차와 레일의 역사를 소상히 소개하고 있다. 이 잡지외에도 *Steam Railway, Heritage Railway, Railway Magazine* 등에는 증기기관차 섹션이 곧잘 게재되고 있다. 일본에서는 철도저널, 여행과 철도, 철도픽토리알, 레일메거진 등의 월간지(일부 격월간지)가 증기기관차를 종종 소개하고 있다.

17) 국내에 증기기관차가 최초 소개되었을때의 기록이다. "화륜거 구르는 소리는 우레 같아 천지가 진동하고 기관차의 굴뚝 연기는 반공에 솟아 오르더라", "수레 속에 앉아 영창으로 내다보니 산천초목이 모두 활동하여 달리는 것 같고 나는 새도 미처 따르지 못하더라"(독립신문 1899년 9월 19일). 개통 후 하루 2차례 왕복 운행하였는데 비싼 요금(1마일 당 2전5리) 때문에 이용객이 많지 않았다고 한다. 점심값이 5전, 짚신 한 켤레 10전이었다고 하니 당시로써는 꽤 비싼 요금이었을 것이다. 또 기차가 내뿜는 불똥으로 철로변 민가에서 종종 화재가 발생하여 민원의 대상이 되기도 하였다.

18) 기획재정부 보도자료, '공공기관선진화 추진계획' 제3차(2008. 10. 10.), 『2008~2010 공공기관선진화 백서』 2011.

19) NTV(Nuovo Trasporto Viaggiatori, 신여객운송)는 피아트, 페라리 등이 출자하여 2006년 12월에 설립한 민간철도회사로 알스톰이 제작한 AGV-italo를 인도받아 당초 계획했던 2011년 9월보다 다소 늦어진 2012년 초에 2개 노선에서 운행을 준비 중이다. NTV 운행노선은 토리노~로마~나폴리 살레르노 노선과 베니스~로마 노선이다. EU역내의 국제여객철도운송은 2010년에 자유화되었고 이후 민간기업의 진입이 허용되고 있다.

20) 경인선을 최종적으로 건설, 완공한 곳은 시부사와 에이치가 사장으로 있는 경인철도합자회사다. 한강철교가 완공되어 정식 개통식이 거행된 것은 1900년 11월 12일이다(조선왕조실록 원본 44책 고종 40권 103장 B면).

21) 경부선이 개통된 것은 1905년 5월 25일로 남대문정거장에서 개통식을 거행하였다 (조선왕조실록 원본 49책 고종45권 48장 B면). 한편 경부선 공사의 기공식은 북부행이 1901년 8월 20일 영등포에서 남부행이 같은 해 9월 21일 부산 초량에서 경부철도 주식회사 주관으로 각각 거행되었다(동 원본 45책 고종 41권 50장 B면, 원본 45책 고종 41권 56장 A면). 한편 경부선 개통과 관련하여 같은해 5월 28일 유공자들이 조선 정부의 표창을 받았다. 주요 수상자는 일본 체신대신 오우라 가네다케(대훈, 이화대수훈장), 철도회사 총재 후루이치고이, 시부사와 에이치(남작), 이시모토 신로쿠(육군중장)의 3인(훈1등)이며 그밖의 훈2등, 훈3등, 훈4등 수상자도 모두 일본인이었다 (동 원본 49책 고종 45권 48장 B면).

22) 데라우치는 총독으로 부임하기 전인 육군대장 시절부터 조선과 만주의 사정에 밝아 철도를 민간기업으로 하여금 운영토록 하는 것이 정부재정이 적게 들며, 조선과 만주 철도를 한 기업이 운영하는 철도 일원화 정책이 일본의 대륙진출에 도움이 될 뿐 아니라 두 지역의 경제발전에도 기여할 것이라는 생각을 가지고 있었다. 그래서 총독부임 후 '3선 연락운임' 문제를 제기하여 반도종관선을 대륙경영의 근간으로 삼고자 진력하였다. 朝鮮總督府鐵道局(1940), 『朝鮮鐵道40年略史』, p. 90. 관련 내용이 이양희(2007, p. 152)에도 부분적으로 소개되고 있다.

23) 기획재정부 공공기관선진화추진위원회, 제3차 공공기관선진화 추진계획 (2008.10.10.)에서 한국철도공사가 경영효율화 대상으로 지정됨. "철도공사의 경우 2010년까지 적자 규모를 50% 수준으로 줄이고 2012년부터 흑자전환을 목표로 강력한 구조조정을 시행하며, 목표를 달성하지 못할 경우 민간매각 방안도 검토".

24) 사토노부유키(佐藤信之) 『鉄道ジャーナル』 no.448, p.89, 2004. 2.

25) 한국철도기술연구원(2005)은 일본 철도를 발전시킨 사람들로 7명을 들고 있다. 이들 중에는 신칸센 개발에 공이 큰 소고 신지와 시마 히데오를 비롯하여 경인선, 경부선 철도회사 사장을 역임한 시부사와에이치 등이 포함되어 있다. 나머지 4명은 철도 관료로 출세한 이노우에 마사루, 고토 신페이, 기노시타 요시오와 사철로 크게 성공한 기업인 고바야시 이치조이다. pp. 291-295.

26) 마르스는 JR그룹의 지정권 예약, 발권을 담당하는 '녹색창구(미도리노마도구치)' 작업을 뒷받침하는 거대 온라인시스템망. JR의 열차, 드림호 등 일부 JR고속버스 좌석 지정상황을 중앙 컴퓨터로 일괄 관리, JR역과 여행사 등의 녹색창구에서 담당직원이 단말을 조작, 열차와 좌석을 지정하고 발권한다. 최근에는 이용자 스스로 조작가능한 지정석 발권 기능을 지닌 자동발권기까지 나왔다. 중앙 컴퓨터는 도쿄 고쿠분지

시에 있다. 당초에는 MAgnetic electric seat Reservation System(전자석좌석예약시스템)으로 사용되었으나 이후 변경되었다. 이 시스템 개발 이전에는 열차의 시발역 지정석관리센터에서 열차단위로 일별 지정석대장을 만들어 각 열차의 지정석을 관리했다. 역에서 차표 신청을 받은 다음 역무원이 전화로 센터에 문의하면 센터에서 지정석 대장에서 빈 좌석을 찾아 해당 번호를 회답, 그 번호를 적어 발권했다.

27) 1965년 10월에는 마르스 102가 운용되면서 전 지정석의 7할 정도 예약이 가능해졌고 150개 역에서 '녹색창구' 서비스를 시작했다. 1968년 10월에는 마르스 103이 가동되면서 전지정석의 94%까지 예약이 가능해졌다. 이후 1972년 마르스 105, 1985년 마르스 301, 최근엔 마르스 305까지 진화했다. 한편 단체예약용으로 1969년에 개발된 마르스 201는 1975년에 마르스 202로 발전하였다가 1985년 마르스 301로 통합되었다.

28) 1920년생으로1999년에 문화훈장 수장한 히로시마 출신의 소설가, 대표작에 春の城, 雲の墓標, 山本五十六, 志賀直哉 등이 있다.

29) 여객이 신칸센에서 비고의로 사망한 유일한 사고로 기록되는 이 사건은 1995년 12월 27일 오후 6시 30분경 시즈오카현 미시마(三島市)에서 발생하였다. 당시 고교생이 문이 닫히는 고다마 열차에 타려다가 왼쪽 손가락이 문짝에 끼었는데 기관사의 운전석 게시판에는 문이 정상폐쇄된 것으로 나타나 기관사가 열차를 출발시킴으로써 고교생이 홈에서 끌려가다 선로에 추락, 사망한 사고이다. 유사한 사건이 이전에도 4건 발생한 적이 있었으나 사망으로까지는 이어지지 않았다. 1985년 12월의 도호쿠신칸센 우에노역, 1992년 5월의 도카이도신칸센 신오사카역, 1993년 2월의 산요신칸센 히로시마역, 동 11월의 도카이도신칸센 교토역 사고 등이다.

30) 이하의 내용은 신칸센 개발구상과 추진과정을 설명하는 것으로 공영방송 NHK가 2000년 5월 9일 "프로젝트X"라는 프로그램의 제7회 물로 방연한 바 있다. 제목은 "집념이 낳은 신칸센- 90세의 노친구, 전투기가 모습을 바꿨다"였다. "프로젝트X"는 2000년 3월 28일부터 2005년 12월 28일까지 191편이 방송되었다. 이 프로그램은 갖은 어려움 끝에 일본 사회 발전에 크게 기여하는 업적을 남긴 이들의 성공담과 그 과정에 감추어진 얘기를 취재, 보여주는 내용이다.

31) 유럽에서는 스웨덴(1988)을 필두로 일본 사례를 참고로 독일, 네덜란드, 영국 등이 철도민영화에 착수, 성공하였다. 또 국철로 남아 있는 프랑스 등의 경우에도 민간경영수법의 도입 등의 형태로 영향을 미쳤다. 다만 유럽에서는 일본과 달리 EU 지침에 따라 철도구조개혁이 상하분리, 즉 시설은 국가(혹은 공조직)가 소유하고, 운영은 민

간회사가 맡고 선로사용료를 지불하는 형태를 취하고 있다. 또 오픈억세스 방식으로 운영분야에의 진입이 자유화되어 있는 곳이 많다. 이는 그간 민간회사가 국경을 넘어 열차를 운행해왔던 역사적 경과가 반영된 조치라고 할 수 있다. 다만 영국의 분할 민영화 방식인데 비해 독일, 이탈리아는 1개사에 의한 민영화 방식을 택하는 등 차이점이 없지 않다. 또 민영화에 따른 지나친 수익추구와 그에 따른 폐단, 인프라 투자 부족과 그에 따른 사고 다발, 지역선 폐쇄, 일반철도의 고속화 지연 등의 문제가 드러나고 있다. 종합하면, 일본 사례를 벤치마킹한 영국을 위시한 EU권의 철도개혁보다 일본의 철도개혁 성과가 더 양호한 것으로 평가받고 있다. 이는 JR 각사의 양호한 경영성과와 높은 철도이용률 등에서 확인할 수 있다.

32) 엄밀하게는 이들 7개사 외에 5개 조직이 더 있어 국유철도의 사업을 승계한 기관은 12곳이다. 5개 조직은 철도통신(주), 철도정보시스템(주), 신칸센철도보유기구, (재) 철도종합기술연구소, 일본국유철도청산사업단이다.

33) 松田昌士, 『なせばなる民営化- ＪＲ東日本 自主自立の経営15年の軌跡』生産性出版, 2002.

34) JR 3사가 이 조치로 보통회사가 되었지만 국토해양대신은 JR회사법 개정부칙의 규정에 따라 '혼슈 3사가 배려해야 할 지침'을 공표, 국철개혁 취지에 따른 사업운영이 이루어지도록 사업경영에 대한 지도와 조언, 권고, 명령을 내릴 수 있다.

35) JR동일본을 예로 들면 당기순이익이 2004년도 1,115억 엔(한 주당 당기순이익 27,868엔), 2005년도 1,575억 엔(동 39,369엔), 2006년도 1,758억 엔(동 44,007엔), 2007년도 1,896억 엔(동 47,463엔), 2008년도 1,872억 엔(동 46,800엔), 2009년도 1,202억 엔(동 30,300엔), 2010년도 762억 엔(동 19,200엔)을 보이고 있다. 2011년도에도 동일본 대지진의 영향으로 당기순이익이 더 줄 것으로 예상된다. 1주당 당기순이익의 경우 2009년 1월 4일의 주식분할(1주를 100주로)로 2008년도 이후 1주당 당기순이익은 468엔, 303엔, 192엔이다. 위의 숫치는 비교상의 편의를 위해 100배한 값이다. JR동일본주주총회소집통지첨부서류 '사업보고'(제21회 2008, 제24회 2011).

36) 규슈신칸센은 ① 가고시마 루트와 ② 나가사키 루트로 구분되면 가고시마 루트는 2011년 3월에 완전개통되었고 나가사키 루트는 2008년 4월에 착공되어 2018년경 완공예정이다. 가고시마 루트는 2004년 3월에 일부 구간(新八代駅-鹿児島中央駅)이 개통되었고 2011년 3월에 전 구간(博多-鹿児島中央駅)이 개통되면서 산요(山陽)신칸센과 상호 직통운전이 실시되고 있다.

참고문헌

고속철시민모임 HP '자료실' http://cafe.daum.net/gosokchul.

국사편찬위원회, 『조선왕조실록』.

원본 28책 고종 24권 30장 B면, 38책 고종 34권 13장 A면, 36책 고종 32권 24장 A면, 38책 고종 34권 14장 A면, 38책 고종34권 29장 B면, 38책 고종34권 31장 A면, 42책 고종 38권 1장 B면, 43책 고종 39권 40장 A면, 44책 고종 40권 103장 B면, 45책 고종 41권 50장 B면, 45책 고종 41권 56장 A면, 49책 고종 45권 48장 B면, 49책 고종 45권 48장 B면, 50책 고종 46권 60장 A면, 51책 고종 47권 19장 B면, 51책 고종 47권 54장 B면. http://sillok.history.go.kr/main/main.jsp

기획재정부 보도자료, '공공기관 선진화 계획' 제3차(2008. 10 .10). 및 '이명박 정부 2년의 공공기관 선진화 추진성과 (2010. 2. 24.)

기획재정부, 『2008~2010 공공기관 선진화 백서』, 2011

『독립신문』, 1899. 9. 19.

성명재 외, 『공기업의 국민경제적 기여도·역할과 정책과제: 부가가치 추정을 중심으로』, 한국조세연구원, 2010.

이병곤, 『빨리빨리방법론』, 시그마인사이트컴, 2006.

이양희, 「植民地朝鮮における朝鮮總督府の觀光政策」, 『北東アジア研究』第13号, 2007. 3, pp. 149~167.

이용상 외, 『한국철도의 역사와 발전 Ⅰ』, 북갤러리, 2011

전은하·이성우, 「고속철도가 지역균형발전에 미치는 영향」, 『서울도시연구』제8권 제4호, 2007, pp. 73~87.

정재정, 『일제침략과 한국철도 (1892~1945)』, 서울대학교 한국사연구총서 6, 서울대학교 출판부, 1999

朝鮮總督府鐵道局, 『朝鮮鐵道40年略史』 조선인쇄주식회사, 1940, p. 90.

철도신문 제863호(2007. 5. 5.), 제1030호(2010. 11. 22.) 외.

한국철도공사, HP '코레일소개' 경영실적, 기관평가

    http://info.korail.com/2007/kra/ope/ope08000/w_ope08100_index.jsp

한국철도공사, 「철도주요연표 2010」, 철도창설 제111주년 기념.

한국철도공사, I Love KORAIL 2010년 1월호.

한국철도기술연구원, 『일본철도의 역사와 발전』, 북갤러리, 2005.

한국철도연구회, 『자동차 권하는 사회』, 양서각, 2007.

高橋団吉, 『新幹線をつくった男』小学館, 2000.

島秀雄, 『島秀雄遺稿集』(社)日本鉄道技術協会, 2000.

島秀雄, 『D51から新幹線まで-技術者のみた国鉄』, 日本經濟新聞社, 1977.

島秀雄, 『新幹線そして宇宙開発-技術者60余年の記録-』レールウエー・システム・リサ

    ーチ, 1987.

福原俊一, 『ビジネス特急〈こだま〉を走らせた男たち』JTB 2003.

松田昌士, 『なせばなる民営化-JR東日本 自主自立の経営15年の軌跡』, 生産性出版, 2002.

NHK, 『執念が生んだ新幹線ー90才の老友, 戦闘機が姿を変えた』プロジェクトX, 2000.

    5. 9.

NHK, 『新幹線ー執念の弾丸列車』2002.6.18.(アンコール放送, 2004. 6. 16. 재방송).

JR東日本, 주주총회소집통지 첨부서류 '事業報告' 제21회 2008, 제24회 2011.

JR東日本, Annual Report 2007, 2008, 2009, 2010, 2011.

    http://www.jreast.co.jp/investor/ar/index.html

佐藤信之, 『鉄道ジャーナル』No. 448, p. 89, 2004. 2.

佐野薫, "徹底検証キムヨナ 驚異的な加点理由" Sports Graphic Number 749號, 2010. 3.

    18.

TV Tokyo, 『新幹線をつくった男たち』, 2004. 11.

碇義朗, 『超高速に挑むー新幹線開発に賭けた男たち』文芸春秋, 1993.

Wikipedia, '国鉄分割民営化'.

The Railway Magazine 'Steam200/Rail400 Special' March 2004

    http://www.railwaymagazine.co.uk/